환자경험관리
경영지침서

지은이 **최희수** 원장

㈜배러투데이

배러투데이는 개원부터 폐원까지 지속 가능한 경영 솔루션을 제공하여 치과 원장님이 진료에 전념할 수 있도록 돕고 있습니다. 경영 교육, 직원 교육, 보험 청구, 마케팅, 네트워크 구축, 세무, 감염 관리 등 치과 경영의 모든 분야에 전문적인 컨설팅을 제공하며, 원장님들의 경영 고민을 함께 해결해 드리고 있습니다.

환자경험관리 경영지침서

초판 1쇄 발행 2024년 7월 1일

지 은 이 | 최희수
펴 낸 이 | 김석범
발 행 처 | ㈜배러투데이
편   집 | 한희주
마 케 팅 | 조재호
경영지원 | 임천일
디 자 인 | 허정은
등   록 | 제2020-000014호 (2020년 3월 20일)
I S B N | 979-11-986652-8-7
주   소 | 02137 서울특별시 중랑구 면목로 487 2층 201호
전   화 | 010-3043-7528
이 메 일 | bettertoday.bt24@gmail.com
홈페이지 | https://litt.ly/better_today
팩   스 | 0504-241-7528

Copyright © ㈜배러투데이
본서는 저자와의 계약에 의해 ㈜배러투데이에서 발행합니다.
본서의 내용 중 본사의 서면동의 없이 일부 또는 전부를 무단으로 복제하는 것은 법으로 금지되어 있습니다.

※ 파본은 교환 환불이 안됩니다.

환자경험관리 경영지침서

지은이 **최희수** 원장

BETTERTODAY

목 차

01. CS의 이해 .... 12 p
02. MOT .... 20 p
03. 병원선택 .... 30 p
04. 온라인 검색과 병원예약 .... 40 p
05. 병원방문 .... 52 p
06. 접수 .... 59 p
07. 진료대기와 안내 .... 68 p
08. 진료 시작 .... 77 p
09. 진료 마무리 .... 86 p
10. 진료상담-치료계획 수립 .... 95 p
11. 진료상담 – 성공하는 치료 상담법(듣기) ... 105 p
12. 진료상담 – 성공하는 치료 상담법(말하기) ... 109 p
13. 진료상담 – 한국형 감정 상담법 .... 115 p
14. 진료상담 – 6가지 효과 .... 121 p
15. 진료상담 – 치료 동의 획득을 위한 다양한 화법 ... 130 p
16. 진료상담 – 거부/저항 극복 .... 140 p
17. 진료 후 수납 .... 149 p
18. 환자 배웅 .... 163 p
19. 병원에서의 전화응대-(1) .... 167 p
20. 병원에서의 전화응대-(2) .... 175 p
21. 병원에서의 전화응대-(3) .... 184 p
22. 병원에서의 전화응대-(4) .... 191 p
23. 불만 환자 대응법-(1) .... 201 p
24. 불만 환자 대응법-(2) .... 210 p
25. 불만 환자 대응법-(3) .... 221 p
26. 충성 고객(환자) .... 233 p
27. 환자관리(CRM)-(1) .... 245 p
28. 환자관리(CRM)-(2) .... 254 p
29. 환자관리(CRM)-(3) .... 262 p
30. 환자관리(CRM)-(4) .... 270 p

추 천 사

평생을 구강관리를 목표로 살아온 치과위생사인 나에게도 치과를 방문하여 여러 날에 걸친 치료를 받아야 하는 일이 발생했다. 평소 치과는 교육이나, 학생들 실습지도나 지인들을 만나러 가는 터라 주로 대기실 원장실이 방문의 주 공간이었다. 그런데 이번에는 대기실에서 진료실로 이동하면서 그리고 진료를 위해 진료실을 체험하게 되었다. 그리고 진료를 위해 포에 의해 시각이 차단된 순간부터는 청각, 촉각, 후각 등 나의 잠자던 기관들이 섬세하게 정보들을 수집하는 순간을 맞이했다.

말투, 체취 등등 그리고 나는 어느 사이 눈을 감고 별점을 주고 있었다. '와우~ 치과위생사 선생님 이런 표현은 5점..' '아~ 이건 약간 아쉬운데...' '아~ 누우실께요는 거슬리는 표현인데...' '굿~' 이러면서... 아마도 40대에 전국을 누비며 CS와 MOT를 주제로 강의를 다녔던 기억 세포들이 깨어났는지도 모르겠다. 아니 엄격히 말하자면 대상과 장소가 바뀌었을 뿐 내 일상에서 CS와 MOT는 계속 진행형이었는지도 모르겠다.

평소 학회 활동을 통해 인연이 있었던 최희수 원장님께서 책을 집필하셨다고 했다. 책을 즐기는 편이라 읽어 보고 소감을 말씀드려야겠다고 첫 페이지를 넘겼다. 어느 시사 방송에서 표현하는 것처럼 "삐딱한 시각으로" 비판적으로...그러다가 내가 최원장님께 가졌던 편견에 대해 만나면 사과드려야 겠다는 생각이 들었다. 평소 학회에서 학문적 판단이나 논의에서 단호하고, 표현이 정직했기에 약간 무서운 분인가 했다. 그런데 페이지를 넘길수록 원장님에 대한 내가 인식했던 생각이 변했던 것이다. '아니 문장을 이렇게 유연하게 표현하시는 재주가 있으시다고?', '무거운 주제를 이렇게 쉽게 편히 읽기 편하게 전달하신다고?' 평소 많은 글을 써 보았기에 문체를 부드럽게 그리고 전달하고자 하는 내용을 상대가 이해하기 쉽게 서술한다는 것이 얼마나 어려운지 알기에 놀랄 수밖에 없었다.

특히 교정과 교열이 삶이라 삼색 볼펜에서 빨간색이 먼저 소진되는 사람이라 혹시 빨간색 체크가 있을까 하여 눈을 부릅뜨고 찾았지만 아쉽게도 빨간 펜을 사용할 일은 없었다. 그만큼 책은 독자의 이해도를 높이고자 하는 노력들이 곳곳에 있었다. 특히 사례 부분은 한번 실제로 해보고 싶게 한다, 사례 속 지문을 읽다가 기차에서 빵~하고 웃음이 터졌다. '이 부분은 빠르게 읽어 주세요' 혹은 '말을 끊으며..'

글을 읽다보면 현장과 고객의 표정이 그려진다. 그러다 의구심이 들었다. 최원장님은 접수도 보시고, 상담도 하고 진료도 하시나? 최길동이신가? 마지막 페이지를 덮으며 이론처럼 실천도 그렇게 하실까 궁금해서 상동21세기치과에 대해 인터넷을 검색했다. 그리고 내린 결론은 '이론처럼 실천하시는 구나? 그래서 글들이 내 일처럼 느껴지는 현장감이 있는 실천을 전달했구나' 라는 생각이 들었다.

처음 목차를 접하고 '이 한권에 이런 많은 내용을?'이라고 잠시 걱정을 했다. 그리고 원래 독서 습관이 한 줄이 이해가 안 되면 뒷 페이지를 넘기지 못하는 나조차도 단숨에 읽어갈 수 있게 참 쉽게 재미나게 독자들이 지루할 틈을 주지 않는다. 그리고 오랜만에 별 수고 없이 지식을 가득 얻어 기분이 좋다. 직장에서 함께 읽고 내용들을 한번 모의로 연습해 보고 실천해 보시라 권하고 싶다. 한 줄의 글을 쓰기 위한 수고를 알기에 고객 관리를 위해 꾹 꾹 눌러 쓰며 지식과 경험을 공유해 주신 수고에 대해 감사드리고 싶다.

한양여자대학교 **황윤숙** 교수

추 천 사

병원 문만 열어도 환자들이 문전성시를 이루던 호(好) 시절이 있었지만 지금은 치열한 경쟁 속에서 생존을 위해 고군분투하는 시절인 듯합니다.

이전에는 질병 치료만을 목적으로 병원을 방문했지만, 현재는 질병 치료뿐만 아니라 선제적 예방을 목적으로 병원에 방문하는 환자도 많습니다. 따라서 환자들은 진료를 잘하는 것은 당연한 것이며 조금이라도 더 친절한 병원에서 최고의 서비스를 받고자 찾아다니고 있습니다.

따라서 진료 외적인 병원 환경, 시설, 특히 서비스가 만족스럽지 못하다고 판단하게 되면 환자들은 외면하게 되고 자연스레 병원경영에 치명적인 영향을 줄 수밖에 없습니다.

많은 원장님들은 최선의, 최고의 진료를 하기 위한 고민과 노력은 늘 해오던 것이기에 양질의 진료에 있어서는 나름 자신 있어 하십니다.

하지만 같은 진료와 같은 서비스를 받더라도 각각 다르게 반응하는 환자들에게는 적잖이 당황하게 되는 경우가 많습니다. 환자들의 다양한 반응과 컴플레인을 마주하게 되면서 원장님들은 환자 응대에 대한 고민을 하지 않을 수 없습니다.

또한 더욱 고민하게 하는 것은 그 접점들이 모여 우리 병원에 대한 입소문이 되고, 환자들의 만족도는 실시간으로 인터넷에 공유된다는 점입니다.

결국 환자가 만나게 되는 모든 접점들이 우리 병원의 이미지를 결정하기 때문에 결코 간과할 수 없는 영역이 바로 '환자경험관리' 부분입니다. 하지만 강사를 초빙해 교육을 받게 하더라도 대부분의 교육은 단발성으로 끝나는 경우가 많아 내부의 변화에 대한 기대 대비 아쉬움을 느끼게 됩니다.

따라서 환자응대를 포함한 전반적 고객관리에 대한 답답함을 이 책에서 해소할 수 있으리라 기대됩니다. 이 책에서는 환자가 병원을 방문해서부터 접수, 대기, 진료시작과 마무리까지 각각의 접점 상황에서의 다양한 응대 멘트와 예시가 담겨있으며 환자관리 노하우까지 총망라된 병원경영을 위한 필독서라고 생각됩니다.

우리 병원 책꽂이에서 만나는 환자경험관리 강사! 환자경험관리 경영지침서를 추천합니다.

홍선아
덴탈리어 대표
이루미치과 이사

저자 인사말

　개업의들이 의술 말고 알고 있어야 할 지식은 정말 많습니다. 일단 직원을 채용해야 하므로 노무를 알아야 합니다. 돈을 벌면 세금을 내야 하므로 세무도 알아야 합니다. 그런데 병원만 개업하면 잘 될 줄 알았는데 그게 또 아닙니다. 경영 공부도 해야 하고요. 경영 공부를 하다 보니 직원관리가 필요하고 생소한 여러 개념을 알아야 합니다.

　저도 이러한 지식이 1도 없이 개업 시장에 뛰어들어 실패를 경험하고 쓴맛을 본 후에 필요한 공부를 따로 하게 되었고 이렇게 정리하는 기회를 가지게 되었습니다.

　사실 관련된 책은 『치과 보험경영지침서』라는 이름으로 출판된 것이 있으며 그 책도 따지고 보면 이 책과 이어지는 시리즈라고 볼 수도 있을 것 같습니다.

　멋모르고 남들 다 한다는 개업 시장에 뛰어든 원장님들에게 조금이나마 도움이 되고자 제가 먼저 공부한 내용을 최대한 이해하기 쉽게 정리를 해보았으니 많은 도움이 되시길 진심으로 바라는 바입니다.

　병·의원을 개원하고 진료하는 궁극적인 목적은 매출을 발생하여 금전적인 이익을 얻기 위함일 것입니다. 과거에는 진료만 열심히 하면 이러한 것이 가능했었지만 요즘은 진료만 잘한다고 될 수 있는 시대는 아닙니다. 따라서 병·의원에서 일하는 직원들과 원장님들이 함께 알고 있어야 하는 비임상적인 내용의 모든 것에 대하여 알아보고자 합니다. 과연 어떠한 것들이 있을까요?

　1. 친절교육(CS, Customer Service)
　2. 치과 치료 상담(Dental Treatment Consulting)
　3. 전화 응대법
　4. 불만 환자 응대 및 대응법
　5. 고객관계관리(CRM: Customer Relationship Management)

　상기의 내용들이 이 책에서 다루어질 내용입니다. 대학이나 대학원에서도 공부하지 못했고 수련 기간에도 접해보지 못했으며 개원가에서도 알지 못하고 있는 개원의라면 반드시 알고 있어야 하는 내용입니다.

　개인적으로 이러한 지식에 무지했던 본인도 치과의사가 된 지 15년이 넘어서야 CS(Customer Service)를 처음 접했고 짧은 공직 생활 후 개원을 준비하면서 직원들과 함께 들은 CS 교육에서 깨진 유리창의 효과나 스칸디나비아 항공의 MOT를 태어나서 처음 들어봤으니 말입니다.

그런데 이 내용은 의사라면 특히 개원의라면 당연히 알고 있어야 하는 내용임에도 어디에도 잘 정리된 것이 없다 보니 막상 공부하기가 힘든 분야이었습니다.

어쩔 수 없이 혼자서 여기저기 책을 구해서 읽어보고 유튜브를 통해서 강의도 들어보고 온라인에 노출된 각종 자료도 찾아보고 서점도 뒤져보면서 공부를 이어가다가 2020년 코로나 이후 마침 외부 활동이 제한되고 집에서 사색을 즐기는 시간이 늘어난 덕에 개원가에서 바로 적용할 수 있는 나름대로 프로토콜을 만들 수 있을 것 같아 준비하게 되었고, 2021년 원내 교육자료로 사용을 하게 되었습니다.

그러던 중 우연히 기회가 닿아서 2022년 한국직업능력진흥원의 도움으로 고용노동부 지원사업에 참여할 수 있게 되었습니다. 4대 보험 중 고용보험에 가입하여 납입을 하고 있는 근로자(병·의원 직원)들이 교육비를 지원받고 강의를 들을 수 있는 프로그램입니다. 고용주인 원장님들의 일부 부담금이 있긴 하지만 전체교육비에 대한 세금계산서가 병·의원으로 발급되어 오히려 남는 장사(?)가 되는 결과가 되니 하지 않을 이유가 없는 프로그램입니다. 2023년 초에 개방되어 많은 치과가 참여하였고, 수많은 직원이 공부하였습니다. 정말 다행스러운 일입니다.

그런데 마땅한 교재가 없다 보니 불편함이 있는 듯하였습니다. 그리고 고용주인 원장님들은 교육을 시청할 수 없는 구조라 막상 도움을 받지 못하게 되었고요. 그래서 강의 내용을 알기 쉽게 교재로 준비를 하게 되었습니다.

강의도 하고 교재도 집필한 저 자신도 제가 말한 것처럼 행동을 제대로 하지는 못합니다. 머리가 알고 있는 것과 실제 입으로 몸으로 하는 것은 여전히 차이가 많이 나고 있기 때문입니다. 그러나 무엇이 문제인지도 모르고 있다면 해결점을 찾을 수가 없을 겁니다. 이 책을 통하여 그러한 문제를 해결해 보시길 바라며 오늘도 불철주야 노력하시는 대한민국 개원가의 원장님들과 직원 여러분을 응원합니다.

책을 집필하는 과정에서 이 책의 내용은 치과에서뿐만 아니라 의료계 전반에 적용될 수 있을 거라고 생각하게 되었습니다. 특히 전반부는 완전히 일치하는 개념입니다. 다만 중반부터는 제가 치과의사(구강악안면외과 전문의)라 주로 치과에 대한 예시로 전개되고 있는 점을 이해해 주시기 바랍니다. 우선은 치과 위주로 준비하였으나 점차 범 의료용으로 확대 적용을 고려하고 있는 점도 참고하시기 바랍니다. 하지만 지금 상태에서도 임상과에 상관없이 충분히 차용하여 활용할 가치가 있을 거라고 확신합니다. 향후에는 다른 임상과목의 예시도 추가하도록 하겠습니다.

아무쪼록 넓은 아량으로 받아들여 주시면 감사하겠습니다. 그리고 유튜브로도 찾아뵐 예정이오니 많은 기대 부탁드립니다.

2024년 4월 10일 최 희 수.

01. CS의 이해

병·의원에서 광의의 CS(Customer Service)에는 임상적인 것을 제외한 친절교육(협의의 CS)·치료 상담·전화 응대법·불만 환자 응대 및 대응법·고객 관계관리 등을 전반적으로 포함하고 있습니다. 이 중에서 먼저, 흔히 친절교육이라고 알려진, CS에 관한 내용을 알아보도록 하겠습니다. CS는 무엇일까요? CS의 의미를 알기 위해서는 먼저 '서비스'를 이해해 보겠습니다.

● **서비스(Service)의 이해 : Servitium, Servus**

서비스의 어원은 문헌 자료에 의하면 14세기부터 시작되었다고 합니다. 사전에서는 'Service'가 '노예의 상태'란 뜻의 라틴어 'Servitium'과 '노예'를 뜻하는 프랑스어 'Servus'에서 유래되었다고 추측하고 있는데요. 이에 따르면 'Service'란 '노예가 주인에게 충성을 바친다.'라는 의미에서 출발하고 있다는 것을 알 수가 있습니다.

● **현대 서비스의 정의**

최근의 여러 학자는 서비스를 '유무형으로 사람들의 욕구를 충족시켜 주기 위해 인간 또는 설비와의 상호작용을 통해 제공되는 모든 것'이라고 정의하고 있습니다.

여기에 '고객이 비용을 지불하였을 때 고객이 마땅히 받아야 하는 당연한 대가나 그 이상의 기대심리를 충족시킬 수 있는 유형 또는 무형의 것'이라는 의미도 함께 사용되고 있죠. 특히 우리나라에서 서비스는 '덤'이라는 의미로 사용되기도 합니다.

● **CS(Customer Service)**

CS는 Customer Service의 약자입니다. 서두에서 설명해 드렸듯이 좁은 의미로는 간단하게는 '고객서비스'라고 이해할 수 있습니다만 광의로는 더 많은 의미(친절교육 · 치료 · 상담 · 전화 응대법 · 불만 환자 응대 및 대응법 · 고객 관계관리)를 포함하고 있는 단어가 됩니다. 하지만 현대 서비스의 정의에 따라 서비스는 돈을 지불함으로 인해 '마땅히 받아야 되는 것' 또는 '그 이상의 기대심리'를 포함하게 됩니다. 그러므로 현장에서 적용되는 CS는 단순한 '고객서비스'를 넘어서는 그 이상의 의미를 품게 됩니다.

쉽게 풀이하자면 '고객에게 만족감을 넘어 감동'을 제공하는 것입니다. 그리고 이 만족감과 감동을 제공하기 위해 고객관리와 함께 불만 사항을 해결해 주는 역할도 수행하는 것입니다.

CS의 궁극적인 목표와 목적은 결국 매출 증대!!

CS가 필요한 이유는 CS의 구조에 있습니다. 고객 만족 및 고객 감동을 강화하게 되면 초기 고객들은 단골 고객 즉 충성고객이 될 확률이 높아집니다. 그리고 단골 고객의 입소문을 통해 새로운 고객이 유입되는 선순환의 구조가 완성되는 것입니다. 이러한 선순환의 구조를 통해 매출증대를 이룰 수도 있는 것입니다.

CS를 통한 매출증대라는 선순환의 구조는 CS가 단순히 고객서비스로 정의되는 것이 아니라 고객에게 필요한 모든 것을 해결해 줌으로써 고객에게 받을 수 있는 모든 것을 끌어낸다는 의미로 확장될 수 있습니다.

● CS 이슈

CS의 의미를 어느 정도 이해하였다면 몇 가지 궁금증이 생기게 됩니다. CS가 병·의원 운영에 정말 중요할까? 환자 유치에 도움은 되는 것일까? 이런 의문이죠. CS에 관련하여 여러 학자와 서적들은 이미 중요함의 수준을 넘어섰다고 이야기하고 있습니다. 현장에서 적용되는 CS에는 다음과 같은 이슈가 있습니다.

- CS는 환자 유치에 도움이 되는 걸까?
- CS를 위해 모두에게 친절해야 하는 걸까?
- CS를 어떻게 개선해야 하나?
- CS의 범위는 어디까지인 것일까?

CS Issue	CS Solution	CS Result	
CS 과연 중요한가?	전부는 아니지만 상당히 중요!	➡ VISION(Concept)	매출증대
CS 환자유치에 도움이 되는가?	도움을 넘어 마케팅을 한 부분	➡ MARKETING	
CS 모두에게 친절해야 하나?	전부에게 적용되는 것과 함께 선택과 집중이 필요	➡ CRM	
CS는 어떻게 개선할까?	한두번으로는 절대 안됨	➡ 평생교육	
CS는 어디까지 적용되나?	진료 상담도 포함		

병·의원 현장에서도 CS와 관련한 이러한 이슈들이 있다는 것은 CS가 더 이상 선택이 아닌 필수가 되었다는 것은 시사하는 것입니다.

CS는 마케팅의 한 분야로 확장이 가능한 만큼 고객 유치에 많은 영향을 미치고 있습니다. 이러한 이유로 모든 고객에게 적용되는 것이 당연합니다. 하지만 고객의 특성에 따라 선택과 집중이 필요합니다. 또한, 수많은 선택을 통해 최선책을 찾아가는 방법으로 CS는 끊임없는 개선이 필요합니다.

CS는 광범위하게 적용됩니다. 진료상담, 마케팅, 고객 관계관리, 비임상 교육에 관련된 평생 교육을 CS의 분야라고 이해할 수 있습니다. 그리고 이러한 노력을 통해 매출증대의 결과를 기대할 수 있게 됩니다.

　그렇다면 매출증대를 이뤄내기 위한 CS를 위해 가장 먼저 해야 할 일은 무엇일까요? 그것은 바로 비전을 세우는 일입니다. 왜 '비전'일까요? 저도 개인적으로 이러한 공부를 하기 전에는 뭐 대~충 하면 되지 비전이 뭔 필요가 있어 다 돈 벌자고 하는 거 아닌가? 라고 생각했었습니다. 그러나 진정한 비전이 없다면 그저 의료 장사꾼이 되어 버릴 수도 있겠다는 생각이 들더군요. 그래서 우리에게 비전이 필요한 것입니다.

Vision 세우기 → 개원 목표 세우기

● **Vision = Concept**

　비전은 즉 콘셉트(컨셉)를 의미합니다. 이 비전의 의미를 이해하기 위해 예를 하나 보도록 하겠습니다. '알프스' 하면 떠오르는 나라는 어디인가요? 알프스를 생각하면 대부분 스위스를 떠올릴 텐데요.

　사실 스위스는 알프스의 1/10만을 소유하고 있습니다. 사실상 알프스의 3/10을 소유하고 있는 것은 오스트리아입니다. 그리고 알프스를 대표하는 몽블랑도 스위스가 아닌 프랑스에 있습니다. 그렇다면 우리는 왜 '알프스'라고 하면 '스위스'를 연상하게 되는 것일까요?

　우선 알프스의 융프라우를 올라가는 기차가 스위스에서 출발한다는 점이 큰 이유겠고요. 스위스를 소개하는 많은 사진이나 영상의 배경 또는 주요한 콘셉트(컨셉)들이 대부분 알프스와 연관되어 있기 때문이겠지요.

따라서, 이런 요인들이 모여서 대중이 '알프스'라고 하면 당연하게 '스위스'를 떠올리게 되는 것은 어쩌면 자연스러운 일이겠지요. 이렇게 우리의 인식에 자연스럽게 영향을 주는 것, 바로 각인입니다.

○ 각인의 중요성

알프스 하면 스위스가 떠오르듯 고객에게 각인되는 것은 매우 중요합니다. 우리 병원은 스위스의 알프스처럼 특별한 콘셉트를 갖고 있는 병원인가요? 지역 내에서 어떤 콘셉트로 각인되어 있는지, 혹시 '이런 병원도 있었네.'라고 취급되고 있지는 않은지 한번 생각해 봐야 합니다.

같은 지역 안에서도 여러 개의 병·의원이 존재합니다. 이 중 환자들이 우리 병원의 문을 열고 오게 하려면 고유한 콘셉트가 필요합니다. 이러한 '콘셉트'를 위해서는 다른 병원과는 차별되는 아이덴티티가 필요합니다.

○ 아이덴티티의 필요성

아이덴티티는 시간이 지나면서 만들어지기도 하고 처음부터 만들어서 진행할 수도 있습니다. 지역 내의 커뮤니티에서는 이러한 예를 쉽게 찾아볼 수 있습니다. 식빵이 특히 맛있는 집, 주인이 친절한 구멍가게, 내부가 청결한 중국집 등 그들만의 특별한 특징, 즉 아이덴티티를 통해 각인된 점포들이 있습니다.

> "A 내과는 원장님이 친절해요."
> "B 이비인후과는 과잉진료를 하지 않아요."
> "C 소아과는 아이들 진료를 잘 정말 하는 것 같아요."
> "D 치과는 턱관절에 특화된 치과에요."
> "E 치과는 임플란트가 저렴해요."

병·의원의 경우에는 어떤 아이덴티티를 가질 수 있을까요?

> "직원이 불친절했어요."
> "원장님의 진료 스타일이 좀 무서웠어요."
> "필요하지 않은 치료까지 권해서 불편했어요."
> "돈만 밝히는 것 같아서 다시 가고 싶지 않아요."

이러한 아이덴티티는 긍정적인 각인이 될 수 있지만 그렇지 않은 경우도 있습니다. 이러한 이미지들은 우리 병원에 대한 부정적인 이미지를 주게 되고 결국 병·의원 치과 운영에도 영향을 주는 역할을 합니다.

여러분은 여러분의 병원이 동네에서, 지역사회에서 어떻게 인지되고 각인되고 있는지 알고 있나요? 우리 병원의 비전, 즉 콘셉트가 무엇인지를 아는 것은 CS의 운영에 중요합니다.

만약, 콘셉트를 '아프지 않게 진료하는' 치과로 정했다면 이를 통한 CS 운영이 가능해지기 때문입니다. 통증을 줄일 수 있는 여러 장비를 추가 구매하고 술식도 습득하여 임상에서 적극적으로 활용하다 보면 어느새 동네에서 그러한 입소문을 타게 되는 것이기 때문입니다.

● **시대별 마케팅의 변화**

> - 1980년대 이전의 마케팅: 제품 경쟁(저가 경쟁) - Price
> - 1990년대 마케팅: 품질 경쟁 - Quality
> - 2000년대 마케팅: 고객서비스 - Service
> - 2020년대 마케팅: 고객 만족 - Value

마케팅은 시대별로 변화를 거듭해 왔습니다. 80년대 이전에는 무조건 저렴한 제품으로 저가 경쟁을 해야 하는 분위기였다면 90년대에는 품질이 중요해지기 시작했습니다. 2000년대에는 서비스를 중심으로 경쟁이 벌어졌고 2020년대에는 가치를 중요시하는 경쟁으로 마케팅이 시행되고 있습니다.

○ **의료계의 마케팅 경쟁**

의료계는 어떨까요? 의료계는 품질 경쟁, 저가 경쟁, 서비스경쟁, 가치의 경쟁이 동시다발적으로 이루지는 형태를 갖고 있습니다. 대표적으로 치과계의 임플란트는 최저가격과 최고가격의 차이가 상당히 큽니다. 그리고 이 가격(수가)에 대한 마케팅의 방식은 고객(환자)들로 하여금 치과의 아이덴티티를 다르게 인식하게 만들고 있습니다.

○ **고객(환자)의 요구**

대부분의 CS 교육은 상품을 구매하는 고객에게 맞추어 형성되어 있습니다. 하지만 병원을 방문하는 고객, 즉 환자는 '상품'이 아닌 '서비스'를 구매하려는 목적을 하고 있습니다. 이처럼 고객이 '환자'라는 특성 때문에 보편적인 CS에서 제시하는 고객과는 성향이 다르다는 것을 알아야 합니다(이후로는 고객을 환자로 표현하겠습니다). 병원을 방문하는 환자들은 대체로 어떤 욕구를 갖고 있을까요?

" 진료를 잘 받고 싶어요."
" 진료를 아프지 않게 받고 싶어요."
" 진료를 싸게 받고 싶어요."
" 진료를 친절하고 정확하고 빠르게 받고 싶어요."

하지만 이러한 욕구는 원장이 다 해결해 줄 수 있는 것도 아니고 직원 여러분들이 다 해결할 수 있는 것도 아닙니다. 함께 해도 해결이 쉽지 않은 것이 현실입니다. CS를 활용하는 것은 환자를 만족시키고, 단골 환자를 만들기 위한 것입니다. 그리고 이 과정에서 발생할 수 있는 불만 환자에 대한 응대와 대응을 통해 매출을 증대시키는 것이 목표입니다.

앞서 언급했듯 병원을 방문하는 환자의 욕구는 비단 직원만의 노력으로 충족될 수는 없습니다. 결국 병·의원의 운영 방향성을 결정할 수 있는 원장이 지금까지와는 다른 방향의 비전을 수립하고 이를 리드할 수 있어야 합니다. 병원의 운영에 있어 원장이 할 수 있는 부분과 직원이 해야 할 부분은 분명하게 나누어져 있기 때문입니다.

02. MOT

이제 병·의원의 CS 내용 중 MOT를 중심으로 학습해 보겠습니다. MOT는 Moment Of Truth의 약자로 고객 접점 관리라고도 이야기합니다. MOT는 CS를 설명함에 있어 가장 중요한 개념이고 정의입니다. MOT를 통해 고객이 회사와 만나게 되는 여러 접점에 대해서 설명할 수 있습니다. 그리고 CS에서 가장 많이 동반되는 개념이기도 합니다.

그렇다면 MOT에서 말하는 '접점'이란 무엇일까요? 이는 온·오프라인을 아우르는 개념으로 판매나 AS 등에서 어떤 식으로든 기업과 고객이 만나는 지점을 의미합니다. 그리고 이 접점은 기업의 이미지를 결정짓는 데 아주 중요한 역할을 합니다. 그러면, MOT에 대해 좀 더 자세하게 알아보도록 하겠습니다.

● MOT의 의미

원래 Moment Of Truth는 투우사가 소의 급소를 찌르는 순간을 의미합니다. 이 개념이 CS에 적용되면서 '고객이 우리 회사와 접촉하는 매 순간'을 의미하게 된 것입니다. 심지어 최근에는 '느낌과 인상을 받는 중요한 순간'까지도 포괄하는 개념이 되었습니다. 강한 느낌을 주어 좋은 인상을 남기고, 이를 통해 고객의 선택이 최고의 선택임을 입증시키는 것이 중요해졌기 때문입니다.

고객과 회사가 맞닿아 있는 모든 순간에 고객은 끊임없이 회사를 평가합니다. 따라서 MOT는 고객의 만족과 불만족을 가리는 중요한 순간이 됩니다.

● 스칸디나비아 항공사

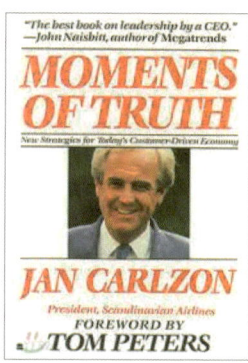
(출처: Harper Business 출판사)

MOT는 『MOMENT OF TRUTH』라는 책이 출판되면서 경영과 마케팅 용어로 널리 보급되기 시작했습니다. 이 책의 저자 얀 칼슨은 1970년대 말 석유파동 당시 스칸디나비아 항공사의 사장으로 재직하고 있었습니다.

이 책에서 얀 칼슨은 MOT를 '결정적 순간'은 언제나 발생하며 이때를 어떻게 극복하는가에 따라 회사의 서비스 수준이 결정되고 나아가 회사의 이미지가 결정된다'라는 이론으로 설명하였습니다. 그렇다면 스칸디나비아 항공사의 얀 칼슨은 어떻게 MOT를 발견하게 된 것일까요? 석유파동이라는 위기를 기회로 바꿨던 MOT가 어떻게 시작되었는지 알아보겠습니다.

○ MOT의 발견

1970년대 말 석유파동으로 일어나며 세계항공업계는 큰 시련을 겪게 됩니다. 스칸디나비아항공(SAS)도 마찬가지로 17년간 흑자를 기록하던 상황이었습니다. 심지어 1979년과 1980년 2년간 3천만 달러의 적자를 누적하게 되었죠.

이때, 스칸디나비아항공(SAS)에 39세의 젊은 얀 칼슨 사장이 부임하게 되었습니다. 그리고 칼슨 사장은 적자를 해결하기 위한 여러 가지 조사를 시행하게 되었죠. 칼슨 사장은 조사를 통해 세 가지 사실을 알게 됩니다.

<u>1. 한 해에 천만 명의 고객이 각자 5명의 직원과 접촉한다.</u>
<u>2. 1회의 응대 시간은 평균 15초 정도이다.</u>
<u>3. 15초 동안 스칸디나비아 항공의 이미지가 좌우된다.</u>

비로소 칼슨 사장은 이 순간에 최선의 노력을 기울이면 반전을 꾀할 수 있다는 판단을 하게 됩니다. 그리고 그는 'MOT'의 개념을 설명하기 위해 '불결한 접시'를 자주 예로 들었습니다.

"만약 승객들이 자신의 접시가 불결하다고 생각하게 되면 같은 순간에 자신들이 타고 있는 비행기도 불결하다고 느끼게 된다"는 것입니다.

MOT는 서비스 제공자가 고객에게 서비스품질을 보여줄 수 있는 극히 짧은 시간을 의미합니다. 하지만 이 짧은 순간은 자사에 대한 고객의 인상을 좌우하는 극히 중요한 순간으로 작용하는 겁니다.

정리해보자면, MOT는 '결정적 순간'으로 고객이 서비스를 제공하는 조직과 어떤 형태로 접촉하든지 간에 발생합니다. 그리고 이 MOT가 하나하나 쌓여 서비스 전체의 품질을 결정합니다. 따라서 고객을 상대하는 종업원들은 고객을 대하는 짧은 순간에 그들로 하여 최선의 선택을 하였다는 기분이 들도록 해야 합니다.

○ **MOT를 경험하게 되는 순간**

칼슨은 MOT를 경험할 수 있는 순간을 다음과 같이 소개했습니다.

- 정보를 얻기 위하여 전화했을 때
- 예약할 때
- 공항 카운터에 다가갔을 때
- 순서를 기다리고 있을 때
- 탑승권 판매직원과 카운터에서 만났을 때
- 요금을 지불하고 탑승권을 받을 때
- 출발 입구를 찾고 있을 때
- 보안검사대를 통과할 때
- 탑승하여 승무원의 환영을 받을 때

- 좌석을 찾고 있을 때
- 수화물 보관소를 찾을 때
- 좌석에 앉았을 때

이처럼 MOT를 경험할 수 있는 순간은 아주 짧습니다. 항공사의 입장에서 MOT를 설명하자면 '때론 15시간의 비행시간 탑승 시간보다, 15초의 결정적인 순간이 더 중요하다.'라고 이야기할 수 있게 될 것입니다.

● 병·의원의 MOT

MOT는 매 순간 발생합니다. 즉, 환자가 병원을 인지하는 순간부터 MOT가 아닌 순간이 없다고 봐야 합니다. 그렇다면 병·의원에서 MOT가 발생하는 순간은 어떤 때일까요?

온라인 검색 → 예약 →
치과 방문 → 접수 → 대기 → 진료 →
상담 → 수납 → 배웅

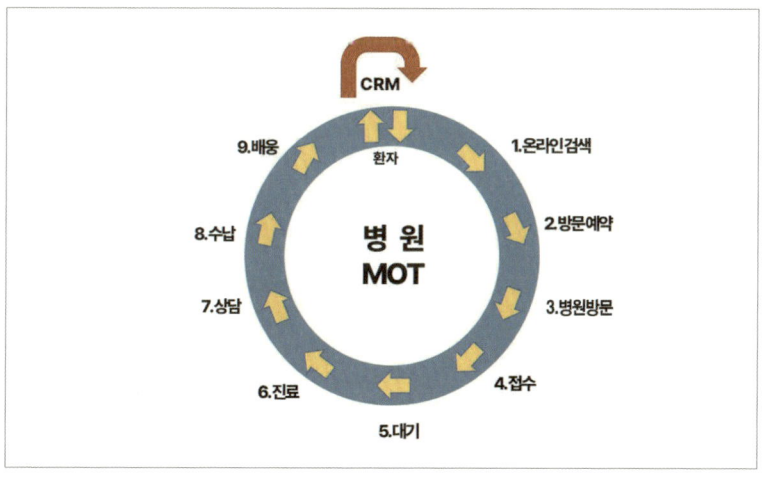

환자가 병원에 방문하기 위해서 온라인에서 검색하거나, 혹은 입소문으로 정보를 듣는 순간부터 MOT가 발생하게 됩니다. 그리고 병원을 방문하여 접수하고 대기하고 진료를 받은 이후 그리고 병원을 떠나는 순간까지 MOT가 지속됩니다.

그렇다면 환자가 병원에 방문하여 진료를 받고 돌아나가면서 느끼게 되는 만족감은 어떻게 결정되는 것일까요?

◦ **만족도의 영향**

만약 훌륭한 진료와 인테리어, 적절한 진료 수가에 만족한 환자와 보호자가 수납 시 불친절한 직원에게 응대를 받는다면 만족도에는 어떤 영향을 미치게 될까요? 직원이 불친절했지만, 다른 점들이 훌륭하니 다시 방문해도 되겠다고 만족하게 될까요? 그렇지 않습니다. 왜냐하면, 여기서 중요한 점은 환자와 보호자가 경험하는 서비스품질이나 만족도에는 '곱셈의 법칙'이 적용되기 때문입니다.

◦ **곱셈의 법칙**

곱셈의 법칙에 따르면 공든 탑은 한 번에 무너질 수 있습니다. 예를 들어 환자와 보호자가 의사의 능력, 치과 인테리어, 적절한 수가, 데스크의 친절도를 점수로 환산한다고 가정해보겠습니다. 여기서 의사의 능력을 99, 치과 인테리어를 95, 적절한 수가를 90으로 산정하고 데스크의 친절도가 0이 된다면 곱셈의 법칙에 따라 만족도는 0이 됩니다.

> 진료 만족도 99점 × 치과 인테리어 95점 × 수가만족도90점 × 데스크 만족도 0점
> = 0점

환자와 보호자가 경험하는 서비스품질이나 만족도에 곱셈의 법칙이 작용하므로 MOT가 중요한 것입니다. 곱셈의 법칙에 따르면 여러 번의 MOT 중 어느 하나만 나빠도 한순간에 환자를 잃어버릴 수 있게 되는 것이니까요.

○ **MOT와 가장 밀접한 직원**

흔히 병·의원에서의 MOT가 데스크에서부터 발생한다고 생각하여 데스크 직원과 진료직원 및 의료진 등이 MOT와 관련된 인원이라고 생각할 수 있겠지만 사실은 병·의원과 전혀 관계가 없을 것 같은 건물 경비원, 주차관리원 등도 병·의원의 MOT와 밀접한 관련이 있습니다. 이들의 접객 태도가 우리 병원의 운명을 좌우할 수도 있는 것입니다. 즉 MOT 는 그 자체로 상품이라고 이해할 수 있습니다.

● **첫인상과 MOT의 차이점**

MOT가 무엇인지, 어떻게 발생하는지에 대해서 알아보았습니다. 더불어 곱셈의 법칙을 통해 MOT 관리의 방향성도 살펴볼 수 있었는데요. 곱셈의 법칙에 따르면 불편하거나 만족스럽지 않은 요소 한 가지로 인해 나머지 훌륭한 요소들이 모두 무용지물이 될 수가 있죠. 따라서 한순간도 불만이 발생하지 않도록 주의할 필요가 있는 것입니다. 그렇지만 여러 단계의 MOT 들 중 특히 유의해야 하는 단계가 있는데 바로 첫인상입니다.

MOT는 처음부터 끝까지 매 순간 반복되는 것이지만 첫인상은 딱 한 번 주어진다는 점에서 다릅니다. 더불어 MOT는 주차장이나 화장실의 청결도, 예약 시스템 등 다양한 곳에서 발생하는 반면에 첫인상은 대부분은 사람에게서 발생합니다. 따라서 환자 만족을 목표로 하는 경우 '첫인상'은 매우 중요한 요소가 된다는 것입니다.

○ **첫인상**

첫인상은 새로운 사람을 만날 때 갖게 되는 느낌입니다. 이는 매우 강력한 것이어서 한 번 각인되면 쉽게 변하지 않는다는 특징이 있습니다. 그래서 사람들에게는 좋은 첫인상을 남기고 싶어 하는 욕구가 있습니다. 그렇다면, 우리가 흔히 첫인상이라고 하는 최초의 시각적 인지를 통

직원의 **서비스**는 환자에게 가장 먼저 보여주는 병원의 **첫인상**

해 상대방에 대한 이미지를 구축할 수 있는 데 걸리는 시간은 얼마나 될까요?

미국의 한 연구에 의하면 우리 눈의 편도체가 첫인상을 판단하는데 걸리는 시간은 17/1,000초라고 합니다. 전문가들의 의견에 따르면 외모, 표정, 목소리 등의 요소들을 종합해서 사람들은 대개 3~5초 안에 첫인상을 판단한다고 합니다. 이러한 좋은 첫인상은 새로운 관계 형성과 신뢰와 호감을 쌓는 데 매우 중요한 요소로 작용할 것입니다.

○ 5초의 법칙

(출처: 위즈덤하우스 출판사 /www.wisdomhouse.co.kr)

첫인상 전문가로 알려진 보험 세일즈 매니저 한경의 저서 『첫인상 5초의 법칙』에서는 "첫인상은 단 5초 만에 결정된다"라고 말합니다. 이에 따르면 순간성이 바로 첫인상의 가장 핵심적인 특징이라고 이해할 수 있습니다.

시각과 두뇌를 통한 본능적인 첫 번째 판단은 강력한 힘을 발휘합니다. 그리고 이는 전체적인 정보 형성에 가장 큰 영향을 미치게 됩니다. 초두효과에 따라 처음 그 이후에 얻게 되는 정보는 효과가 미미해 인상에 대한 영향을 미치지 못하기 때문입니다. 그렇기 때문에 처음 느낀 순간의 이미지는 무엇보다 중요하다고 할 수 있습니다.

○ 시각적 요소(보디랭귀지)

말하지 않으면서 몸짓으로 자신의 뜻을 전하는 보디랭귀지도 시각적인 요소라고 할 수 있습니다. 어떤 것들이 효과적이고 어떤 것들이 역효과를 내는 보디랭귀지인지 「첫인상 5초의 법칙」에 제시된 구체적인 사항들을 보겠습니다.

- 손윗사람의 말에 지나치게 자주 고개를 끄덕이면 '예스맨'의 오명을 얻게 됩니다.
- 대화 도중 자주 주위를 두리번거리거나 엉뚱한 곳을 응시하는 것은 상대방을 무시하는 행위입니다.
- 팔짱을 끼거나 다리를 포개면 거만하고, 몰상식한 사람으로 인식되기 쉽습니다.
- 상대방이 명함을 내밀 때는 두 손으로 공손하게 받으며, 자신의 명함을 건넬 때는 간단히 인사를 해야 합니다.
- 명함에 메모할 때는 메모지에 적어 붙이거나 상대방이 없을 때 해야 합니다.
- 두 손으로 상대방의 한 손을 움켜쥐면 '아부'로 보일 수 있으니 주의합니다.
- 힘이 없거나 손끝으로 하는 악수는 무성의한 사람으로 인식될 수 있으며, 지나치게 강한 악수는 공격적이고 과장을 일삼는다는 느낌을 주게 됩니다.
- 상대방의 자세나 동작을 가볍게 따라 하면 친밀감을 줄 수 있습니다.

○ **청각적 요소(목소리, 말투)**

　첫인상에는 청각적 요소인 목소리와 말투도 중요합니다. 너무 작은 목소리는 자신감이 없어 보이고, 반면 목소리가 너무 크면 무례해 보이기 때문입니다. 안정적인 중저음이 타인에게 신뢰감을 주는 가장 좋은 목소리입니다. 말투는 권위적이지 않고 차별 없이 친절해야 하며, 말하기보다는 듣는 것을 잘할 때 상대방의 호감을 얻기 쉽습니다.

　5초 만에 형성되는 첫인상. 하지만 첫인상을 구성하는 요소와 좋은 첫인상을 만들기 위한 팁만 알고 있다면 누구나 첫인상으로 손해 보는 일은 없을 겁니다. 솔직하고 겸손하게 자신을 드러내고, 사려 깊고 긍정적인 마음으로 대화를 이끌어간다면 상대방에게 좋은 첫인상을 각인시킬 수 있을 것입니다. 평소 좋은 첫인상을 남기기 위한 연습을 통해 관계 형성을 좌우하는 5초를 활용해 보시기 바랍니다.

이어서 5초의 법칙처럼 첫인상을 좌우할 수 있는 또 다른 법칙을 알아보겠습니다.

○ 메라비언의 법칙

메라비언의 법칙에 따르면 상대방에 대한 이미지를 판단하는데 작용하는 것은 시각, 청각, 언어입니다. 그리고 이는 각각 시각 55%, 청각 35%, 언어 7%의 영향을 미치게 됩니다. 즉, 의상이나 표정, 자세, 몸짓, 헤어스타일, 목소리, 말투 등으로 상대방에 대한 첫인상이 결정된다는 것입니다.

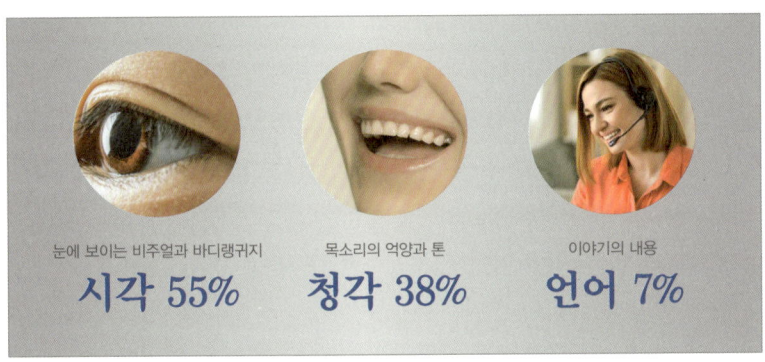

여기서 언어는 말하는 내용, 청각은 말하는 방법 또는 목소리, 시각은 모습이나 표정을 의미합니다. 이 모든 것이 더해져 전달력이라는 힘을 갖게 된다는 것입니다. 이에 따르면 말의 내용과 관계없는 시각과 청각, 즉, 이미지의 비중이 93%에 달한다는 것을 알 수 있습니다.

따라서 좋은 첫인상을 남기려면 시각과 청각적 요소를 가장 많이 염두에 두어야 합니다. 먼저 첫인상에 가장 큰 영향을 끼치는 외모나 표정, 보디랭귀지 등 시각적인 요소들을 잘 활용해 좋은 인상을 심어주도록 해야겠죠. 여기서 외모는 '밝은', '호감 가는', '단정한' 외모를 말합니다.

따라서 사람들에게 좋은 인상을 남기기 어려운 결점들을 보완하려고 노력하고 항상 밝게 웃으며 단정한 복장을 갖추는 것이 매력적인 외모를 형성할 수 있는 것이죠. 자신감과 집중력을 보여주는 또렷한 눈빛과 함께 상대방에게 친근함을 줄 수 있는 미소가 중요합니다. 마스크를 착용하여도 눈가에 비치는 미소는 누구나 알 수 있습니다.

● 지금까지 얻은 정보에 따라 MOT를 위한 좋은 첫인상을 위해 다음과 같은 노력이 필요합니다.

○ **첫인상의 4가지 법칙**

<u>1. 첫인상의 법칙</u>: 처음 5초에 좋은 인상을 주기 위해 노력해야 합니다.

<u>2. 콘크리트 법칙</u>: 처음 느낀 것이 콘크리트처럼 굳어버려 한번 굳은 이미지를 바꾸려면 40시간 이상의 시간이 필요합니다.

<u>3. 부정성의 법칙</u>: 사람은 긍정적인 이미지보다 부정적인 이미지를 더 기억합니다. 잘못 새겨진 첫인상은 회복이 힘들다는 것을 의미합니다.

<u>4. 시각과 이미지의 법칙</u>: 소리 없는 시각적인 요소들이 첫인상에 중요합니다. 따라서 복장, 표정, 자세, 몸짓, 헤어스타일 등의 요소에 신경을 많이 써야 합니다.

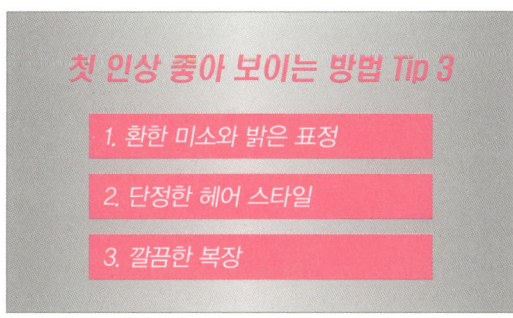

사람은 감정이 지속되는 특징이 있습니다. 좋아하는 사람이 한 번 실수했을 때와 싫어하는 사람이 한 번 실수했을 때의 반응이 달라지는 것도 이러한 이유입니다.

이 같은 '감정 지속의 법칙'에 따라 '첫인상'이 관계 형성에 얼마나 큰 영향력을 갖고 있을지 짐작해 볼 수 있습니다. 그렇기 때문에 MOT 중에서도 '처음 만나는 순간'을 가장 우선에 두고 환자 만족을 실현하기 위해 노력해야 하는 것입니다.

03. 병원선택

이제 병원선택의 기준에 대해 학습해 보겠습니다. 병원의 매출을 올린다는 것은 즉, 환자들이 많이 찾는 병원이 된다는 의미겠죠. 환자들이 많이 찾는 병원이 되기 위해서는 환자들이 병원을 선택하는 기준에 대해 알아야 할 것입니다. 환자들이 병원을 선택하는 기준이 무엇인지 이해하고 또 이를 실무에 어떻게 활용할 수 있는지에 대해 이해해 보도록 하겠습니다.

● **매출증대의 원리?**

간단하게 생각해서 병원이 잘 되려면 환자를 많이 봐야 합니다. 이는 매출을 높이는 아주 간단한 원리입니다. 환자를 늘리기 방법으로 야간 및 휴일 진료, 365일 진료라는 형태도 나타나고 있습니다. 그리고 또 어떤 방법으로 환자의 수를 늘릴 수 있을까요? 광고가 있습니다. 광고를 통해 환자가 유입되면 매출이 증가하게 되죠. 이외에도 수가 할인과 같은 방법을 선택할 수도 있습니다.

그렇다면 병원의 진료시간을 늘리고, 광고를 하고, 수가를 할인하게 되면 반드시 병원의 매출이 오르게 되는 것일까요?

○ **환자가 치과에게 바라는 조건**

여기서 우리는 환자가 병원을 선택하는 기준이 무엇인지 생각해 보게 됩니다. 환자가 병원에서 바라는 조건은 어떤 것들이 있을까요?

- 첫 번째로 아프지 않게 진료를 받고 싶은 욕구가 있죠. 진료를 시행하는 원장이 만족시킬 수 있는 요소라고 볼 수 있습니다.
- 두 번째로 진료를 저렴하게 받고 싶은 욕구가 있습니다. 이것 또한 수가를 결정하는 경영진, 원장에게 결정권이 있는 요소입니다.
- 세 번째로 친절한 서비스를 받고 싶은 욕구가 있습니다. 이는 진료 과정에 참여하는 직원의 역할이 중요한 요소입니다. 친절한 서비스에는 물론 정확하고 빠른

서비스의 개념도 포함됩니다. 서비스에 관련된 부분은 직원의 능력과 해당 치과의 서비스 교육을 통해 이루어질 수 있습니다.

○ 의료기관 선택 기준

그렇다면, 환자는 '아프지 않은 진료', '저렴한 비용', '친절한 서비스'라면 해당 병원을 무조건적으로 선택하게 되는 것일까요? 아쉽게도 그렇지는 않습니다. 모 여론조사기관의 발표에 의하면 전국 남녀 1035명을 대상으로 '치과 선택의 기준'에 대해 설문조사를 시행하였습니다. 설문의 결과를 통해 어떤 치과가 선택받는지를 알아보겠습니다.

■ '치과 선택의 기준' 설문조사
- 위치 및 거리 35.4%
- 입증된 실력 29.4%
- 비용 및 보유시설 23.2%
- 광고 9.6%
- 기타 2.4%

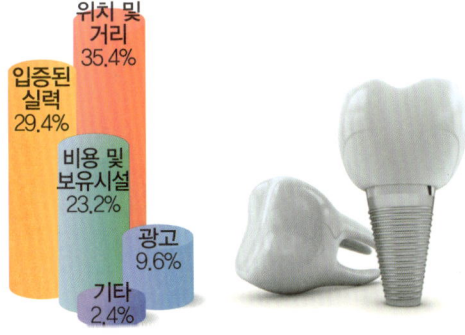

설문 결과에 따르면 '위치 및 거리'가 35.4%로 가장 많았고, 이어 '입증된 실력'이 29.4%, '비용 및 보유시설'이 23.2%로 적지 않은 비중을 차지했습니다. 이 설문 결과는 무엇을 뜻하는 것일까요?

○ '치과 선택의 기준' 설문 결과의 의미

1) 첫 번째는 '위치 및 거리'입니다.

환자의 거주지와 얼마나 가까이 있느냐는 지리적인 이유입니다. 선택 기준으로 가장 높은 이율을 보이는 것이 다른 것이 아니라 단지 '위치와 거리'라는 것은 의외이며 이는 앞서 논했던 진료 수준·비용·서비스에 관련된 사항과는 관련이 없다고 볼 수 있습니다.

<u>2) 두 번째는 '입증된 실력'입니다.</u>
　이는 앞서 말했던 '아프지 않은 진료'에 해당한다고 생각할 수 있겠지만 사실, 가보지 않은 치과의 원장이 어떻게 진료를 하는지를 환자는 알 수가 없습니다. 즉, 이는 입소문을 의미합니다.

<u>3) 세 번째는 '비용 및 보유시설'입니다.</u>
　치과에 방문하기 전 비용 및 보유시설에 관한 판단의 근거는 어디서 얻게 될까요? 전화 상담 및 홈페이지 등의 자료를 통해 판단할 수도 있겠지만 결국은 입소문이 가장 큰 영향을 미칠 것입니다.

<u>4) 네 번째는 '낮은 광고의 순위'입니다.</u>
　반면에 환자를 늘리기 위한 방법 중 하나라고 여겼던 광고는 10% 이하로 확인되었습니다.

　이 모든 내용을 정리하자면 환자가 치과를 선택하는 기준은 환자의 거주지에서 멀지 않은 곳에 위치해 있으며, 주변인들에게 좋게 평가된 곳을 선택한다는 것으로 해석할 수 있습니다. 최근에 조사한 내용도 살펴보겠습니다. 치의신보에서 치과 이용 환자 300명을 대상으로 조사하여 2020년 12월 9일 보도한 설문 결과입니다.

○ '단골 치과를 선택한 이유'에 대한 설문조사 (치의신보 2020년)
- 탁월한 접근성 29.7%
- 단골로 다니는 동네 치과가 없음 26.3%

- 친절한 의료진 16.7%
- 적정한 진료비 11.7%
- 진료의 질 7.3%
- 시설·장비 등 쾌적한 환경 6.0%
- 기타 2.3%

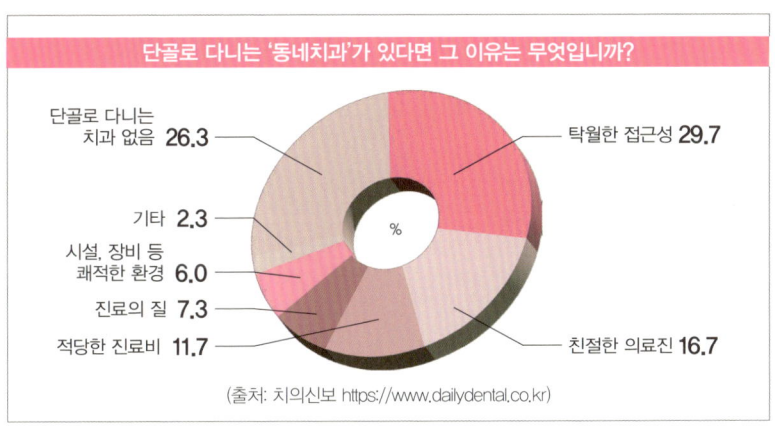

○ **단골 치과를 선택한 이유'에 대한 설문 결과의 의미**

이 중 가장 유의미하다고 볼 수 있는 결과는 '탁월한 접근성'이라고 볼 수 있습니다. 이전에 보았던 설문조사와 동일하게 환자는 치과를 선택하는 이유에 '얼마나 가까이 있느냐'를 중요시하고 있다는 사실을 알 수 있기 때문입니다.

더불어 친절한 의료진, 적정한 진료비가 연이어 순위에 체크되었습니다.

○ **'진료의 질'에 대한 평가가 낮은 이유**

진료의 질이 치과를 선택한 이유에 7.3%밖에 되지 않는다는 것은 즉, 환자는 진료의 결과를 잘 판단할 수 없다는 이야기가 됩니다. 즉, 환자는 진료의 결과에 대해서 객관적으로 평가하지 못한다는 것을 의미합니다.

그러니 환자는 '잘하는 병원'을 선택하는 것이 아니라, '잘할 것 같은 병원'을 선택한다는 것으로 해석할 수 있습니다. 그리고 우리는 여기서 '잘할 것 같은'데 많은 영향을 미치는 게 바로 입소문이라는 것을 유추할 수가 있습니다.

> **WHY MOT?**
>
> 환자는
> 잘 하는 병원을 오지 못하고
> 잘 할 것 같은 병원을 찾는다!
>
> 정확하게는 잘 할 것 같은 병원을
> 주변의 이야기를 듣고
> 내 주변에서 치과를 선택한다.

그렇다면 정말 환자들은 치과를 선택할 때 '입소문', 주변 사람들이 이미 내린 평판을 중요하게 생각할까요? 이를 확인하기 위해 '치과 선택 시 관련 정보를 얻는 주요 경로'에 대해 설문한 결과를 보겠습니다.

○ '치과 선택 시 관련 정보를 얻는 주요 경로'에 대한 설문조사
- 지인 소개 49.3
- 가족 추천 27.7
- SNS, 블로그 등 온라인 10.0
- 거리의 간판 8.3
- 각종 홍보물이나 의료광고 4.0
- 기타 0.7

다시 말해서 참여한 응답자 중 77%는 지인 또는 가족들로부터 추천을 받는 경우가 많았습니다. 특히 '지인 소개'를 선택한 이들은 남성보다는 여성이 많았으며, 연

령 별로는 40·50대가 지인의 정보에 많은 관심을 기울였습니다. 소위 '입소문'이 치과 선정에 주요한 역할을 했다고 볼 수 있습니다.

전업주부의 71.7%, 직장인의 44.4%, 대학생의 21.4%가 지인의 추천에 많이 의존하는 것으로 나타났습니다. 이외에 환자들은 지역 온라인 커뮤니티의 추천이나 사이트 검색 등을 통해 지역의 치과 정보를 얻는다는 것을 알게 되었습니다.

이어서 2017년 엠브레인 트렌드모니터가 병원 방문 경험이 있는 전국 만19세에서 59세 사이의 성인남녀 2천 명을 대상으로 실시한 '병원 이용' 설문조사 결과를 보겠습니다.

○ **병원선택 시 고려하는 사항 (복수 선택)**
- 집에서의 거리 58.5%
- 주변 사람들의 평판 33.8%
- 병원의 대외적인 인지도 33.0%
- 해당 의사의 평판 24.7%
- 시설/규모 23.3%
- 대중교통 수단과의 접근성 19.7%
- 해당 의사의 인지도 16.3%
- 여유 있는 진료시간 16.0%
- 회사에서의 거리 15.7%
- 병원 방문 이력 관리 여부 13.7%
- 병원 직원들의 친절도 12.8%
- 진료 비용 12.4%
- 병원 인근의 환경 4.9%
- 의료진의 수(의사 수) 2.7%
- 병원 사이트 내 진료 예약 및 댓글 등 2.2%

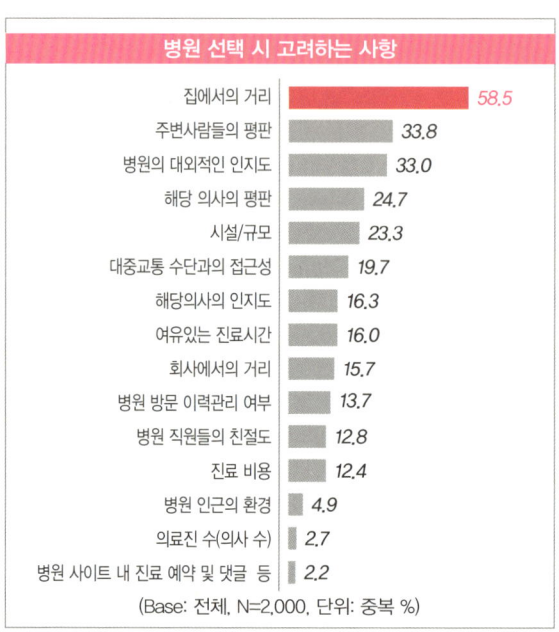

(출처: 엠브레인 트렌드모니터)

　상기 설문조사는 이전과 다르게 선택지를 단수가 아니라 복수로 선택하는 설문이었습니다. 병원선택 시 고려 사항을 보면 집에서의 거리(58.5%), 대중교통 수단과의 접근성(19.7%), 회사에서의 거리(15.7%)에 대한 항목은 결과적으로 환자가 있는 위치에서 치과가 얼마나 접근성이 좋은지를 의미합니다.

　그리고 주변 사람들의 평판(33.8%), 병원의 대외적인 인지도(33.0%), 해당 의사의 평판(24.7%), 해당 의사의 인지도는 결국 입소문을 의미한다고 볼 수 있겠습니다.

　같은 의미로 해석할 수 있는 항목을 묶어서 본다면 결국은 병원을 선택하는 데에서는 접근성(93.9%)보다는 입소문의 영향(107.8%)이 크다고 볼 수 있습니다.

　이어서 엠브레인 트렌드 모니터가 조사한 '최근 병원 진료에서 만족감을 느꼈던 부분'에 대한 설문조사의 결과도 보겠습니다.

○ 최근 병원 진료에서 만족감을 느꼈던 부분 (중복 선택)

- 의사의 꼼꼼한 진료 54.7%
- 진료 효과/증상 개선 42.9%
- 쾌적한 병원 시설/공간 31.7%
- 짧은 대기 시간 27.8%
- 병원 구성원(스텝)들의 친절함 24.2%
- 첨단의 의료기기/설비 17.1%
- 저렴한 진료 비용 13.7%
- 넉넉한 진료시간 10.3%
- 대기자를 위한 휴식 공간 9.4%
- 병원 사이트의 활발한 운영 1.7%
- 만족했던 부분 없음 7.9%

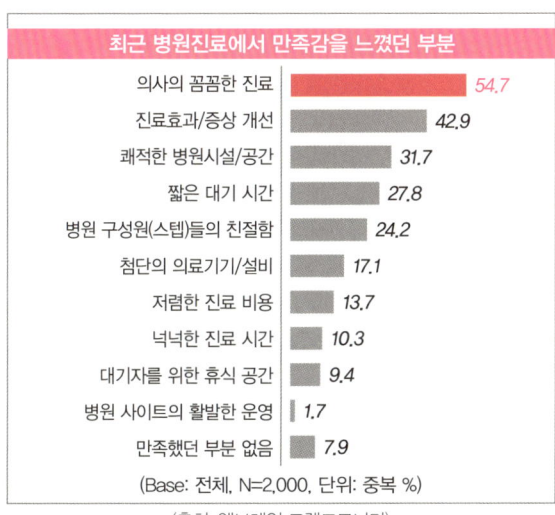

(출처: 엠브레인 트렌드모니터)

03. 병원선택

설문조사의 결과를 복합적으로 살펴보았을 때 '진료 비용'에 대한 결과가 두드러지지 않고 있습니다. 이는 설문조사에 응하는 환자의 심리도 고려해 보아야 합니다. 진료 비용을 선택하는 것이 스스로를 세속적이라 여기게 하는 심리 요인이 작용했다는 것을 고려해 볼 수 있습니다.

실제 비용을 고려하는 환자의 수보다는 적을 가능성이 있다는 것을 참고할 수 있습니다.

앞선 설문조사 중 '치과 선택의 기준' 설문 결과에서는 입증된 실력 29.4%를 차지했습니다. 그러나 '단골로 다니는 치과가 있다면 그 이유가 무엇'인지 알아보는 설문에서는 진료의 질이 7%대에 머물렀었죠.

여기서 우리는 환자가 처음 치과를 선택하는 이유와 계속 가고 싶은 치과를 선택하는 이유 사이에 차이가 있다는 것을 발견할 수 있습니다. 바로 계속 가고 싶은 치과를 결정하는 데 '만족스러운 진료의 결과'는 당연하다는 것이죠. 환자의 입장에서 임상적인 결과는 병원에서 얻는 당연한 결과이니까요.

이 때문에 환자들이 단골 치과를 선택하게 되는 이유에는 수가나 친절함 등의 비임상적인 요소가 더 중요한 요소가 되는 것입니다.

비임상적인 요소에서 좋은 평가를 받은 치과는 단골 환자를 확보하는 데 유리해지고, 단골 환자의 입소문으로 또다시 해당 병원을 찾는 신규 환자를 확보할 수 있게 되는 선순환을 갖게 됩니다. 이게 바로 병·의원의 CS에서 MOT를 고려해야 하는 이유이기도 합니다.

● 환자가 지인에게 자신이 다니는 치과를 추천하는 이유

"굳이 교정 치료가 필요 없을 것 같다는 말에 반해서 인생 치과로 정했어요."

"이 충치는 멈춘 충치라서 치료가 필요 없겠네요. 라는 말을 듣고 참 양심적인 치과라고 생각했어요. 그래서 주변에 추천했고요."

"치아를 빼지 말고 신경치료를 조금 더 해서 사용해 보자는 말을 들었던 게 벌써 3년 전이네요. 이 치과 원장님 정말 명의입니다."

"진료 중에 '언니랑 똑같이 덧니가 있네요.'라는 말을 들었어요. 나뿐만 아니라 언니까지 기억해주고 있다는 사실이 너무 좋더라고요. 그래서 저희 가족은 다 이 치과에 다닙니다."

이처럼 환자의 만족도엔 진료 행위 자체보다는 진료하러 가는 과정이나 진료 중에 발생하는 여러 상황에 접하게 되는 여러 가지 MOT가 중요하게 작용합니다.

그래야지만 치료의 동의율이 증가하고 주변 지인에게 추천할 확률이 높아지게 됩니다. 이렇게 충성 환자가 많아져야 CS 및 CRM 등 내부마케팅을 활용하여 독자적인 경영이 가능한 선순환 구조를 갖게 될 수 있습니다.

04. 온라인 검색과 병원예약

　환자들이 병원을 방문하기까지의 절차 즉, 온라인 검색부터 병원예약까지의 내용에 대해 살펴보겠습니다. 환자가 병원에 대해 첫 궁금증이 생겼을 때 가장 먼저 하게 되는 일은 무엇일까요? 아마도 자주 이용하는 포털 사이트에 접속하여 해당 병·의원의 이름을 검색하게 되겠죠.

　우리나라의 대표적인 포털 사이트에는 구글, 네이버, 다음 등이 있습니다. 이 포털 사이트의 포털은 '대문'이라는 의미를 갖고 있는데요. 그렇다면 우리 병원은 이 대문에서 어떤 얼굴로 환자들을 맞이하고 있을까요? 지금부터 다섯 가지 질문을 통해 온라인상에서 환자들과 첫 대면하는 MOT를 어떻게 관리하고 있는지 알아보도록 하겠습니다.

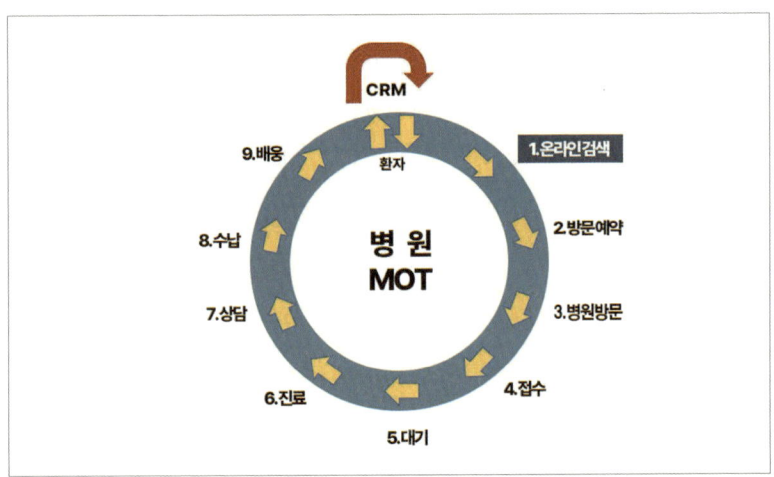

● 인터넷에서 우리 병원을 검색하였을 때 적절하게 노출되고 있는가?

앞서 말씀드린 대로 구글, 네이버, 다음은 우리나라 인터넷 사용자의 대부분이 이용하고 있는 포털 사이트입니다. 비즈 스프링의 포털점유율에 따르면 2021년 기준 네이버 56.1%, 구글 34.7%, 다음 5.5%로 3대 주요 포털 사이트의 점유율이 95%가 넘는 것으로 집계되었습니다.

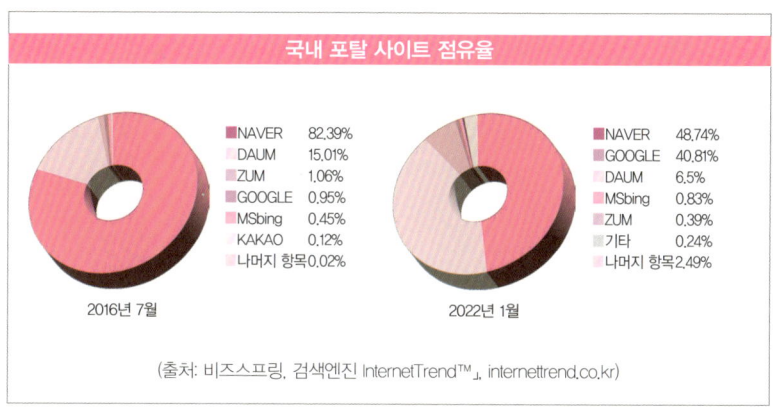

이처럼 국민 대다수가 사용하고 있는 포털 사이트에서 우리 병원이 어떻게 검색되고 있는가는 매우 주요한 요소입니다. 병원과 환자의 거주지가 물리적으로 가깝다는 것이 병원을 선택하는 데 중요한 요소가 되는 것을 지난 설문조사를 통해 알게 되었죠. 이와 같은 맥락에서 온라인상에서 얼마나 빨리 검색되느냐는 심리적인 거리감에 영향을 미치게 됩니다.

○ 병원 검색

그렇다면 온라인상에서 우리 병원이 어떤 위치에 있는지 알 수 있는 가장 빠른 방법으로 온라인검색을 한 번 해보겠습니다. 바로 병원이 있는 지역명으로 검색을 하는 것인데요. 예를 들어 '부천 상동 치과'라는 키워드로 검색을 했다고 가정해보겠습니다.

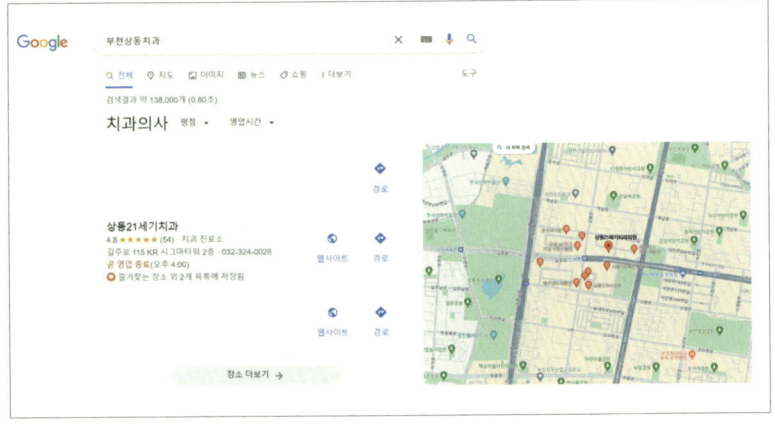

04. 온라인 검색과 병원예약

검색 결과는 어떤가요? 여러분들의 병원은 상위에 노출되어 있나요? 검색 결과 상위에 노출되어 있다는 것은 검색 시 첫 화면에서 바로 찾을 수 있는 경우를 의미합니다. 실제로 지역명과 치과를 합한 키워드는 굉장히 많은 검색 수를 갖고 있으므로 첫 화면에 노출되기가 어렵습니다.

그리고 만약 3대 포털사 전부에 지역명과 치과로 검색하였을 때 모두 상위에 노출이 된다면 포털 관리가 아주 잘 되어있다고 볼 수 있습니다.

지역명 키워드가 아니더라도 병원의 이름을 검색하는 것이 아닌 이상 포털 사이트 첫 페이지에 노출되는 것에는 많은 노력이 필요합니다. 입력 조건에 따라 노출되는 정도도 달라지기 때문에 하나의 키워드에서 상위에 노출되었다 하더라도 이게 전체적인 부분에서 관리가 잘 되고 있다고 보기에는 어렵습니다.

다만, 이러한 노출 결과를 말미암아 환자에게 우리 병원으로 안내할 수 있는 경로가 많아진다는 것은 알 수가 있습니다. 그렇다면 이렇게 포털 사이트에서 우리 병원으로 안내하기 위한 길을 확보했다면, 정말 찾아오게 하려면 병원은 어떤 정보를 제공해야 할까요?

○ **홈페이지는 최신 업데이트가 되어있는가?**

우리 병원의 홈페이지에는 최신 정보가 업데이트되어 있나요? 또 홈페이지는 PC용과 모바일용이 분리되어 개설되어 있나요?

최근에는 모바일을 활용한 환자가 많으므로 모바일에 최적화된 홈페이지를 구축하고 있는 것도 중요합니다. PC용 홈페이지는 모바일에서 제대로 구동이 되지 않을 가능성이 있기 때문입니다.

PC 용 홈페이지   모바일용 홈페이지

○ 홈페이지 속에서 확인해야 하는 정보

1) 홈페이지 속 정보 확인: 의료진

현재는 근무하고 있지 않은 의사나 직원이 여전히 소개되고 있지는 않은 지와 사진상에 과거 근무했던 직원들이 포함된 경우 등을 확인해야 합니다. 만약 병원의 규모가 커서 직원들의 근무 형태가 유동적이라면 그때마다 병원 홈페이지에 사진을 교체하기란 쉽지는 않을 것입니다. 그러므로 분기별 또는 상하반기에 한 번 등 주기를 정해 사진을 교체하는 노력이 필요합니다.

환자들도 홈페이지상 확인한 의사가 실제 치과에 근무하고 있지 않은 경우라면 의아할 수 있겠죠. 가능하면 현재 치과의 의료진 및 근무자의 상태와 동일하게, 혹은 너무 뒤처지지 않게 관리할 필요성이 있습니다.

2) 홈페이지 속 정보 확인: 댓글 관리

홈페이지 속 감사 인사나 칭찬과 같은 댓글에는 다시 댓글로 감사함을 표할 수 있습니다. 만약 환자가 자신의 개인 SNS 계정을 통해 우리 병원을 칭찬하는 글이 있다면 여기에도 댓글을 달고 소통할 수도 있도록 해야겠습니다.

하지만 댓글 중에는 문의 사항이나 진료 후에 느꼈던 좋은 점을 남기는 경우만 있는 것은 아닙니다. 댓글 관리의 대상이 되는 댓글은 보편적으로 '악성 댓글'입니다. 악성 댓글은 없는 게 좋겠지만, 아무리 노력을 해도 불가피하게 발생하는 상황이 있습니다.

악성 댓글에 대한 피드백이 적절하게 관리되어 있어야 환자들이 보았을 때 '이 병원은 이러한 컴플레인에도 적절하게 잘 반응을 하는구나.'라고 긍정적으로 생각할 수가 있습니다. 온통 악성 댓글밖에 없는 경우라면 불가능하겠지만, 여러 개의 댓글 중 한두 개 정도의 악성 댓글은 자연스러운 현상이라고 볼 수 있습니다.

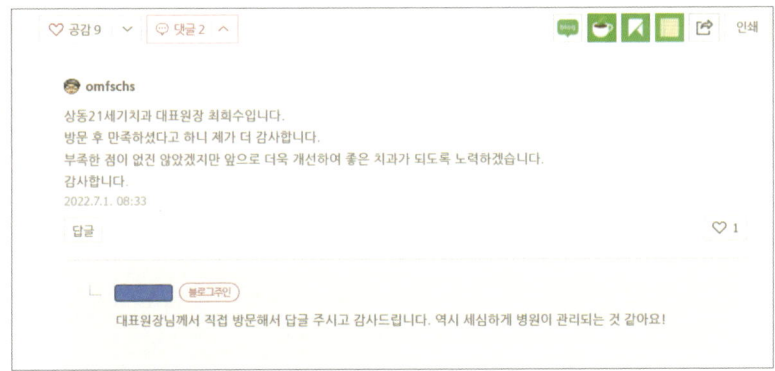

3) 홈페이지 속 정보 확인: 찾아오는 길

홈페이지지상에 '찾아오는 길'은 형식적으로 안내하고 있는 경우가 많습니다. 하지만 찾아오는 길에 대한 정보를 가까운 지하철역이나 버스정류장 등에서 얼마를 걸어야 하는지에 대한 정보를 더욱 자세히 기재하면 접근성이 훨씬 좋아지게 됩니다. 또한, 도보로 이용하는 경우, 차를 이용하는 경우 등에 따라 출입하는 방법이 달라지니 차를 이용하는 경우 주차장의 위치를 자세하게 표시하여 편의를 높일 수 있습니다.

생각보다 주차장 입구를 찾지 못해 건물을 빙글빙글 도는 경우가 자주 발생합니다. 이런 일로 인하여 처음 방문하는 환자들의 MOT가 손상 입게 됩니다. 자세한 설명이 필요합니다.

그리고 주차장의 경우 입구가 좁다거나 높이 제한이 있는 경우 이를 자세히 설명해 주어야 합니다. 주차타워의 경우 출입이 힘든 차종도 미리 알려주어야 주차장 입구에서 차를 돌려서 다른 치과로 가 버리는 사태를 막을 수 있습니다.

● **예약**

온라인검색을 통해 환자와 보호자가 우리 병원에 오겠다고 결심을 하게 되면 그 다음은 어떤 절차를 밟게 될까요? 방문 예약을 하게 될 것입니다. 예약은 온라인 예약과 전화 예약으로 나뉩니다. 먼저 진료 예약 전화에 대해 알아보도록 하겠습니다.

○ **예약 전화 응대법**

전화를 받아 환자와 연결되는 순간은 MOT 중 하나입니다. 그렇기 때문에 약간의 차별점을 주고 인사말을 건네는 것이 중요합니다.

1) 인사말

그냥 "여보세요"보다는 "전화 주셔서 감사합니다. A 치과 홍길동입니다"와 같은 인사말로 병원의 이름을 밝히고 전화 받는 사람의 정보를 간단하게 전달하는 것이 좋습니다.

① 긍정적 표현으로의 변화

전화 응대에서 흔히 사용하는 표현을 먼저 살펴보겠습니다.
"기다리게 해서 죄송합니다. 어디가 불편하실까요?"
간단한 인사말과 함께 진료 예약을 진행하고 더불어 CC까지 확인하고 있죠. 이는 전화 예약에서 흔히 볼 수 있는 표현들입니다. 하지만 여기서 한 번 더 생각해 볼 것은 같은 의미를 전달하더라도 좀 더 긍정적인 언어를 사용할 수 있다면 바꾸어 표현할 수 있다는 것입니다.

예를 들어서, "기다려주셔서 감사합니다. 무엇을 도와드릴까요?"라는 표현은 긍정적인 느낌을 주는 언어를 사용하면서도 상대방이 전화를 해주었다는 것에 대한 감사 표현과 CC 확인을 동시에 진행할 수 있는 거죠. 더불어 전화를 건 상대방의 목적이 진료에 관련된 것이 아닐 수도 있기 때문에 다짜고짜 "어디가 불편하세요?"

라는 표현은 적절하지 않을 수도 있다는 것을 염두에 두어야 합니다.

> "기다리게 해서 죄송합니다. 어디가 불편하실까요?"
> ↓
> **"기다려주셔서 감사합니다. 무엇을 도와드릴까요?"**

② 공감의 표현

CC 확인을 하면서 공감의 표현으로 적절한 리액션이 필요합니다. 병원의 서비스는 의료이기 때문에 진료를 요청하는 대부분 환자는 통증이나 불편함을 느끼고 있을 가능성이 큽니다. 이 때문에 환자 상태에 따라 적절하게 "지금 많이 불편하시겠어요", "그동안 고생 많으셨겠어요" 등으로 피드백, 즉 환자가 겪은 고통에 대한 공감을 표현하는 것이 좋습니다. 이어서 "저희 대표 원장님이 그 분야는 전문이세요" 등으로 적절하게 어필할 수 있다면 더 좋겠죠.

③ 마무리

통화를 끝낼 때도 용건만 간단히 전달하고 끊는 것보다는 한 번 더 도움을 줄 수 있는 상황을 물어볼 수 있습니다. 세 가지 정도의 표현으로 요약해 볼 수 있는데요. 간단하게 줄여서 '궁, 필, 도'로 기억한다면 편리합니다.

> "더 **궁**금하신 건 없을까요?"
> "더 **필**요하신 건 없을까요?"
> "더 **도**와드릴 사항은 없을까요?"

이후 전화를 끊을 때는 감사 인사와 함께 다시 한번 병원 이름과 담당자의 이름을 말하는 것이 좋습니다. 여기에 상대방이 전화를 끊을 때까지 기다렸다가 수화기를 내려놓는 매너까지 더하면 좋겠죠.

통화의 마무리를 신경 쓴다는 것은 전화 통화 시 있었을지 모르는 부정적인 이미지를 바꿀 기회를 노려보는 것이기도 합니다. 친절하게 응대를 했다고 하더라도 어떠한 개인적인 이유로 통화상의 부정적인 느낌이 남아있는 경우를 대비하는 것이죠.

> **"없을까요?"와 "있을까요?"의 차이점**
>
> "더 **궁**금하신 건 없을까요?"
> "더 **필**요하신 건 없을까요?"
> "더 **도**와드릴 사항은 없을까요?"

여기서 "있을까요?" 보다 "없을까요?"를 선택하는 이유는 전화를 마무리할 때가 됐다는 뉘앙스를 전달하는 데 효과적이기 때문입니다. 대화의 마무리를 위한 선택사항이라 상황에 맞추어 사용하는 것이 좋습니다.

☎ 그렇다면 어떻게 하면 환자와 보호자 만족을 위한 전화 상담을 할 수 있는지 시뮬레이션을 통해 알아보겠습니다.

직원: 네, 자연치아를 소중하게 생각하는 상동21세기치과 입니다.
환자: 치과죠?
직원: 네 맞습니다. 무엇을 도와드릴까요?
환자: 사랑니가 아파서 가려고 하는데요. 언제 가면 될까요?
직원: 아이고, 지금 많이 아프지는 않으세요? 저희 원장님이 구강외과 전문의라 사랑니는 정말 잘 뽑으세요. 정확히 어디가 아픈지 여쭤봐도 될까요?
환자: 왼쪽 위인지 아래인지 모르겠는데 어제부터 아프네요. 지금은 약 먹고 조금 나아졌어요.
직원: 힘드셨겠어요. 저희가 가능한 한 빨리 봐 드릴 수 있도록 하겠습니다. 시간은 언제가 괜찮으신가요?

환자: 오늘은 언제까지 진료죠?

직원: 오늘은 오후 6시까지 진료라서 오후 5시까지는 오셔야 진료가 가능할 것 같습니다. 늦으시면 당일 진료까지는 힘들 수도 있어서요.

환자: 아... 그럼 오늘은 힘들겠네요. 회사 끝나고 가야 해서요. 야간진료는 언제죠? 토요일도 하나요?

직원: 네. 토요일은 오후 2시까지 진료하고 있고요. 야간진료는 매우 화요일에 9시까지 하는데, 지금은 예약이 많이 밀려있어서 빠른 시일에는 예약이 어려우실 것 같아요. 말씀해주신 증상으로는 빨리 내원을 해주셔야 될 것 같아서요.

환자: 그럼 어떻게 하죠?

직원: 저희가 평일은 수요일에 7시까지 진료를 하고 있거든요. 이날은 6시 전후로 내원해 주시면 진료가 가능한데, 혹시 이번 주 수요일은 어려우실까요?

환자: 조금 빨리 퇴근하면 가능할 것 같은데... 음. 일단 수요일 6시로 예약 부탁드릴게요.

직원: 네. 이번 주 수요일 오후 6시로 예약해 두겠습니다. 환자분 성함 부탁드립니다.

환자: ○○○이요.

직원: 오시는 길을 안내해 드릴까요?

환자: 알고 있어요. 엄마 임플란트하실 때 몇 번 같이 가봤거든요.

직원: 아~ 그러시군요! 실례지만 어머님 성함이 어떻게 되시나요?

환자: ○○○이요.

직원: 아~ ○○○님 따님이시군요. 이전에 어머님 검진 차 오셨을 때 같이 오셨었죠? 수요일 오실 때도 어머님이랑 같이 오시나요?

환자: 아니요. 혼자 가려고요. 아 근데, 거기 주차장이 있었나요? 차로 가는 건 처음이라.

직원: 병원 건물 뒤쪽에 주차장으로 들어가는 입구가 있어요. 대로 쪽 말고 건물 뒤쪽으로 오시는 게 편하실 거예요. 진료 보시면 당일 주차는 무료고요.
환자: 아, 감사합니다.
직원: 그 전이라도 많이 불편하시면 내원해 주세요. 예약 시스템이라 대기가 있긴 한데 당일 진료도 가능하시거든요. 더 궁금하신 건 없을까요?
환자: 아, 당일 진료가 되나요? 혹시 당일 진료 보면 대기는 얼마나 있을까요?
직원: 보통은 30분 내외로 가능한데 당일 상황에 따라 달라져서요. 혹시 모르니까 예약 전에 오시게 되면 확인 전화 주시는 게 정확할 것 같아요.
환자: 네, 그럴게요.
직원: 그럼 내일모레 수요일 오후 6시에 뵙겠습니다. 저는 상동21세기치과 데스크 ○○○입니다. 좋은 하루 되십시오. 감사합니다.

● **예약 관련 문자 전송**

전화 예약을 마친 뒤에는 예약 상황을 문자로 전송하여 한 번 더 기록을 남겨두는 것이 좋습니다. 예약 문자는 환자가 병원의 전화번호를 갖게 되는 것과 동시에 혹시라도 예약 날짜나 시간을 기억하지 못하는 경우를 예방할 수 있게 해주는 효과가 있습니다. 또한, 예약해 놓고 별생각 없이 내원하지 않거나 취소를 하는 경우가 많습니다. 이런 경우 다른 환자를 진료하는 시간을 놓치게 되니 시간 변경을 희망하거나 취소할 때는 꼭 전화를 달라는 내용을 포함 시켜 주는 것이 좋습니다.

※ **예약 문자 예시**

"○○○님 전화 주셔서 감사합니다. 2024년 ○월 ○일 ○시에 예약되었습니다. 변경 희망 시 다른 환자 예약을 위해 미리 연락 주시면 감사하겠습니다."

여기에 병원 Naver Blog 링크를 첨부하여 보내주거나, 지도 약도를 포함해 전송시키면 환자에게 좀 더 편의성을 제공할 수 있게 됩니다.

05. 병원 방문

이제 환자와 보호자의 병원 방문에 대해 학습해 보겠습니다. 환자와 보호자가 병원에 방문을 결정하였다면 도보, 대중교통, 자동차를 이용하는 방법에 따라 여러 가지 MOT가 발생하게 됩니다.

병원은 이렇게 발생하는 다양한 MOT를 인지하고 또 어떻게 대처 방안을 수립해야 하는데요. 먼저, 주차장 또는 1층에서 병원 입구까지의 MOT를 살펴보겠습니다.

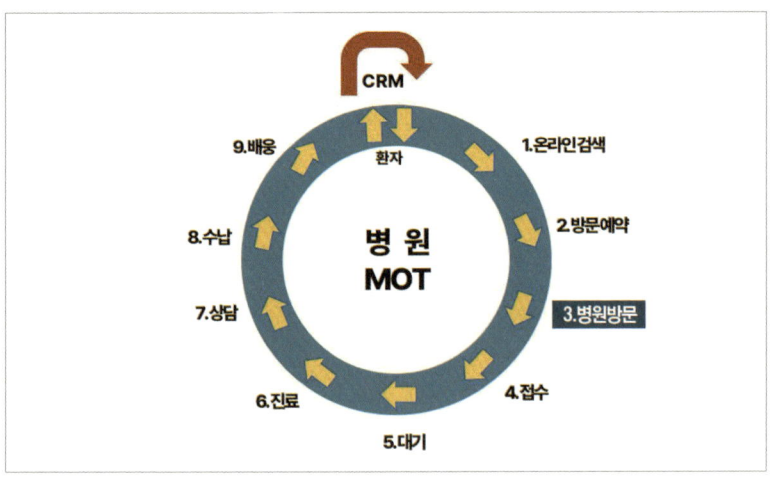

● **이동 수단에 따른 안내 가능 여부**

첫 번째로, 환자와 보호자에게 병원이 있는 건물을 잘 찾을 수 있게 안내하고 있는지 살펴보아야 합니다. 그리고 접점에 있는 직원이 구두를 통해서 정확한 위치 설명이 가능한지를 알아야 합니다.

가령 대중교통을 이용하는 경우라면 지하철이나 버스의 노선을 자세히 안내할 수 있어야 합니다. 또한, 병원 근처에 있는 버스정류장에 몇 번 버스가 서는지를 미리 알아두고 해당 노선과 버스정류장에서 병원까지 안내가 가능해야 된다는 것입니다.

○ 초행길에 헷갈릴 수 있는 포인트를 미리 안내

많은 사람들이 헷갈리는 초행길 포인트를 찾아야 합니다. 대형 집합 건물인 경우에는 한 건물에도 치과가 여러 개 입점해 있을 수 있습니다. 한 층에 두 개 이상의 치과가 있는 경우도 있고요. 이런 경우에는 환자와 보호자가 다른 치과에 잘못 갈 가능성을 염두에 두어야 합니다.

이를 대비하여 엘리베이터를 내려서 오른쪽으로 오면 된다든지, 내렸을 때 바로 보이는 간판을 활용한다든지 추가적인 설명이나 가능한 방안을 마련해야 할 것입니다. 이런 포인트를 찾아 미리 안내 사항을 고지하는 것도 병원을 처음 방문하는 환자와 보호자들에게는 좋은 첫인상을 심어줄 수 있겠죠.

○ 주차장 안내

의외로 주차장 입구를 못 찾는 경우가 많습니다. 자차를 이용하는 초행길의 경우 대부분이 내비게이션을 사용합니다. 내비게이션을 사용하면 목적지의 근처까지는 수월하게 도착할 수 있습니다.

하지만 건물의 주차장을 찾기 위해서 다시 건물을 한 바퀴 돌아야 하는 경우가 비일비재하게 일어나죠. 여러분들도 주차장을 찾기 위해서 시간을 낭비해 본 경험이 있을 것입니다.

특히나 주차장 입구를 찾기 힘든 경우라면 환자와 보호자 분들 중에 더러 "주차하기가 너무 힘드네요", "주차장을 찾느라 늦었어요"라는 이야기를 왕왕 듣게 될 것입니다. 이런 경우에는 자차를 이용하는 분들에게는 주차장의 입구를 좀 더 상세하게 안내해 드릴 필요성이 있습니다.

- 주차 방법 안내 예시

예를 들어 "주차장은 건물 뒤 편에 있습니다", "주차장을 이용하실 경우 건물과 아파트 단지 사잇길로 들어오시면 됩니다" 등으로 안내할 수 있다는 거죠. 더불어 주차장에 여유가 없는 경우 주차를 대신할 수 있는 공간, 주변 주차장을 안내할 필요가 있습니다.

더불어 주차비를 어떻게 지원하고 있는지까지 안내한다면 더욱 좋겠죠. 그리고 이러한 내용은 주차 안내를 해야 하는 데스크 직원은 물론이거니 병원에서 환자와 접촉하는 모든 인원이 잘 숙지를 하고 있어야 합니다.

☎ 이어서 치과 오는 길을 물어보는 환자를 응대하는 직원의 시뮬레이션을 통해 적절한 응대 포인트를 살펴보겠습니다.

– 대중교통을 이용하는 경우
환자: 치과 방문하려고 하는데 어떻게 찾아가야 하죠?
직원: 대중교통으로 오시나요? 운전하셔서 오시나요?
환자: 지하철 타고 가려고요.
직원: 7호선 상동역에서 내리시고, 8번 출구로 나오셔서 약 1분(100미터) 정도 직진하시면 좌측에 치과 간판이 보이실 거예요. 버스정거장 바로 뒤편입니다. 병원은 2층에 있습니다.

– 자차를 이용하는 경우
환자: 치과 방문 하려고 하는데 어떻게 찾아가야 하죠?
직원: 대중교통으로 오시나요? 운전하셔서 오시나요?
환자: 차로 갈 건데요.
직원: 저희가 링크를 하나 보내 드릴게요. 옆 건물 주차장 입구가 붙어 있어서 헷갈리실 수 있거든요. 오른쪽에 시그마타워라고 적힌 주차장으로 들어오시면 돼요.
환자: 시그 마타요?

직원: 시그마 타워입니다. 간혹 만차인 경우가 있는데, 그럴 때 건물 앞쪽에 있는 공영주차장에 주차하시면 돼요.
환자: 공영주차장에 주차하면 주차비는 어떻게 해야 하나요?
직원: 진료시간에 맞춰서 주차비 지원해드리고 있어요. 진료 끝나고 수납하실 때 말씀해주시면 안내해 드릴게요.

※ 병원 위치 설명 시 체크리스트
- 1층 입주상가 안내도에 병원이 잘 보이는가?
- 엘리베이터 내에 입주상가 명단에 우리 병원 이름이 있는가?
- 복도에서 병원 입구가 잘 보이는가?
- 건물에 병원의 위치 안내가 잘 이루어지고 있는가?

※ 주차장 안내 체크리스트
- 주차장 입구는 잘 보이는가?
- 주차장이 여유로운가?

♣ 이어서 시뮬레이션을 통해 주차장을 찾지 못한 경우에 주차관리 요원의 대처방안을 살펴보겠습니다.
이때 주차관리 요원이 고객을 응대하는 포인트는
1. 주차장 입구를 상세히 설명할 수 있어야 한다.
2. 주차장에 여유가 없는 경우 대체할 수 있는 주차장을 구해서 안내할 수 있어야 한다
3. 대체주차장 여부와 주차비 지원대상 시간도 안내를 해드려야 한다는 것입니다.

※ 만차인 경우

환자: 이 건물에 상동 21세기 치과가 있죠? 여기 주차하면 되나요?

주차관리 요원: 네. 주차장은 여기가 맞는데 지금 만차라서요. 공영주차장 이용하셔야 할 것 같습니다.

환자: 아, 주차 못 하면 공영주차장에 대리는 소리는 들었는데. 어디죠?

주차관리 요원: 일단 주차장으로 내려가셔서 다시 돌아 나오시면 바로 보이는 건너편에 공영주차장 이용하시면 됩니다.

환자: 아, 저기요. 여기 유턴 되나요?

주차관리 요원: 네. 나오시자마자 우회전하시면 첫 번째 신호에서 유턴하실 수 있어요.

환자: 아~ 네. 감사합니다.

※ 외부 직원의 관리

주차관리 요원이 치과의 대체주차장이 어디인지를 안내해 줄 수 있는 상태면 좋지만, 생각하는 것보다 잘 관리되지 않는 부분 중 하나이기도 합니다. 건물의 주차관리 요원은 병원에서 고용한 직원이 아니기도 하며, 대부분의 주차관리 요원이 나이가 지긋하신 어르신일 경우가 많기 때문입니다.

더불어 이런 서비스 안내 멘트의 경우 비용이 지불되지 않는 한은 현실적으로 어렵기 마련입니다. 이 때문에 원장이나 직원의 노력이 더욱 필요한 부분입니다.

그럼 어떻게 하면 될까요?

● 외부 직원 관리

병원 방문과 관련하여 살펴볼 또 다른 내용은 병원 방문 시 처음 만나는 사람에 대한 MOT입니다. 환자나 보호자가 병원을 처음 방문했을 때 만나는 사람은 누구일까요? 원장도 데스크 직원도 아닌 건물 관리인이나 주차관리 요원인 경우가 많습니다. 하지만 이분들이 친절하지 않으면 MOT는 시작에서부터 무너지고 마는 꼴이 되어버립니다. 그렇다면 병원 외부인의 서비스 관리는 어떻게 해야 하는 걸까요?

○ **첫인상의 중요성**

MOT에서 가장 중요한 것이 첫인상이라고 말씀드린 바 있습니다. 첫인상 효과에 따르면 한번 결정된 인상은 콘크리트처럼 단단하게 각인되어 회복하기가 어려워지니까요. 이러한 이유로 첫인상의 한 부분이 될 수 있는 관리인, 경비원과 만남을 간단하게 볼 수 없는 것입니다.

하지만 앞서 이야기했듯 서비스 관리가 평탄할 수 없는 경우가 많습니다. 병원과는 아무런 관계가 없는 사람에게 친절함에 대해 요청을 할 수 없으니까요. 하지만 이런 방법은 어떨까요?

관리인, 주차관리 요원분들에게 병원에서 먼저 친절함을 나누는 것입니다. 너무 더운 여름날에 시원한 음료 한 캔이나, 명절 때 자그마한 선물을 드려 관계를 형성한다면 병원을 안내할 때 정말 필요한 말 한마디 정도는 부탁드릴 수 있을 것입니다.

♣ 환자와 보호자의 병문 방문 시 치과 바깥에서 겪게 되는 MOT를 시뮬레이션으로 살펴보겠습니다. 그리고 직절한 안내가 이루어진 경우와 그렇지 않은 경우의 차이점을 통해 안내의 필요성을 알아보겠습니다.

※ 안내가 적절하지 않게 이루어진 경우

환자: 아저씨 이 건물에 상동21세기치과 있죠?
경비원: 예(퉁명스럽게).
환자: 어디로 가면 돼요?
경비원: (보지도 않고 손가락으로 뒤를 가리키며) 거기 안내판 보면 됩니다~
환자: 뭐야? 어디로 가라는 거야?

※ 안내가 적절히 이루어진 경우

환자: 아저씨 이 건물에 상동21세기치과 있죠?
경비원: 네. 치과로 가시게요?
환자: 네. 어디로 가면 돼요?
경비원: (일어나서 손으로 가리키며) 안으로 들어가시면 엘리베이터 있거든요? 저기에서 2층으로 올라가셔도 되고요, 화장실 옆에 있는 비상계단으로 올라가도 됩니다. 2층에서는 금방 찾을 수 있을 거예요!
환자: 네. 감사합니다~

● 건물의 청결 상태 관리

마지막으로 주차장이나 1층에서 병원으로 오는 곳이 청결하게 잘 관리되고 있는지에 대해 MOT를 점검해 보겠습니다.

병원이 아무리 청결하고 고급스럽게 인테리어가 되어있다 하더라도 주차장이나 엘리베이터, 복도가 청결하지 못하다면 MOT에서 좋은 인상을 남기기가 힘들어집니다. 최소한 병원의 입구라도 깨끗하게 관리되어야 할 필요성이 있는 것입니다.

이는 경비원, 주차관리 요원처럼 건물의 미화를 담당하는 직원의 역할이 있어야 가능한데요. 우리 병원 직원이 병원 입구 정도는 청소할 수 있지만, 복도나 화장실 등은 청소하는 게 거의 불가능한 경우가 대부분입니다. 따라서 이런 경우에는 복도나 화장실을 담당하는 여사님께 병원에서 성의를 보여서 신경 써 줄 수 있도록 해야 할 필요가 있습니다. 경우에 따라서는 건물을 관리하는 팀에게 요청하는 방법을 사용할 수 있을 것입니다.

특히 화장실 관리에 유의하셔야 할 필요가 매우 높습니다. 휴지가 따로 없다면 병원에서 화장실 가시는 환자나 보호자에게 화장지나 물티슈를 제공할 수 있어야 합니다. 여하튼 병원 내부만 잘 관리한다고 해결되는 것이 아니라는 점을 잘 숙지해 주셔야겠습니다. 더러운 화장실로 병원 이미지도 더러워진다!

06. 접수

환자나 보호자가 온라인으로 병원에 대한 정보를 검색하고 방문 예약을 하고서 실제 병원의 문을 열고 들어오게 되면 병원에서의 첫 MOT가 발생합니다. 먼저, 접수 단계에서 가장 먼저 이루어지는 MOT! 첫인사에 대해 알아보겠습니다.

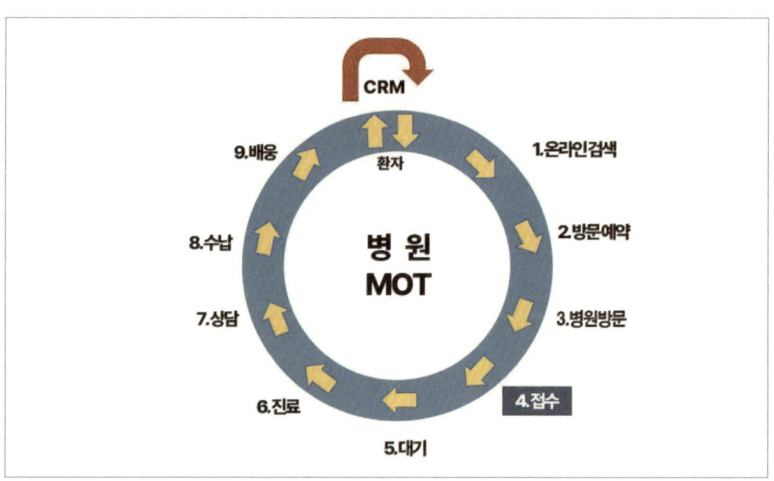

● **환자 및 보호자 맞이 인사**

과거의 CS 교육의 내용은 인사하는 방법을 알려주는 것으로 구성되고는 했습니다. 실제로 단체 교육을 통해 90도로 배꼽을 접어 인사하는 방법을 실습하곤 했습니다. 그렇다면 지금은 어떨까요? 데스크에서 환자와 보호자를 향해 90도로 허리를 숙이고 인사를 하는 것이 맞는 것일까요? 먼저, 인사의 종류를 살펴보겠습니다.

○ **인사의 종류**
- 목례: 상체를 5도 정도 숙이는 인사로 차를 접대하거나 자주 대하는 사람, 혹은 짐을 들고 있을 때의 인사법입니다.
- 가벼운 인사: 상체를 15도 정도 숙이는 인사로 간단한 인사, 복도나 실내 등 좁은 장소에서 마주쳤을 때, 상사를 두 번 이상 만났을 때의 인사법입니다.
- 보통의 인사: 상체를 30도 정도 숙이는 인사로 일반적인 인사를 의미합니다. 가장 기본이 되는 인사로 상사, 웃어른에 대한 인사법입니다.
- 정중한 인사: 상체를 45도 정도 숙이는 인사로 사과할 때 또는 감사의 뜻을 전할 때 사용합니다.

○ **첫인사**

인사의 종류에 따라 데스크에서 처음 내원객을 대면했을 때 가장 적합한 인사는 무엇일까요? 과거에 서비스의 정석이라 여겼던 90도 배꼽 인사를 한다면 환자나 보호자는 어떤 반응을 보이게 될까요? 너무 부담스러워서 하지 않을까요? 머릿속에 떠오르는 가장 자연스러운 인사는 눈을 마주치고 자리에서 일어나 가벼운 목인사를 확실히 하는 것이 이상적일 겁니다.

환자들이 병원에 문을 열고 들어오는 때에는 적어도 15도의 가벼운 인사에서 30도의 보통의 인사로 맞이하는 것이 상대방의 인상에 좋게 기억될 것입니다.

의료계에서 환자나 보호자에게 45도 이상의 인사를 할 때는 심각한 사고나 실수에 대하여 사과를 할 때 정도일 것입니다.

○ **인사를 할 때 주의 사항**

머리가 긴 경우 인사를 하다 머리가 흘러내려 고개를 돌리게 될 수 있습니다. 이런 특정 상황에서 인사를 너무 형식적으로 하는 느낌은 오히려 안 하느니만 못한 인상을 남길 수 있습니다. 특히나 고개가 틀어진 상태에서의 눈 맞춤은 째려본다는 느낌을 줄 수 있어 유의해야 합니다.

♣ 이어서 고객 방문 시 시뮬레이션을 통해 잘못된 예와 잘 된 예를 함께 살펴보겠습니다.

※ 응대를 잘하지 못한 데스크 인사

환자: (병원 입구로 들어와 데스크에 선다) 안녕하세요.
직원: (데스크 직원이 보고 있다가 앉은 채로) 안녕하세요. 예약하셨어요?
환자: (어정쩡한 얼굴로) 네.
직원: (차트같은 것을 뒤적이며) 처음이세요?
환자: 네.
직원: (퉁명스럽게) 이쪽에 앉아서 이것 좀 작성해주세요. (문진표를 내밀며) 여기랑 여기 체크하시면 돼요.
환자: (알쏭달쏭한 얼굴로 머뭇대며 체크한다) 다 했는데요.
직원: (문진표를 보지도 않고 건네받으며) 네, 앉아 계세요.

※ 응대를 잘한 데스크 인사

환자: (병원 입구로 들어와 데스크에 다가간다)
직원: (데스크로 다가오는 환자를 보고 하던 일을 멈추며 자리에서 일어나 눈을 맞추며 인사한다) 안녕하세요~ 상동 21세기 치과 데스크 코디네이터 ○○○ 입니다. 어떻게 오셨나요?
환자: 충치 때문에요. 많이 기다려야 하나요?
직원: 혹시 예약하셨나요?
환자: 아니요. 처음이에요.
직원: 아, 잠시 앉아서 기다려주시면 금방 안내해 드릴게요(웃으며 두 손으로 자

리를 안내한다). 잠시 후 직원은 앉아있는 환자에게 다가가 허리를 살짝 굽
혀 눈을 맞춘다.

직원: 기다려주셔서 감사합니다. 이쪽에서 문진표 작성할게요(문진표 작성을 위
해 마련된 공간으로 함께 이동한다). 진료 보기 전에 문진표 작성을 할 텐데
요(이것저것 필요한 내용을 질문하고 체크한다).

90º 폴더폰 인사?    배꼽 인사?

 일단 **일어나서** 눈을 맞추고, **확실하게 인사!**

● 데스크 접수

대부분이 의료기관에서는 데스크에 방문하게 되면 첫 방문일 때 문진표 등을 받아서 기록하게 됩니다. 이때 자칫 초진으로 오해될 정도로 자세히 하는 경우가 있는데 병증에 관해 너무 깊게 체크하면 안 됩니다. 간단한 과거력과 현재 진료 중인 질환이나 투약 중인 약, 그리고 내원 이유 등을 간략하게 기록하는 것으로 충분합니다. 환자가 문진표를 작성하면서 진이 빠지지 않도록 유의합니다.

더불어 문진표에 기록된 내용이 진료실로 충분히 전달될 수 있어야 합니다. 문진표를 작성하는 것이 형식적인 절차로 끝나지 않아야 합니다.

○ 대기 시간의 안내

문진표 작성 이후에 환자가 앉아서 대기할 공간과 대기 시간을 안내해야 합니다. 추가로 화장실이나 물의 위치, 휴대폰 충전이 가능한 위치 등을 안내하면 좋습니다.

또한 대기 공간에는 대기 시간에 볼 수 있는 적절한 읽을거리가 비치되어 있으면 좋습니다. 특히 환자들의 주요호소증상(CC)과 관련되어 미리 볼 수 있는 브로셔나 책이 마련되는 것이 좋습니다.

○ 데스크 제일 덕목

데스크의 가장 중요한 덕목은 무엇일까요? 데스크에서 환자를 만나 처음 주고받을 때의 인상은 얼굴이 가장 큰 역할을 합니다. 여기에서 얼굴은 사람의 생김새가 아니라 미소를 의미합니다. 데스크에서 가장 중요시되어야 하는 덕목은 환하게 웃는 얼굴이라는 것입니다.

마스크를 쓰고 있어 얼굴의 반을 가리고 있다 하더라도 눈 맞춤을 통한 감정은 분명히 전달됩니다. 특히나, 인간은 상대방의 감정을 읽기 위해 진화된 사회적 동물이기 때문에 눈 맞춤 한 번으로 상대방의 기분을 어느 정도 파악할 수가 있습니다.

이러한 친절함을 갖추기가 힘들다면 다정한 말투나 태도로 환자나 보호자를 응대해야 할 것입니다. 그렇다면 웃는 얼굴 말고도 데스크에서 갖추어야 하는 덕목에는 또 무엇이 있을까요?

○ 기억력의 중요성

웃는 얼굴과 함께 데스크에서 갖추어야 할 덕목은 기억력입니다. 여기에서 기억력은 환자의 이름을 기억하는 것을 의미합니다. 프랭클린 루즈벨트는 사람들의 호감을 사는 가장 간단한 방법에 대해서 "이름을 잘 기억하라. 이름이 그 어떤 것보다도 기분 좋고 중요한 말임을 명심하라"라고 이야기를 했습니다. 데일 카네기도 "이름을 기억해라. 그 이름이 그 어떤 것보다 기분 좋고 중요한 말임을 명심하라"라고 이야기했습니다.

이처럼 이름은 관계를 형성하는데 주요한 덕목입니다. 신환이 아닌 구환이라면 환자가 들어오는 순간 가능하면 웃는 얼굴로 고객을 맞이하며 기억한 환자의 이름을 불러주는 것이 첫인상을 좋게 남길 수 있는 주요한 요소라는 것입니다. 이름 외우기가 힘드시다면 그 시간대에 예약된 환자분 성함이라고 미리 외워두는 습관을 길러보시기를 바랍니다. 반복해서 연습하다 보면 충분히 하실 수 있습니다.

○ 호칭의 중요성

이름을 기억하는 것만큼 호칭을 정하는 것도 중요합니다. 우리나라는 나이가 많은 사람이나 직급에 따른 호칭이 정확하게 나뉘어 있어 애매한 호칭은 도리어 상대방의 기분을 의아하게 하거나 상하게 만들 수도 있는데요.

특히나 데스크에서 환자나 보호자를 대면하는 직원이 자신보다 나이가 많아 보이는 환자나 보호자에게 '어머님', '아버님', '할머님', '할아버님' 등의 호칭을 사용하는 것이 좋지 않은 예입니다.

만약 보호자에게 좀 더 친근한 느낌으로 다가가고자 '어머님', '할머님' 등의 호칭을 사용하시는 거라면 절대적으로 착각이라는 말씀을 드립니다. 누가 봐도 환자의 엄마처럼 보여도 '어머님'으로 부르는 것보다 '언니'나 '누님'으로 불리는 것을 좋아하며, 누가 봐도 소아 환자의 할머니로 보여도 '어머님'으로 불리는 것을 더 선호합니다. 이왕 부르는 것 립서비스로 좀 더 젊게 보이는 호칭을 사용하는 센스! 이 정도는 있는 것이 좋겠죠?

미성년자 환자와 보호자인 여성분이 함께 들어왔습니다. 이때 보호자를 부를 때, 나이로 말미암아 관계를 추측하고 '할머님'이라고 부르는 경우가 있는데, 혹시 미성년자의 고객이 보호자의 늦게 본 늦둥이여서 조부모가 아닌 경우라면 이 상황을 어떻게 수습해야 할까요?

또한, 이러한 사실관계를 떠나 '누가 보아도 할아버지처럼 생겼으니까'의 관점으로 보호자를 '할아버님'이라고 불러서는 안 된다는 것인데요. 이러한 호칭 관련된 문제는 개인의 성향에 따라 예민할 수 있는 문제기 때문입니다. 혹여나 할아버지나 할머니로 불리는 데에 반감을 갖고 있는 환자라면 잘못된 인사 한 번에 첫인상이

엉망이 되어버릴 수도 있으므로 주의하는 것이 좋습니다.

그리고 문진 시 체크된 내용을 기반으로 또는 소개 환자의 경우 소개자로부터 받은 정보를 바탕으로 환자분에게 익숙한 호칭인 '선생님', '원장님', '사모님', '사장님' 등의 호칭을 사용하는 것도 추천됩니다. 사람들은 자신이 오랫동안 들었던 익숙한 호칭에 더 호감을 느끼기 때문입니다.

이도 저도 아니고 조금 애매한 경우에는 '환자분' '보호자님'으로 호칭하거나 한자의 이름을 부를 때는 '○○○씨'보다는 '○○○님'으로 통일하는 것이 좋겠습니다.

♣ 이어서 접수에서 고객을 맞이하는 경우의 시뮬레이션을 보겠습니다.

환자: (병원 입구로 환자가 입장한다).
직원: (데스크 직원이 일어나면서) ○○○사장님 오셨어요! 시간 맞춰서 딱 오셨네요. 역시 젠틀맨이세요~ 잠시 대기하시면 안내해 드릴게요~ (앉을 곳을 두 손으로 안내한다).

○ **통화 중 내원하는 환자 맞이**

만약 통화 중일 때 환자가 방문한다면 어떻게 해야 할까요? 통화를 멈출 필요는 없지만 일어나서 목례와 함께 통화 중임을 알릴 필요가 있습니다. 그리고 손짓으로 잠시 앉아서 대기할 수 있도록 안내해야 합니다. 이때는 환자가 통화로 인해 방치되지 않게 하는 것이 가장 중요합니다.

※ **통화 중 고객 방문 시 안내가 잘 이루어지지 않은 경우**
환자: (병원 입구로 들어온다).
직원: (고객이 병원 입구로 들어오는 걸 확인했지만 통화를 계속한다).
환자: 저기…(말을 붙이려던 고객이 통화 중임을 알아채고는 어찌할 바를 모르고 서서 기다린다).

※ 통화 중 고객 방문 시 안내가 잘 이루어진 경우

환자: (병원 입구로 들어온다).

직원: (통화 중이던 직원이 일어나서 손으로 앉을 자리를 가리켜 잠시 기다려 줄 것을 표시한다). 이어 통화가 종료된 후 고객과 눈을 맞추며 미소 짓는다.

직원: 기다려주셔서 감사합니다. 저희 병원은 처음 오신 건가요?

환자: 작년엔가 마지막으로 왔던 것 같아요. 조금 됐어요.

직원: 성함이 어떻게 되실까요?

환자: ○○○입니다.

직원: (차트를 조회해 보고) 아~ 재작년까지 오시고는 못 오셨네요. 제가 성함을 기억하지 못해 죄송합니다. 오늘은 어떻게 오셨는지 여쭤봐도 될까요?

환자: 지난번 여기서 한 보철물이 빠져서요.

직원: 어머! 그래요? 많이 불편하셨겠어요. 그럼 지난번에 진료받으셨던 좌측 아래 어금니에서 빠진 걸까요?

환자: 음 아니요. 이쪽 어금니는 맞는데 위에요(손가락으로 왼쪽 턱을 가리킨다).

직원: (차트를 확인하고) 아~ 좌측 위 어금니인 것 같은데요. 그 치아는 타원에서 진료를 받으셨던 것 같아요. 이전에도 탈락되어서 붙인 기록이 있네요.

환자: 어~ 여기서 한 거 아닌가? 맞을 텐데?

직원: 한번 진료받았던 기억이 있어서 헷갈리셨나 봐요. 저희가 한 번 봐 드릴게요. 빠진 보철물은 가지고 오셨나요?

환자: (고객은 입을 가리키며) 그냥 그대로 끼워 놨어요.

직원: 네 알겠습니다. 잠시 기다려주시면 진료실로 안내해 드릴게요.

이후 직원은 고객이 말한 내용을 차트에 기록하여 진료실에 내용을 전달한다.

● **치과의 첫인상은 데스크**

　환자와 보호자가 병원을 방문했을 때 첫인상은 데스크입니다. 그러므로 병원에서 CS에 관심을 갖고 있다면 가장 중요한 MOT인 데스크의 인사에 주의를 기울일 필요가 있습니다. 데스크 담당 직원들은 웃는 얼굴로 환자와 보호자를 맞이해야 합니다. 입을 가리고 있어도 상대방의 웃는 얼굴은 눈을 통해서 전달될 수 있으니까요.

　더불어 가능하다면 구환의 경우 환자의 성함을 외우는 것이 좋습니다. 신환은 당연히 불가능하지만, 꾸준히 방문하는 단골 환자나, 오랜 기간 계속 진료를 보는 환자라면 이름을 외우고 안내를 하는 것이 정말 정말 중요합니다. 데스크에서 이름을 외우는 환자라면 웬만해서는 병원을 바꾸지는 않을 게 확실합니다!

꽃 / 김춘수

내가 그의 이름을 불러 주기 전에는
그는 다만
하나의 몸짓에 지나지 않았다.

내가 그의 이름을 불러 주었을 때
그는 나에게로 와서
꽃이 되었다.

내가 그의 이름을 불러 준 것처럼
나의 이 빛깔과 향기(香氣)에 알맞은
누가 나의 이름을 불러다오.
그에게로 가서 나도
그의 꽃이 되고 싶다.

우리들은 모두
무엇이 되고 싶다.
너는 나에게 나는 너에게
잊혀지지 않는 하나의 눈짓이 되고 싶다.

07. 진료대기와 안내

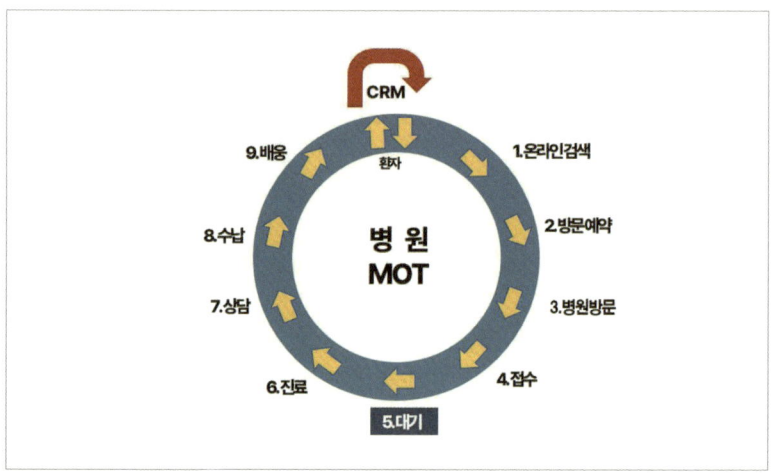

환자나 보호자가 병원을 찾아오게 되면 바로 진료를 보는 것이 아니라 대기실에서 대기하는 시간이 발생하게 되는데, 이때도 MOT가 발생합니다. 시간은 돈이라는 말이 있습니다. 그만큼 현대인에게서 시간은 매우 중요한 요소인데요. 그러하기에 대기 시간을 관리해야 할 필요성이 있습니다.

● 환자가 느끼는 대기 시간

서울에 위치한 모 대학병원에서 실시한 고객만족도 검사(2007년 320명 대상)를 통해 대기 시간에 대한 답변을 살펴볼 수 있었는데요. 의료기관에 방문한 환자들이 실제로 대기 시간을 어떻게 체감하는지 설문조사 결과를 보겠습니다.

이 검사에 따르면 환자들은 '진료 전 대기 시간이 진료 후 수납 대기나 검사 전 대기보다 더 지루하게 생각했다.'라고 합니다. 그 이유는 다음과 같았습니다.

- 예약시간에 진료를 받을 수 있을지 알 수 없음.
- 진료시간 지연에 대한 직원의 안내가 없음.

- 대기 시간을 활용할 수 있는 자료가 부족함.
- 대기실 TV 위치가 부적절하고 내용이 부족함.

결과적으로 대기 시간 불만 여부가 향후 병원 재내원에 악영향을 준다고 조사 결과를 발표하였습니다.

○ **보건복지부 '외래 진료 당일 병원에서 대기한 시간' 조사**

이어서 2017년도 보건복지부에서 '외래 진료 당일 병원에서 대기한 시간'에 대한 조사 결과에 따르면 당일 병원에서 대기한 시간은 접수 후 평균 20.8분으로 집계되었습니다.

즉, 접수하고 진료실로 들어가기까지 평균적으로 20분 정도 대기를 했다는 말이 되겠는데요. 그런데 같은 조사에서 대기 시간 10분 이내까지는 환자의 70% 이상이 긍정적 느낌이라고 판단했다고 합니다.

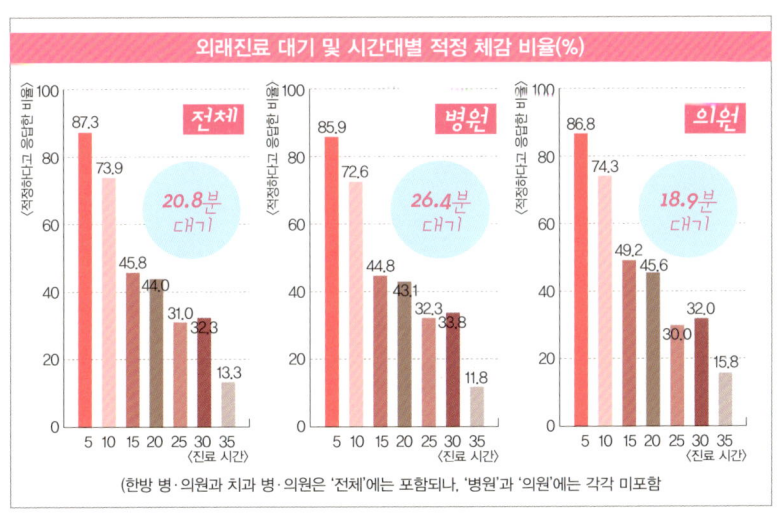

하지만, 10분을 초과하는 순간부터는 대기 시간이 적정하다고 생각하는 비율이 절반 이하로 현저히 감소했다는 것이죠. 그러니까 10분만 초과하게 되면은 적절성이 절반 이하로 떨어진다는 것입니다.

○ **미국신경외과 학회저널의 '고객의 대기 시간과 고객만족도' 조사**

2020년 미국 듀크 의대 신경외과 오렌 고트프라이드 교수는 2만 7천여 명의 환자 데이터로 대기 시간과 의사 평가의 관련성을 분석해 미국신경외과 학회저널에 발표했는데요. 이 조사에서 유의미한 결과는 대기 시간이 10분이 늘 때마다 환자의 진료 만족도는 3%가 낮아졌다는 것입니다. 하지만 이는 미국에서 한 조사 결과이죠. 일 처리의 효율을 중요하게 생각하는 우리나라에서는 만족도가 더 큰 폭으로 낮아졌을지 모르는 일입니다.

앞서 보건복지부 조사에서도 10분이 초과하면 대기 시간이 적절하다고 느끼는 고객이 절반 이하로 떨어진다고 했었죠. 그리고 미국신경외과 학회저널에서 발표한 조사에 따르면 대기 시간이 길어졌을 뿐인데 진료 만족도 자체가 낮아진다고 했습니다. 이 두 조사에 따르면 즉, 대기 시간 자체만으로 진료에 끼치는 영향은 크다고 볼 수가 있습니다. 관리는 MOT에 큰 영향을 끼친다고 볼 수가 있습니다.

● 환자의 대기 시간 관리방법

그렇다면 환자들의 대기 시간을 관리하기 위해서는 어떻게 해야 할까요? 이를 위해 고려대학교 안암병원이 실시한 대기 시간 관리방법을 살펴보겠습니다.

- 예상되는 진료시간을 알려준다.
- 교육자료를 제작하고 비치하여 대기 시간을 활용할 수 있도록 한다.
- 대기실 TV에 의료정보를 전달하고 의료인 홍보를 한다.

이러한 변화만으로도 진료에 대한 만족도가 10% 상승했다고 합니다. 이는 대기 시간을 어떻게 관리하느냐에 따라 진료 전체의 만족도가 떨어지기도 하고 올라갈 수도 있다는 것을 반증합니다.

그렇다면 대기 시간을 어떻게 감축해야 할까요? 첫째는 실제로 기다리는 시간을 줄이는 방법이 있을 것이고 둘째는 대기 시간이 줄었다고 느낄 수 있는 방법 등을 활용할 수 있을 것입니다. 그럼 대기 시간 감축 방법에 대해 알아보도록 하겠습니다.

○ 실제로 기다리는 시간을 줄이는 방법

환자가 실제로 기다리는 시간을 줄이기 위해서는 예약시간에 맞춰서 내원할 수 있도록 독려해야 합니다. 예를 들어 항공권, 영화관람, 기차표 등 실생활에서 예약이 필요한 모든 일을 이행하기 위해서 사람들은 예약시간 보다 서둘러 현장에 도착

합니다. 마찬가지로 병원에서도 5분에서 10분 정도는 환자와 보호자들이 먼저 도착하여 진료 예약한 시간에 볼 수 있도록 운영하는 것이 필요합니다.

1시 진료로 예약한 환자가 정확히 1시에 병원에 도착한다면, 데스크에서 접수하고 진료를 들어가게 되면 이미 10분이 지연되게 됩니다. 진료실에서는 이미 환자를 진료할 준비가 충분함에도 불과하고요.

그 때문에 지연을 막기 위해서 환자에게 예약 진료시간은 진료가 시작되는 시간이지 병원에 도착하는 시간이 아니라는 것을 확실하게 각인시켜줄 필요가 있습니다.

병원예약 시간은 병원 도착 시각이 아니라 진료 시작 시간!

○ **예약시간의 실무 적용**

그런데 실무에서는 이러한 작업이 제대로 이루어지는 경우는 그다지 많지 않죠. 그러므로 지각을 잘하는 환자들은 차트에 따로 기록해서 관리할 필요가 있습니다. 지각도 버릇이라 하는 분들이 반복해서 하는 경향이 있기 때문입니다. 지각이 잦은 분들에겐 다음 내원 시 시간을 맞춰 내원해 주실 것을 당부드리는 것만으로 문제를 해결할 수도 있습니다.

하지만 잘 이루어지지 않는다면 다른 환자와 오버부킹으로 약속을 중첩되게 잡아서 오시지 않는 동안 간단한 다른 환자를 볼 수 있게 하는 것도 방법이 될 수 있습니다. 이때는 프로지각러인 환자에게 다음 예약에는 다른 환자와 살짝 시간이 겹칠 수도 있다는 말씀을 미리 해두는 것이 좋습니다.

○ **진료시간을 정확하게 예측하는 방법**

해당 진료가 얼마나 걸릴지 예측해서 다음 환자의 예약을 잡아야 합니다. 예를 들어 임플란트 수술도 10분이면 끝나는 것부터 한 시간이 넘게 걸리는 것까지 다양하죠. 특이 사항에 따라서는 반나절이 넘게 걸리는 경우도 있습니다.

그렇기 때문에 단순히 치아 개수를 비례해서 진료 예약을 잡다 보면 수술이 다 끝나지 않았는데 다음 환자가 도착하거나, 너무 일찍 끝나서 다음 예약 환자를 기다리는 경우가 있습니다. 이 때문에 진료시간을 정확하게 예측하는 것이 중요합니다.

○ **진료시간 예측의 함정**

진료시간 예측이 사람마다 다를 수 있다는 것을 염두 해야 합니다. 직원은 실제 진료시간보다 예측 시간을 길게 잡는 경향이 있고, 원장은 실제 진료보다 예측 시간을 짧게 예측하는 경향이 있습니다. 원장님과 직원분들은 실제 진료시간과 예측 진료시간에 괴리가 많이 존재하지는 않은지 다시 한번 체크해 볼 필요가 있습니다.

대기 시간이 줄었다고 느끼게 하려면 환자가 대기 시간을 지루하지 않게 보낼 수 있도록 환경을 조성해야 합니다. 공백 시간에 할 수 있는 일을 제공하는 것인데요. 대기 시간을 줄었다고 느끼게 하기 위해서는 편리성이나 오락성을 제공하거나 대기 공간의 환경을 개선하는 방법을 이용할 수 있습니다.

○ **대기 시간이 줄었다고 느끼게 하는 방법**

1) 편리성이나 오락성을 제공

첫 번째로 편리성이나 오락성을 제공할 수 있습니다. 읽을만한 도서나 잡지, 신문 등을 준비하는 게 일반적으로 시행되는 방법입니다. 하지만 요즘에는 비치된 도서류를 읽어보는 고객은 거의 없죠.

대부분이 핸드폰으로 시간을 보내니까요. 이러한 부분을 활용해서 스마트폰을 편하게 볼 수 있는 환경을 조성한다거나, 충전기를 준비해 놓는다거나, 볼륨 조절

이 필요한 어르신들을 위해 이어폰을 제공하는 등의 서비스를 실천할 수 있습니다. 대기실에 와이파이 비밀번호를 공개하거나 오픈된 와이파이를 제공하는 것도 필요합니다.

2) 편안하게 기다릴 수 있는 환경 조성

두 번째는 편안하게 기다릴 수 있는 환경을 조성하는 것입니다. 이는 대기 시간이 10분 이상으로 긴 치과에서 활용할 수 있는 방법인데요. 환자와 보호자가 같이 오는 경우 환자의 진료 전 대기 시간은 10분 미만이어도 보호자의 대기 시간은 그보다 더 길 수 있습니다.

이런 경우 의자가 불편하면 대기하는 데 힘들겠죠. 이러한 요소들을 반영하여 편안한 의자와 소파를 교체하고 편안한 분위기를 위해 밝은색의 벽이나 가구를 배치하는 것도 좋겠습니다.

3) 대기 환자와 보호자를 위한 서비스

대기하는 동안 마실 수 있는 음료나 차를 준비해 두는 것도 좋은 방법입니다. 업소용 냉장고 안에 내원객들이 대기 중 쉽게 꺼내먹을 수 있도록 음료를 준비한다거나, 커피포트나 인스턴트커피, 차를 준비하여 취향대로 골라 드실 수 있게 하는 방법도 있을 것입니다.

● **대기 시간 안내**

대기 시간을 줄이기 위한 노력에도 불구하고 대기 시간이 너무 길어지는 상황이 있을 수 있겠죠. 이때 환자의 대기 시간이 10분 이상 지나면 지연을 안내하고 앞으로 어느 정도 더 걸릴지 설명하는 것이 좋습니다.

○ 당일 환자의 대기 시간 안내

대기 환자의 진료 순서는 예약 환자가 우선이고 다음이 당일 환자입니다. 그러므로 먼저 온 당일 환자에게 예약 환자를 먼저 안내함에 대하여 양해를 구해야 합니다.

○ 응급환자의 대기 시간 안내

급한 응급환자는 모든 환자에게 양해를 구하고 먼저 안내합니다.

○ 간단한 진료를 필요로 하는 환자의 대기 안내

5분 이내로 짧은 진료가 필요한 경우 예약 없이 방문하였거나 방문 시간에 맞지 않게 내원한 경우라도 먼저 진료를 할 수 있습니다. 다만 이때도 먼저 오신 다른 환자들의 불만이 있을 수 있으므로 양해를 구해야 합니다.

그렇다면 대기 시간이 10분을 넘어섰을 때 어떻게 안내를 해야 할까요? 시뮬레이션을 통해 안내 방법을 살펴보겠습니다.

♣ 지연 시간에 대한 불만 고객 안내

직원: (기다리는 환자에게 다가가 낮은 자세로 눈을 맞춘 뒤) 진료실에서 진료가 다소 지체되어 조금 더 기다려야 할 것 같습니다. 한 10분 정도 더 걸릴 것 같은데 괜찮으실까요?

환자: (짜증이 난 채로) 예약을 하고 왔는데 너무 기다리는 거 아닌가요? 기다릴 거면 왜 예약을 받는 거예요?

직원: 죄송합니다. 이전 환자분이 늦게 오셔서 예약이 조금씩 밀려서 전체적으로 지체되고 있습니다. 가능한 한 빨리 봐 드리도록 하겠습니다.

○ 대기 시간 지연 안내 멘트

대기 시간 지연을 안내하는 다른 멘트로는 응급환자가 예약 없이 급하게 내원해서, 계획된 수술이 변경되어 수술이 지연되고 있어서, 앞 환자분이 다른 진료가 필요하다고 해서 등으로 전달할 수 있습니다.

● **대안 있는 거절**

만약 환자가 대기 시간을 기다리지 못하고 당장 진료를 봐 달라고 요청한다면 이 요청에는 대안 있는 거절이 필요합니다.

- **대안이 없는 거절**: 지금은 진료 중이라 바로는 안됩니다.
- **대안이 있는 거절**: '지금은 바로 힘들 것 같습니다. 그래도 한번 확인 후 알려드리겠습니다' 혹은 '기다려주신다면 10분 뒤에는 진료 가능하실 것 같습니다. 그때까지 기다리실 수 있을까요?' 등으로 안내할 수 있도록 합니다. 또는 원장님께 말씀드려서 먼저 할 수 있는 방사선 촬영이나 치석 제거 등 직원이 진행할 수 있는 진료가 있다면 진료실로 안내해도 될 것입니다.

여기에서 포인트는 바로 거절하지 마시고 확인하는 또는 알아보는 과정을 거치거나 시행 가능한 검사를 선행함으로써 대기 지연에 따른 환자의 불만을 최소화할 수 있을 겁니다.

08. 진료 시작

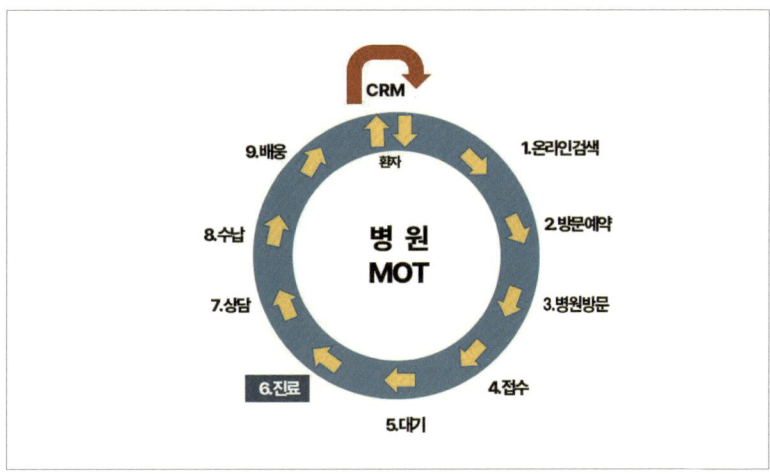

환자는 병원을 왜 찾을까요? 병원을 찾아오는 이유는 대부분 통증을 치료하기 위함일 것입니다. 보편적으로 환자는 데스크에서부터 원장에게 진료를 받게 되기까지 여러 번 불편한 증상에 대해 이야기하게 될 텐데요. 이때 중요한 건 환자가 같은 말을 반복하지 않게 주의하는 것입니다. 또한, 환자가 느꼈을 불편함에 대해 공감하는 것도 중요합니다.

● **대기실에서 진료실까지의 안내**
　이어서 환자분을 진료실로 모시는 이동 안내에 대해 알아보겠습니다. 많은 의료기관에서 대기 중인 환자를 부를 때 진료실 입구에서 이름을 부르고 그냥 들어가 버리곤 합니다.
　이때 구환이라면 괜찮을 수도 있지만 신환의 경우 어디로 가야 할지, 어떻게 해야 할지 몰라 당황할 수 있습니다. 직원은 환자에게 가이드가 아니라 에스코트를 해야 합니다.

○ **환자 안내가 잘 된 경우**

　대기실 환자에게 가까이 1m 근처까지 가서 조용하게 환자를 호명하고 자신을 소개하는 인사를 하고 환자가 일어나서 짐을 챙긴 후 움직이기 시작하면 한두 걸음 앞에서 마치 어린아이를 데리고 가듯 진료실로 환자를 에스코트해서 이동합니다. 고급 음식점에서 예약된 방을 안내할 때처럼 하셔야 한다는 것입니다.

"가이드 < 에스코트!"

　자신을 소개할 때 신환인 경우 명함을 제시하는 것도 좋은 방법입니다. 환자분이 짐이 있는 경우 같이 들어주면 좋습니다. 최소한 가지고 온 가방이나 짐을 챙길 수 있는 시간을 드리고 그 시간 동안 기다려 줄 수 있어야겠습니다. 제발 먼저 움직이지 마셔야 합니다. 먼저 이동하게 되면 환자는 급한 마음을 가지게 되고 진료받기도 전에 벌써부터 불편한 마음이 생기게 될 수도 있기 때문입니다.

　더불어 앉을 곳이나 옷을 걸 위치를 안내해야 합니다. 이때, 만약 대기를 길게 한 환자에게는 "기다려주셔서 감사합니다(죄송하다는 부정적인 표현보다는 감사하다는 긍정적 표현이 바람직)" 같은 표현으로 지연된 시간에 대해 한 번 더 표현하는 것이 좋습니다.

○ **환자 안내가 잘못된 경우**

　대기실 환자 근처에서 이름을 부르고 진료실 쪽으로 먼저 사라져 버려서 환자가 어디로 가야 할지 모르고 헤매고 있습니다. 또는 따라가는 환자가 너무 빨리 이동하는 직원을 따라가지 못해 길을 잃고 헤매는 경우도 발생하기도 합니다. 우리 병원은 작아서 괜찮다고 생각하지 마시고 꼭 환자를 기다리고 가까운 곳에서 에스코트한다는 기본사항을 잊지 마시기 바랍니다.

○ **치과 체어 세팅**

치과의 경우 진료 체어에 앉을 때도 방법이 필요합니다. 그냥 앉다가 보면 머리를 부딪치기도 하고 어떻게 앉을지 모르는 분들도 계시기 때문입니다. 따라서 옷은 어디에 두실지 가방이나 짐은 어디에 두실지를 먼저 안내해 드리고 앉는 방향도 알려드리면서 머리가 체어에 부딪히지 않게 조심하셔야 합니다. 그리고 휴대폰은 무음으로 해주실 것을 부탁드리는 것도 필요합니다. 어르신의 경우 휴대폰을 잘 다루지 못하는 경우도 많으므로 도움이 필요할 수도 있습니다.

※ **치과 체어 세팅 안내 멘트**

직원: 핸드폰은 진동이나 무음으로 바꿔 주시면 감사하겠습니다. 가방은 이쪽으로, 옷은 여기에 걸어 두시면 됩니다. 앉을 때는 옆쪽으로 머리 조심하시고 앉으세요~

직원은 이후 환자 차트를 모니터에 띄우고 메모지 위에 환자 이름과 데스크에서 전달받은 진료 경과 내용을 기록하여 두고, 지난번 진료 내용과 오늘 하기로 할 내용도 보이도록 해주는 것이 좋겠습니다.

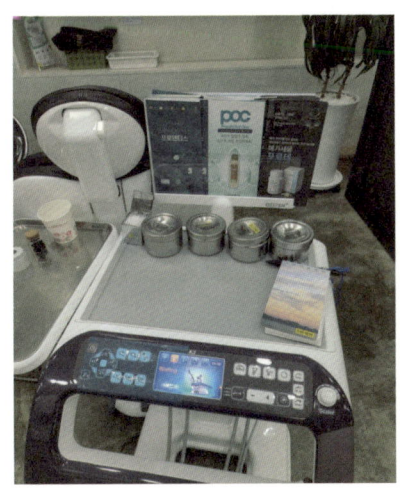
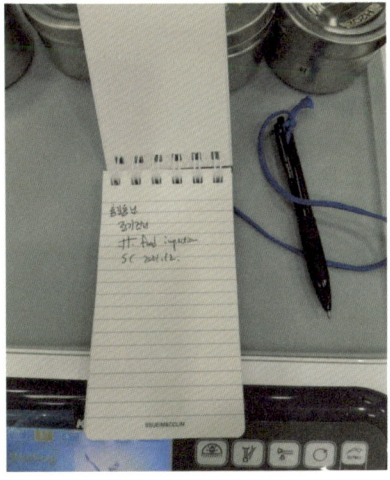

이제 신환과 구환을 나누어서 환자 만족도를 높이는 진료 방법을 자세히 알아보도록 하겠습니다.

● **신환 진료하기**

진료할 때는 데스크에서 이야기되었던 것을 참조로 추가적인 문진을 시행하는 것이 기본입니다. 접수 중에 환자의 CC 등을 듣고 기록하였다면 진료 시에 다시 물어보는 것보다는 이미 확인 내용에 대해서 되묻는 형태로 해야 같은 말이 반복되지 않습니다.

○ **신환 진료 시 주의사항**
- 환자가 같은 말을 반복하지 않게 주의합니다.
- 통증과 불편감에 대하여서는 공감합니다.
- 똑같은 질문을 하지 않습니다.

○ **진료실 직원의 역할**

진료실 직원은 환자의 얼굴을 바라볼 수 있는 방향에서 본인의 이름과 직함을 이야기하고 환자에게 자신을 소개합니다. 대기실에서 이미 인사를 드린 상태라면 생략할 수도 있습니다.

환자가 체어에 착석한 후 미리 작성한 문진표를 통해 한 번 더 증상을 확인하는 시간을 갖게 될 텐데요. 이때 체어가 움직이는 것에 대해 안내하고, 진료 전 체크를 시작할 때 환자의 입술에 바셀린을 발라 드릴 수 있도록 합니다.

♣ 신환 진료 시 시뮬레이션을 살펴보고 진료 시작 전 고객 응대에 대해 자세히 알아보겠습니다.

※ **신환 진료 시 직원의 응대**

직원: (화면의 차트를 확인하고 메모도 확인한 후) 안녕하세요. 진료실 팀장 ○○○입니다. 사랑니가 아프시다고 하셨는데 고생하셨겠어요. 제가 원장님 오시기 전에 몇 가지를 더 체크해 보겠습니다, 머리 뒤로하시고 의자가 뒤로 넘어갑니다. 놀라지 마세요~(의자가 내려가는 동안 데스크에서 체크된 내용을 확인하면서 되묻듯이 체크한다). 평상시 드시는 약은 없는데 약국에서 진통제는 사서 드셨다고 하셨네요. 약이 남아있으신가요?

환자: 네 조금 남아있어요.

직원: 입안을 체크해 보겠습니다(바셀린을 바르고 검진 시행한다. 이후 원장이 오면 물러서며 원장에게). #28번 사랑니가 이틀 전부터 아프셨고 약국에서 진통제 드시고 지금은 조금 나아진 상태라고 하십니다. 가능하면 오늘 발치를 하고 가고 싶다고 하셨어요.

원장: 아이고, 고생하셨겠네요. 저는 원장 ○○○입니다. 제가 추가로 더 검진을 진행해 보겠습니다. 필요하면 방사선 촬영도 할게요(치아 상태를 확인한다). 추가 검진 후 직원에게 ○○○선생님 파노라마 좀 찍어주세요~

직원: 원장님께서 방사선 사진이 필요하다고 하시네요. 자리를 옮겨서 촬영하겠습니다. 의자를 일으켜 드릴게요~

○ **신환진료 시 의사의 응대**

원장님은 진료를 시작하기에 앞서 자신을 소개하는 시간을 갖는 것이 필요합니다. 가급적 환자와 눈을 마주 보고 인사하는 것이 바람직합니다. 가능하다면 명함을 준비해서 드리는 것도 좋은 방법입니다.

그리고 앉자마자 '어디가 불편하세요?'라고 이전에 했던 말을 또 하게 만들지 마시고 이미 기록된 내용을 파악해서 말을 시작하는 것이 필요합니다.

'사랑니가 아프시다고 하셨는데... 고생하셨겠어요' 일단 공감과 위로의 말씀을 먼저 드리고 '제가 사랑니는 전문입니다. 염려 마시고요.' 안정감을 주시면 좋습니다. '제가 몇 가지 더 체크 좀 하겠습니다(바셀린을 입술에 바르고 진료를 시작한다)'.

이어서 구환 진료 시 고객 응대 절차에 대해 알아보겠습니다. 구환 진료와 신환 진료의 차이점은 무엇일까요? 바로 고객에 대한 정보를 미리 알 수 있는지에 대한 여부겠죠. 구환의 경우 고객의 신상이나 이전 진료에 대한 기록이 남아있을 테니 이전 진료에서 이어진다는 느낌을 주는 것이 중요합니다. 구환 진료 시 응대 방법을 살펴보겠습니다.

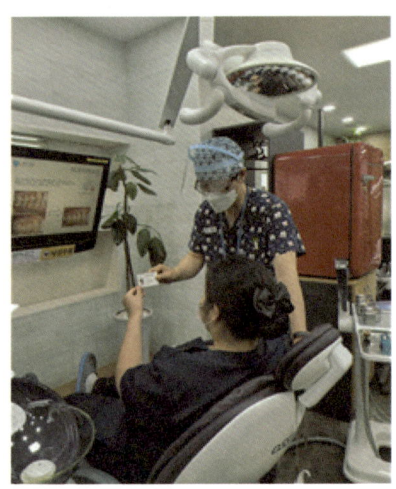

● **구환 진료하기**

직원은 지난번 진료 후 어떠했는지 경과 기록을 데스크나 직원들로부터 미리 확인하고 전달받습니다. 전자차트로 전달할 수도 있고, 종이차트에 포스트잇 등으로 미리 기록해서 전달할 수도 있습니다.

이때도 중요한 것은 환자에게 반복적인 질문은 삼가고 사전에 알 수 있는 내용은 확인하듯이 물어야 한다는 것입니다. 그리고 당일 진료할 부분을 원장이 오기 전에 미리 확인하고 원장에게 구두로 전달하거나 메모로 전달할 수 있도록 합니다.

○ **환자에게 인사하는 의료진**

환자에게 의료진은 질문보다 공감이 우선시 되어야 합니다. 공감의 말은 어떻게 전할 수 있는지 예시를 보겠습니다.

– 진료실 직원의 경우
직원: ○○○님 안녕하세요. 치과위생사 ○○○라고 합니다. 데스크에서 전달받기로 지난번 진료 후 아파서 약을 드셨다고요? 많이 힘들지는 않으셨어요?
환자: 네. 뭐 좀 아팠어요. 지금은 좀 나아졌어요.
직원: 원장님 오시면 바로 진료 봐 드릴게요(직원은 특이 사항에 대해 메모를 하고 체어 앞에 붙여둔다).

– 환자가 이전과 다른 CC로 내원하는 경우
경우에 따라서는 환자가 지난번과 다른 CC로 병원을 찾는 경우도 있을 수 있습니다. 그 때문에 직원은 미리 차트를 보고 환자가 예약된 진료를 위해 방문하셨는지 다른 이유로 방문하셨는지 확인을 해야 합니다. 별생각 없이 차트만 보고 다음 진료를 준비했다가 낭패를 볼 수 있으니 데스크에서 말씀하신 부분을 꼭 확인하셔야겠습니다.

– 원장의 경우
원장: (직원이 적어둔 메모를 확인하고) 아이고, 아프셨다고요. 고생하셨습니다. 제가 몇 가지 더 체크 좀 하겠습니다(바셀린을 입술에 바르고 진료를 시작한다).

원장도 인사를 해야한다!
정작 필요한 것은 직원의 친절이 아니고 **원장의 친절**
그런데 누가 원장인지도 모르고
병원을 나가는 경우도 있다.

기승전... **원장**

● **방사선 촬영**

의료법상 환자에게 진료가 시행되기 위해서는 의사의 지시가 있어야 합니다. CC가 사랑니 발치라는 이유로 의사의 지시 없이 직원이 임의대로 방사선 촬영을 하는 것은 위법이므로 주의해야 합니다.

○ **방사선 촬영 시 유의 사항**

많은 치과에서 이러한 행위, 즉 진료 전에 루틴으로 파노라마 촬영을 하는 경우가 종종 발생하는데 상당히 위험한 일일 수 있습니다. 따라서 이러한 경우에는 사전에 원장님과 상의 후 파노라마 촬영을 먼저 하고 앉히도록 하는데 반드시 원장님의 지시가 이루어진 후에 진행하는 거로 해야 합니다.

- **파노라마**: 귀걸이 목걸이 등을 제거하는 경우 가능하면 본인이 보관하도록 하며 방사선실에 귀중품을 올려두는 바구니나 비닐 팩(지퍼백) 등을 준비해 두는 것이 좋습니다. 이는 분실 사고를 대비하기 위함입니다.
- **치근단 촬영**: 디지털 센서가 딱딱하고 힘들어하는 경우가 많은 하악 구치 촬영 시에는 너무 누르지만 말고 살짝 입을 다물도록 하면서 눌러줘야 합니다. 치근단 촬영 시 환자의 불만이 발생하는 경우가 많으므로 주의해야 해야 합니다.

- **신환의 경우 방사선 촬영 지시 확인**

직원은 "원장님 ○○○님 CC가 사랑니 발치인데 먼저 파노라마를 찍고 앉힐까요?" 질문을 먼저 하고 원장님으로부터 지시를 받습니다.

- **구환의 경우 방사선 촬영 지시 확인**

1) 차트에 기록이 있는 경우: 구환의 경우 차트에 방사선 촬영에 대한 기록이 되어

있다면 질문은 생략해도 됩니다. 이때 직원은 환자에게 "원장님께서 오늘 ○○○님 오시면 오른쪽 위 어금니 엑스레이 사진먼저 찍으라고 하셨는데 먼저 찍을까요?" 질문하고 지시를 확인합니다.

   2) **차트에 기록이 없는 경우**: 만약 그런데 차트에 기록이 없다면 구두로라도 확실한 지시가 있어야 합니다. 그러므로 직원은 원장에게 '원장님 ○○○님 수술 후 1달째 내원하셨는데 찍을까요?'라고 물어보고 지시를 받고 진행해야 하겠습니다.

08. 진료시작

09. 진료 마무리

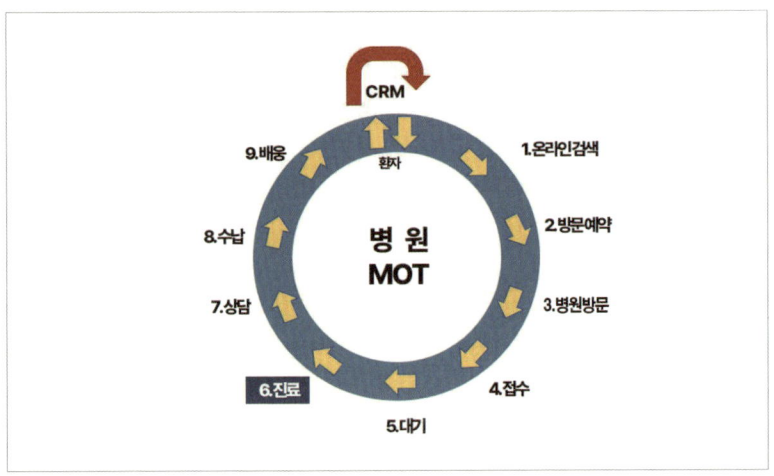

진료가 시작되고 마무리까지는 원장의 역할이 중요합니다. 치과는 다른 병원과 차이점이 하나 있습니다. 바로 진료가 시작되면 환자의 시야가 가려진다는 점이죠. 이러한 치과의 특성상 진료 이전에 인사를 나누지 않게 되면 환자는 자신을 진료한 의사가 누구인지도 모르는 채 진료를 받게 됩니다.

더불어 사회 통념상 흰 가운이 의료진을 의미한다는 것은 누구라도 알고 있는 사실입니다. 하지만 요즘엔 수술 가운을 의료진이 동일하게 입는 경우가 많아 원장이 여성일 때 간호조무사 및 치과위생사와 원장을 구분하기가 쉽지 않은 경우도 발생됩니다. 또한, 봉직의와 대표원장을 구분하기란 거의 불가능하게 되었습니다.

그럼 진료실에서 어떤 MOT를 갖게 되는지에 대해 알아보도록 하겠습니다.

● '병원에게 바라는 의료서비스'

모 네트워크 병원에서는 '병원에게 바라는 의료서비스'에 대해 설문조사를 진행하였습니다.

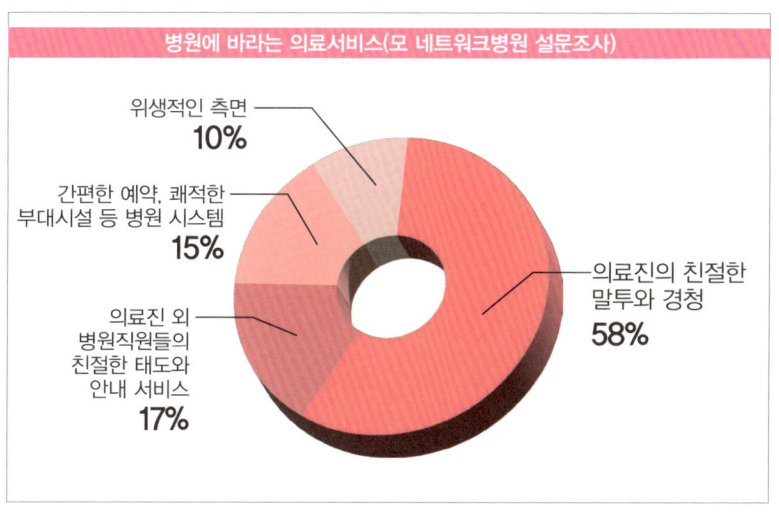

- 의료진의 친절한 말투와 경청 58%
- 의료진 외 병원 직원들의 친절한 태도와 안내 서비스 17%
- 간편한 예약, 쾌적한 부대 시설 등 병원 시스템 15%
- 위생적인 측면 10%

이때 의료진에는 의사, 간호사, 치과위생사, 간호조무사 등의 직원들이 다 포함되겠죠. 결과를 보면 이러한 의료진들이 친절했으면 좋겠다는 니즈가 가장 강한 것으로 드러났는데요. 그렇다면 실제로 의료진의 친절은 어떻게 이루어지고 있을까요?

○ **미국의 의료보험사 소송 비율 예측법**

실제로 미국에서 보험사 소송 비율을 예측할 때 진료실에 몰래카메라를 설정하여 의사가 환자에게 얼마나 말을 많이 하고 친절한지를 보고 판단한다고 합니다.

왜 보험사 소송을 할 때 의사의 친절도를 파악하려고 하는 것일까요? 이는 말콤 브레드웰(Malcom Breadwell)의 의료사고 관련 조사 결과로 이해할 수 있습니다. 말콤 브레드웰(Malcom Breadwell)은 조사를 통해 의사가 의료사고로 고소당할 가능성은 얼마나 많은 과실을 범하였는지와는 거의 관계가 없다는 것을 밝혀냈습니다. 즉, 의료사고는 의료진의 실력과 무관하다는 것입니다.

> "Surgeons' tone of voice: A clue to malpractice history", Surgery 2002
> – Wendy Levicson, MD et al.
>
> **일반외과의나 정형외과 의사 모두 지배적인 목소리를 가진 의사가 더욱 소송을 당하기 쉽다는 것을 밝혀냄**
>
> - 65명 의사(정형외과 & 일반외과의) 대상 연구
> - (환자의) 일상적인 진료실 방문에서의 대화 시 목소리 톤과 의료 소송 기록 간의 관계를 조사
> - 환자가 진료실을 방문했을때 상담 내용을 녹음하고, 한 의사당 2명의 환자와의 모든 대화 내용 중 10초짜리 분량 2개의 클립을 선택
> - 변수 Variables= 1. warm/professional   2. concerned/anxious   3. hostile   4. dominant

그렇다면 의료사고가 소송으로 이어지는 주요한 요소는 무엇일까요? 이는 환자가 개인적으로 의사에게 어떠한 대접을 받았느냐가 중요하게 작용했다고 합니다. 환자와 의사 사이에 얼마나 많은 대화가 오고 갔는지, 어떻게 관계가 성립됐는지가 의료 소송으로 이어지는 데 큰 역할을 했다는 것이죠. 이 결과에 따르면 의료사고 경험이 없는 의사군은 상대적으로 3분 이상 상대방의 말을 더 들어주는 것으로 조사되었습니다. (15+3min)

여기서 더 의미 있는 조사는 '의사의 목소리가 잘못된 의료 행위의 실마리가 된다(Surgeon's tone of voice: A clue ti malpractice history–Surgery 2002)'인데요. 이 조사는 정형외과와 일반외과의 65명을 대상으로 한 연구였습니다. 그리고 환자의 일상적인 진료실 방문에서의 대화 시 목소리 톤과 의료 소송 간의 관계를 조사하였죠.

이 조사에 따르면 일반외과의나 정형외과 의사 모두 지배적인 목소리를 가진 의사가 더욱 소송을 당하기 쉽다는 결과가 나타났습니다.

문화적 차이를 생각한다면 미국에서의 조사 결과가 꼭 한국의 의료 분야를 정통할 수 없다고 의심해 볼 수 있습니다. 게다가 의료민영화를 시행하고 있는 미국의

의료와 한국의 의료에 대해 환자들이 같은 니즈를 갖고 있다고 보긴 어렵겠죠.
그렇다면 우리나라의 조사 결과를 보면 어떨까요?

○ **의사의 커뮤니케이션 스타일이 환자 만족에 미치는 영향**

서판수 동아대학교 대학원 박사학위 논문(2002)에서 '의사의 커뮤니케이션 스타일이 환자 만족에 미치는 영향에 대한 연구'에 대해 살펴볼 수 있습니다. 이 연구에서는 협력형, 신뢰형, 통제형, 전문형 4가지의 커뮤니케이션 스타일에 따라 환자 만족도에 유의한 차이가 있음을 밝혔습니다. 그리고 결과적으로 신뢰형 커뮤니케이션 스타일이 환자의 만족도가 가장 높다는 결론을 도출했는데요.

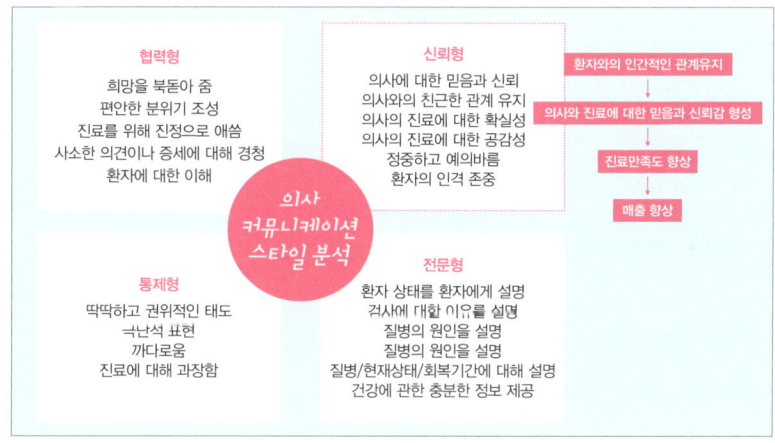

- 협력형: 희망을 북돋아 주고 편안한 분위기를 조성합니다. 진료를 위해 진정으로 애를 쓰고 사소한 의견이나 증세에 대해 경청합니다. 환자에 대한 이해도가 높습니다.
- 통제형: 딱딱하고 권위적인 태도로 극단적인 표현을 씁니다. 까다로우며 진료에 대해 과장하는 타입입니다.
- 전문형: 환자의 상태, 검사에 대한 이유, 질병의 원인을 환자에게 설명합니다.

질병, 현재 상태, 회복 기간에 대해 안내하고 건강에 관한 충분한 정보를 제공합니다.
- 신뢰형: 의사에 대한 믿음과 신뢰가 형성됩니다. 의사와의 친근한 관계가 유지됩니다. 의사의 진료에 대한 확실성이 있으며 공감합니다. 정중하고 예의 바른 타입으로 환자의 인격을 존중합니다.

신뢰형은 환자와의 인간적인 관계 유지하는 커뮤니케이션 유형의 의사입니다. 분석에 따르면 신뢰형 의사는 진료에 대한 믿음과 신뢰감 형성하고 진료에 대한 고객의 만족도 향상시켰습니다. 그리고 이는 매출 증가로 이어질 수 있는 중요한 요소가 되겠죠. 이 책을 읽고 계신 원장님은 이중 어떤 타입이신가요?
 이처럼 의사의 커뮤니케이션 방식은 매출에 영향을 미치는 중요한 요소로 작용이 되는데요. 저는 전문형인 것 같습니다. 그래서 환자분들이 무슨 말인지는 잘 알겠고 인정하겠는데 너무 매정한 것 같다는 말을 종종 들었던 것 같습니다.
 저부터 이제부터는 신뢰형으로 변화를 추구해 봐야 할 것 같습니다. 사람이 바뀌지 않는다고 하는 데 열심히 노력해 볼까 합니다.

● **환자의 입장에서 의사와 직원 구분이 모호한 이유**

 일반적으로 정형외과 등에서는 의사별로 담당 진료실이 있고, 문을 열고 들어가면 가운을 입은 의사가 환자를 맞이하는 형태로 구성되어 있잖아요. 이런 전통적인 형태의 틀에서 조금이라도 벗어나면 환자는 해당 병원의 원장이 누구이며, 자신과 이야기하고 있는 사람이 누구인지 알 수가 없는 상황이 되기도 한다는 것입니다.
 이처럼 의료기관의 종류에 따라 의사와 직원의 구분이 모호할 때도 있습니다. 또한, 환자가 직원들의 직급을 구분하기도 쉽지 않습니다.
 치과는 직원의 종류가 치과위생사, 간호조무사, 치과기공사, 코디네이터 등 다양하고 규모가 클수록 직급도 총괄실장, 실장, 팀장, 일반 직원 등으로 세분화됩니다.

여기에 원장이 수술복을 입고 있다거나, 젊다거나 하는 조금의 보편성을 어긋나면 환자는 누가 누구인지 알아볼 수 없는 상황이 생기고 맙니다. 그렇기에 반드시 구분 지어서 안내되어야 할 필요성이 있습니다.

○ **유니폼 차별화**

다음 이미지를 통해 유니폼의 형태를 달리하여 직원의 종류를 구분한 경우의 예시를 살펴보겠습니다.

■ 손쉽게 할수 있는 유니폼 차별화

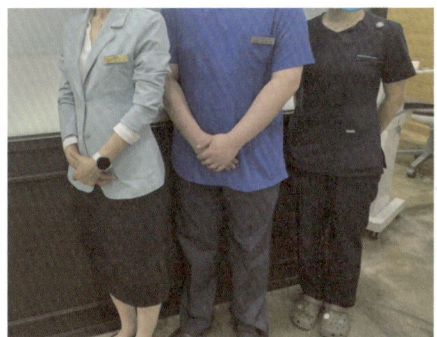
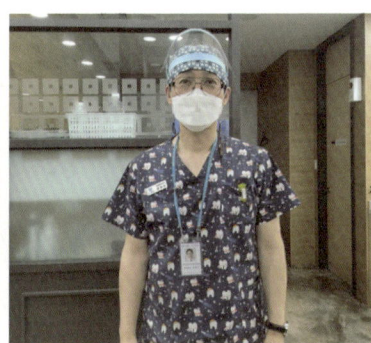

△ 실장, 팀장, 일반직원 　　　　　△ 원장

● **진료 종료**

이어서 진료 종료에 따른 응대 방법을 알아보겠습니다. 치과를 찾은 많은 환자들은 공통적으로 담당 의사와의 대화시간이 너무 짧다고 합니다.

단순하게 보면 대화시간(진료/상담) 시간을 늘리면 해결될 문제이지만 이는 실무에서 쉽게 해결할 수 없는 문제이기도 하죠. 따라서 진료 시에 원장은 꼭 필요한 말은 충분히 해주고, 추가적이거나 자세한 설명은 직원을 통해서 전달되거나 안내서를 통하여 전달되도록 하여야 하겠습니다.

○ **설명의 보충**

충분하지 않은 설명에 대한 불만은 어떻게 해결해야 할까요? 원장이 진료 시에 설명하고 이에 대해 직원이 유의 사항을 보충할 때 환자들이 알아듣지 못한 얼굴로 대충 고개를 끄덕거리거나, 아예 처음 듣는 내용이라는 표정으로 되묻는 경우를 경험해 보셨을 겁니다. 이때 직원이 조심해야 하는 표현이 "잘 들으셨죠? 그렇게 해주시면 됩니다."입니다.

의료진의 입장에서는 이미 전문 지식이 해박한 상황이고, 또 반복적인 일상으로 상식화되어있는 내용도 환자나 보호자 입장에서는 한 번에 알아듣기엔 어려운 내용일 수 있다는 것을 잊지 말아야 합니다. 그러므로 고객이 '처음 듣는 소리'라는 표정으로 직원을 쳐다보거나 불만을 표출하더라도 '못 알아들을 가능성'을 열어두고 응대를 해야 합니다.

○ **설명을 뒷받침할 방법 찾기**

그렇다면 고객이 왜 설명을 알아듣지 못했느냐에 대해 고민해 볼 필요가 있습니다. 이는 가장 최전선에서 환자에게 질환에 관해 설명했던 원장의 커뮤니케이션 능력이 떨어졌기 때문일 수도 있고, 단지 환자가 핵심 내용을 파악하지 못하는 사람일 수도 있습니다.

이러한 상황을 공통으로 해결할 방안은 모형이나 동영상 이미지를 활용하는 것입니다. 또한, 비슷한 증상이나 질환을 앓는 다른 환자의 임상 사진을 모아서 설명하는 것도 도움이 될 것입니다.

이때, 다른 환자의 개인정보를 노출하지 않도록 주의해야 하겠습니다. 더불어 충분한 설명 이후에도 귀가하는 환자에게 질병에 관련된 다양한 주의사항 등을 출력하여 중요사항을 다시 알려드린 것이 필요합니다.

○ **온라인을 이용한 질환 설명 방법**

예를 들어, 치과의 블로그나 홈페이지에 주요 질환들과 관련된 글을 미리 만들어 두었다가 환자에게 링크를 공유할 수 있습니다. 또는 병원에서 제작한 유튜브 영상 등을 링크하여 제공하는 것도 좋은 방법입니다.

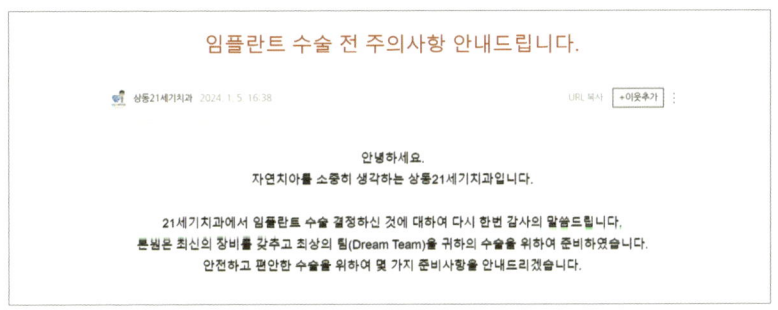

네이버 블로그에 수술 전 주의사항 등을 미리 올려두고 예약 환자들에게 링크를 보내는 것도 좋은 방법입니다.

이렇게 환자에게 질환 및 진료에 대해 설명하는 방법에 대해서 알아봤습니다. 이어서는 환자에게 생색을 받는 법을 알아볼 텐데요. 아직 의료기관에 여러 가지 선물을 들고 오시는 환자분들이 많습니다. 이런 경우 어떻게 반응하여 환자의 성의에 감사 인사를 드려야 할까요? 그 방법을 살펴보겠습니다.

● 생색 받기

　보통은 원장에게 직접 전달하기보다 데스크에 선물을 놓고 가는 경우가 많으므로 인사를 드리지 못하는 경우가 허다한데요. 따라서 이런 경우에는 감사 인사를 드릴 수 있도록 차트에 기록하여 데스크에서부터 관리해야 합니다. 이 경우에는 특히 의사(원장)의 인사가 무엇보다 중요합니다.

　만약 해당 환자의 다음 내원 사유가 정기 검진인 경우 곧바로 인사를 드릴 수가 없게 됩니다. 이런 경우 데스크 직원은 고객에게 연락을 취해 "정말 감사합니다. 원장님께서도 잘 먹었다고 꼭 인사 전해달라고 하셨어요" 등으로 성의에 대한 감사 표시를 전하는 것이 좋습니다. 또는 선물을 개봉하는 원장님의 사진을 찍어 보내드리는 것도 방법이 될 수 있습니다.

　♣ 이어서 감사 선물에 대한 인사 시뮬레이션을 보겠습니다.

※ 감사 선물에 대한 인사 시뮬레이션

　의료진은 이전에 음료수를 사서 데스크에 놓고 간 환자의 진료가 오늘 있다는 사실을 오전 미팅을 통해 확인했다. 관련 정보를 차트에 적어 놓았다가 환자가 병원 입구로 들어서자 반갑게 인사한다.

데스크 직원: ○○○님 지난번 사주신 커피 너무 시원하게 잘 마셨어요~ 감사합니다!

진료실 직원: (환자를 진료실로 안내하며) ○○○님 지난번에 커피 정말 잘 마셨습니다. 저희 그날 엄청 힘들었는데 ○○○님이 주신 커피 마시고 얼마나 행복했는지 몰라요. 정말 감사합니다!

원장: (진료 시작 전 인사하며) ○○○님 음료수 잘 마셨습니다. 해드린 것도 없이 먹기만 한 것 같아 죄송하네요. 오늘은 안 아프게 최선을 다해 보겠습니다~

10. 진료상담-치료계획 수립

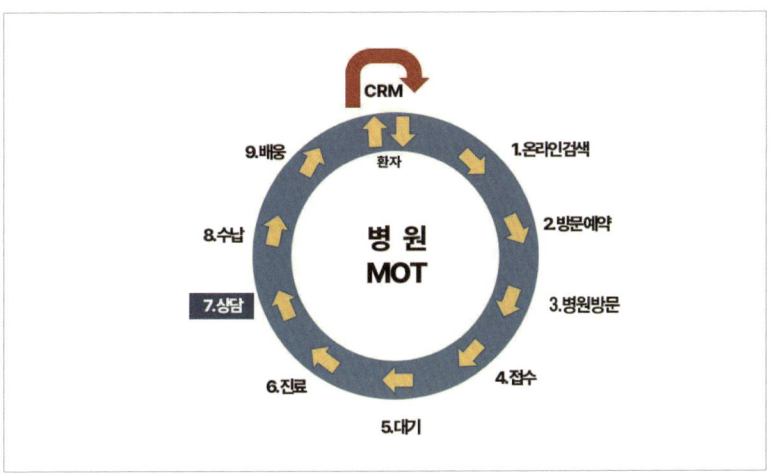

　시중에는 치료 동의율을 올리기 위한 여러 방법을 소개하는 책자들이 많은데 환자의 성향을 분류하여 접근법을 다르게 하는 방법 등을 주로 소개하고 있습니다. 그런데, 제가 개인적으로 느끼는 점은 그렇게 해서는 도저히 임상에서 적용하기는 불가능하다는 것입니다.

　일단은 분류법이 너무 인위적이고 복잡합니다. 원장인 내가 제대로 이해하기 힘든 것을 직원에게 바라는 것이 과연 가능할까요? 이건 거의 범죄자의 심리를 다루는 범죄심리분석관인 프로파일러 수준을 요구하는 것으로 보였습니다. 그렇게 할 수 있는 분이 있다면 제가 주는 월급을 받고 우리 병원에 근무하지는 않을 거라고 생각될 정도였습니다. 그 정도 능력이라면 국정원이나 CIA에 근무해야 하지 않을까 싶을 정도니까 말입니다.

　따라서 저는 그런 방법이 아니라 누구나 손쉽게 할 수 있는 방법에는 어떤 것들이 있을지를 조사해보고 연구해 본 후 실제로 임상에서 적용해 본 결과를 알려드리고자 합니다.

진료(치료) 후 상담의 궁극적인 목적은 환자나 보호자가 병원에서 제시된 치료를 적극적으로 수용하여 치료를 받도록 하는 것입니다. 치료의 동의율을 올린다는 의미이며 이는 결국 매출을 올려야 한다는 것입니다. 이를 위해 필요한 것은 아래와 같습니다.

> ⊙ 성공적인 치료 상담을 위한 전제조건
> 1. 꼼꼼한 구강검진과 완벽한 치료계획 수립(O/E, Tx. Plan)
> 2. 임상 지식과 경험(Knowhow & Experiment)
> 3. 판단력(Healing)
> 4. 협상력(Speaking)

이렇게 성공하는 치료 상담을 위해서 가장 먼저 필요한 것은 우선 구강검진과 이를 바탕으로 수립된 치료계획입니다. 그런데 단순한 검진과 치료계획이 아니라 정말 징그럽게 꼼꼼하고 철저하게 진행된 결과이어야 합니다.

● 표준화된 검진과 체계적인 치료계획

치료 동의율을 올리기 위해서는 표준화된 진단과 치료계획이 필요합니다. 표준화된 진단과 체계적인 치료계획은 어떻게 구성할 수 있을까요? 빠짐없는 검진과 체계적인 치료계획이 우선시 되어야 합니다. 우리 병원에 어떤 루틴의 치료계획이 있어야 하는지를 결정하고 수립된 치료계획에 대하여 상담직원이 어느 정도 수가 조정을 할 수 있는지 미리 결정되어 있어야 하겠습니다.

○ 표준화된 진단 및 치료계획 시 반영 요소
1. 가능한 구강검진은 자세하게 해야 이후의 시간을 절약할 수 있습니다. 검진할 때는 CC(Chief Complaint) 부위를 먼저 체크한 후 교합면 → 협면 → 설면 → 인접면 → 동요도 → 시린이 체크까지 진행하도록 합니다(C0~4, crowding, 변

색, 탈회부위까지).
2. 스케일링 유무와 최근 시행한 시기까지 기록합니다.
3. 과잉진료를 방지하기 위해 CC 해결인지 전체치료인지도 확실하게 해야 합니다.
4. 실수 방지를 위해 원장과의 관계 또는 소개해 준 환자의 관계도 기록해야 합니다.
5. 이갈이/턱관절질환/약물/사보험 가입 여부 등의 특히 사항도 기재합니다. 이때 관절, 교합, 악습관, 과거력, 약물복용 여부까지 철저하게 알아야 합니다.
6. 진료실 직원이 체크한 후 원장의 검진을 통해 더블 체크(Double check)를 해야 합니다.

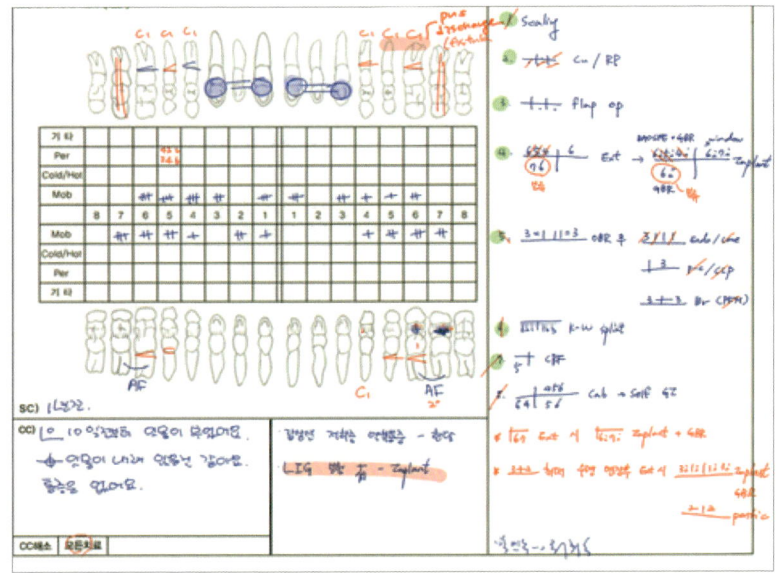

○ **진단 및 치료계획의 표준화**

가장 중요한 것은 검진의 내용이 자세해야 한다고 말씀드렸습니다. 그다음은 무엇일까요? 그렇다면 치료계획은 어떻게 해야 할까요? 치료계획은 빠짐없이 그리고 가능한 비관적으로 하는 것이 좋습니다. 여기서 비관적이라는 의미는 아주 초기 우식이라도 나중에는 치료를 할 수 있다는 가정하에 모든 가능성을 열어두고 자세하게 적으라는 의미입니다.

○ **비관적인 치료계획이 필요한 이유**

우리 치과에 내원한 환자의 치아에서 정지 우식이 발견된 경우, 의료진의 판단하에 치료계획을 세우지 않고, 환자에게도 고지하지 않은 채 넘어갈 수 있습니다. 왜냐하면 '치료가 필요 없는 치아'라고 판단을 하였으니까요. 그런데 해당 환자가 나중에 타원에 가서 '이거 썩었으니까 치료해야 한다.'는 말을 듣고 다시 치과를 찾아와 '왜 썩은 걸 이야기해주지 않았느냐'고 컴플레인하는 경우가 있습니다.

그래서 치료계획은 비관적이어야 합니다. 환자에게 치료를 권유한다기보다 치아의 상태를 알려주고 정기적인 검진을 통해 추적관찰을 해 보자는 의견을 전달하는 것이 결과적으로 낫기 때문입니다. 즉, 첫 진단(초진) 이후 재진 때 이야기가 달라지는 경우 치료해야 할 것이 늘어나는 것보다는 차라리 줄어드는 것이 더 낫습니다. 100번 더 낫습니다.

이렇게 치료계획을 수립하는 전반적인 내용에 대해 확인해 보았습니다. 그렇다면 이제 환자와의 커뮤니케이션을 통해서 진료의 방향성을 구체적으로 잡아야 할 텐데요. 환자의 경우 CC 해소만을 희망하는 경우와 모든 치료 상담을 희망하는 경우로 구분해서 살펴볼 수 있겠습니다. 먼저, CC 해소만을 희망하는 경우에 대해 알아보겠습니다.

○ **모든 치료 상담 희망하는 경우(Tx plan)**
1. 치주: SC, TBI(시리거나 잇몸이 벌어질 수 있음을 고지. 힘들어하는 경우 나눠서 or 마취 후 진행).
2. 치주: CU/RP(30세 이상의 경우 가급적 보험 적용/ 내원 횟수를 늘려서 상담 기

회를 늘리도록).
3. 외과: EXT(사랑니는 환자 요구가 있거나 필요한 경우에 진행. 필요시 CT. saving 시에는 필요시 보험 충치 치료 시행).
4. 외과: Implant(가능한 B.G.와 연조직 처치에 대하여 계획을 수립하고, CT.수면마취 등도 고려).
5. 보존: 충치(제거 후 변경할 수 있음을 고지 후 일단 C1도 포함시키고 아리송할 경우( )로 표시).
6. 보존: CRF or Cervical-GI(resin이 아닌 glassionomer 라도 진행하도록 한다).
7. 보철: 대략 guide line 정해주고 종류는 상담 후 결정하도록, RCT 가능성 고지.
8. 기타: 교정 상담/Botox, splint/ 미백/ 심미 보철 상담

먼저, 보험 진료가 가능한 치주, 외과, 보존을 위주로 진료 계획을 세웁니다. 이는 보험 항목에 해당됨과 동시에 CC에 관련된 항목이기 때문에 진료 동의의 확률이 높습니다. 특히, 치석의 경우 거의 모든 환자가 다 갖고 있기 때문에 치주에 대한 진료 계획은 우선적으로 포함되어야 합니다.

보편적으로 CC 자체가 치주, 외과, 보존의 경우가 많습니다. 아파서 오는 경우는 근관 치료를 해야 한다거나, 충치 치료를 해야 하는 경우가 많으니 결국 CC에 해당이 되는 것이죠. 물론 보철을 CC로 오는 경우일지라도 치주 진료가 포함되어야 하는 경우가 많으므로 기본적으로 치주, 외과, 보존, 보철을 중심으로 진료 계획을 세우는 것이 좋습니다. 그리고 이외의 진료 계획을 후반으로 세우는 것이 효율적입니다.

○ C/C 해소만 희망하는 경우 진료 절차 예시
1. 모든 치료를 하는 경우와 동일한 계획을 수립합니다.
2. 환자의 편에서 2~3가지 이내에서 추천합니다.
3. 환자와 상담 후 동의한 것만 형광 표시하여 진료를 진행합니다.

○ **진료 방향에 환자의 심리를 반영**

데스크에서 문진표를 작성할 때 분명 CC 해소만을 원한다는 환자에게 다른 부분에 대한 체크를 하고 질문을 하면 짜증을 내는 경우가 있습니다. 하지만 반면에 동일한 조건에서 CC만 해소하면 '왜 다른 곳은 봐주지 않느냐'고 따지는 경우도 비일비재하죠.

진료 방향에 환자의 심리를 반영한다는 것은 환자의 요구가 같을지라도 사람에 따라 심리는 다양하게 작용을 한다는 것을 염두에 둬야 한단 의미입니다. 그래서 CC 해소만을 목적으로 내원한 경우라도 대화를 통해 환자가 원하는 검진 범위를 체크 할 필요성이 있습니다. 예를 들어, 아픈 부위를 위주로 봐 드리면 되는지, 혹은 전체적으로 봐 드리고 아픈 부위에 집중해서 알려드릴지를 물어본다면 보다 효율적인 진료가 가능할 것입니다.

여하튼 CC 해소만 희망하는 경우에도 치료계획은 세밀하게 잡는 것이 좋습니다. 환자와의 대화를 통해 분명하게 'CC 해소'만을 목적으로 한다는 것을 알고 있을지라도 말이죠. 치료계획은 모든 치료를 하는 경우와 동일하게 수립한 상태로 이후에 환자가 원하는 부분만 치료를 진행하는 것이 이후 진료에 효율적이기 때문입니다.

전체적인 계획에서 환자가 원하는 부분에 대한 진료를 체크한다면 이후의 치료에서 어떤 게 빠졌는지 점검하기가 수월해집니다. 그래서 치료계획은 치주, 외과, 보존, 보철, 기타로 분류하여 계획하는 것이 좋습니다.

검진의 내용을 중구난방으로 적어 놓으면 첫 번째로 눈에 잘 들어오지 않게 됩니다. 그리고 체계성이 떨어지죠. 검진 내용은 곧 치료 계획과 직결되는 사항이기 때문에 체계적으로 수립할 수 있어야 할 것입니다.

지금까지 일반적인 상황에서 치료계획을 수립하는 방법을 살펴보았습니다. 그렇다면 소아 치과의 경우 어떻게 치료계획을 수립할 수 있을까요? 소아 치과의 치료계획 수립 방법에 대해 알아보도록 하겠습니다.

○ 소아 치과(Tx plan) 진료 절차 예시
1. plaque control, TBI → 동기 유발 및 보호자를 위한 충격요법으로 유용.
2. 충치 치료 → 레진으로 고집할 필요 없음. GI/miracle 등으로 유도하여 내원 횟수를 늘릴 것.
3. 순차적 발치(유치) → 남은 유치를 다 기재 한 후 발치 할 때마다 체크하여 빠트리지 않게 한다.
4. sealants (유구치, 영구 대구치) → 보험이 되는 영구치뿐만 아니라 다른 구치도 추천해야 함.
5. 불소
6. 기타: 공간유지장치, 교정, 과잉치 발치, 자일리톨, tooth mousse 등

소아 치과 역시 CC 해소만 희망하는 경우에도 토탈 계획 수립이 필요합니다. 소아가 영구치가 나게 되면 그때 다시 한번 검진표를 작성할 필요가 있기 때문입니다. 소아 환자의 경우 병원을 바꾸는 경우가 많기 때문에 TBI, 충치, 발치, 예방에 대해서는 텀이 짧은 정기 검진을 강조하는 것이 필요합니다.

소아 진료의 핵심은 소아 진료를 통한 보호자 고객의 만족도는 곧 보호자의 어머니, 아버지에게로 이어져 가족 진료로 이어지는 초석이 될 수 있음을 염두에 두는 것입니다. 이 때문에 소아 진료의 경우 친구, 가족처럼 다정다감하게 접근할 수 있도록 해야 합니다.

소아 치과만 보는 경우 환자가 적은 시간을 활용하여 비보험 진료에 대한 할인가를 적용하는 방법을 사용할 수 있습니다. 예컨대 오전 진료시간이 비교적 한산하다면 이 시간대를 활용하는 것입니다.

○ 교정과
교정과에서도 초진 차트를 작성해야 합니다. 하지만 많은 교정과에서 교정에 해

당되는 부분만 체크를 하고 정작 치과 고유의 영역에 대해서는 등한시하는 경우가 발생합니다.

교정과도 치과의 영역이기 때문에 일반 치과에서 검진하듯 똑같이 진료해야 합니다. 교정과에 일반 치과에서의 검진이 필요한 이유는 이를 통해 보험 진료를 청구할 수 있기 때문입니다. 또한, 1차 상담으로 1만 원의 매출을 올리는 것보다 전체 검진을 하고 만오천 원을 초진 청구해서 환자가 30% 부담할 수 있게 하는 것이 이롭기 때문입니다. 교정 진료 중 구강검진을 꼼꼼하게 보면 추가적인 플랜으로 비용이 발생하는 것을 막을 수가 있습니다. 이는 환자와의 신뢰 유지를 위해서도 중요한 요소입니다. 또한, 이러한 과정을 통해 쇼핑 환자를 선별할 수 있어 시간 및 인력 낭비를 줄일 수 있습니다.

○ **진료의 효율성을 높이는 치료계획**

치료계획은 종이차트, 전자차트 상관없이 다양한 형태로 전체적인 플랜이 계획되어야 합니다. 환자 또는 보호자가 선택한 진료에 대해서 차례대로 수행하면 시간이 지난 후엔 검진표의 치료계획만 봐도 어떤 진료를 했는지, 어떤 진료가 남아있는지 알 수가 있습니다.

환자의 진료가 복잡한 경우에는 치료계획 이외의 별도로 내용을 자세하게 기록해 놓고 비용 등 특이 사항에 대해 정리를 한다면 좀 더 효율적인 관리가 가능할 것입니다.

○ **치료 이후**

더 이상 치료계획이 남아 있지 않을 때는 다시 치료계획 파트로 돌아가서 빠뜨린 치료가 있는지 확인합니다. 환자에게 진료를 추천하였지만, 아직 승낙이 떨어지지 않은 부분은 마지막 치료 무렵에 한 번 더 권유를 드릴 수 있습니다 이때는 환자와의 어느 정도 신뢰 관계를 형성한 다음이고, 환자의 성향도 파악된 시점이기 때문에 칭찬이나 충격요법 등으로 동기부여를 더해 치료를 푸시해 볼 수도 있습니다.

○ **정기 검진으로 이어져야 하는 상황**

정기 검진으로 이어지는 상황에는 다음 진료 때 무엇을 치료할 것인지 계획합니다. 그냥 '정기 검진'이라고 끝내지 않고 세부적으로 어떤 치료를 할 것인지 내용을 작성하는 것이 좋습니다.

예를 들어, 지금까지 진료상 25번, 27번 브릿지에서 자세히 체크해야 하는 부분이 있다면 이 부위에 어떤 문제가 있었는지, 어떤 부분을 확인해야 하는지 함께 적어 놓습니다. 정기 검진의 경우 내원의 텀이 길기 때문에 정확한 치료계획을 적어 놓지 않으면 잊어버릴 가능성이 있기 때문입니다.

남은 진료에 대해서는 너무 강요하지 않아야 합니다. 최대한의 권유 이후에 주변이나 지인, 가족이 함께 치과에 올 수 있도록 유도하는 멘트로 선순환적 구조가 형

> 치료 상담은 마지막 버스가 아닙니다.
> 지금 못한 것은 다음에 하시면 됩니다!

성되어야 합니다.

또 가능하다면 구환의 검진의 경우 2년에 한 번씩 파노라마를 촬영하고 검진표도 새로 작성하는 것이 좋습니다. 그리고 그사이에는 치근단 촬영이나 bite wing을 찍어서 자세하게 그리고 놓치는 부분이 없도록 해야겠습니다.

11. 진료상담-성공하는 치료 상담법(듣기)

많은 경험이 있다면 더욱 좋겠지요. 그러나 경험으로 그냥 깡으로 진행할 수는 없는 것이 상담이며 일선에서 경험 많은 실장님을 구하기도 쉽지 않기에 임상경험이 웬만큼 있고 경험이 있는 3년 차 이상이라면 열심히 공부해서 충분히 잘할 수 있는 상담법을 설명해 드리고자 합니다.

> ● 성공적인 치료 상담을 위한 전제조건
> 1. 꼼꼼한 구강검진과 완벽한 치료계획 수립(O/E, Tx.Plan)
> 2. 임상 지식과 경험(Knowhow & Experiment)
> 3. 판단력(Healing)
> 4. 협상력(Speaking)

앞서 설명해 드린 바와 같이 성공적인 치료 상담을 위해서는 완벽한 구강검진과 빠짐없는 치료계획이 우선입니다. 그리고 필요한 것은 수립된 치료계획을 충분히 이해할 수 있는 개인적인 능력(지식과 경험)이 필요합니다. 지식과 경험은 개인의 몫이니 각자도생하셔야 할 부분이고, 이 책에서는 이후에 필요한 다양한 상담법을 조금 쉽게 설명해 드리고자 합니다.

상담을 결국 대화를 통해서 이루어지게 됩니다. 그렇기 때문에 상대방의 마음을 움직일 수 있다면 유리하겠죠. 이와 관련하여 많은 저서와 학자들은 타인의 마음을 얻는 것은 '듣는 것' 즉, 경청에서 시작한다고 말합니다. 상대방의 마음을 움직이기 위해서 한마디의 말도 필요 없다니 의외이죠.

대부분 사람들은 남의 이야기를 듣는 것보다 말하는 것을 더 좋아한다고 합니다. 이런 이유에서 사람들은 자신의 말을 잘 들어주는 사람은 더 신뢰하고 좋아한다고 합니다. 이러한 이유로 경청은 대화의 중요한 덕목으로 꼽힙니다.

> "듣기 = 판단력"
> 상담의 시작은 일단 듣기!

● **말하기보다는 듣는 것이 우선**

관련 통계나 연구에 의하면 약 85% 사람들은 남의 이야기를 듣기보다는 말하기를 더 좋아한다고 합니다. 이러한 이유로 환자가 더 말을 많이 하도록 하고 상담자는 이를 잘 들어주는 것이 필요한 것입니다.

1) 그러하기에 상담자는 환자의 말을 도중에 끊지 않아야 합니다. 그러나 적절한 질문은 필요합니다.
2) 환자의 이야기에 집중하게 하려고 분위기를 깨지 않습니다. 메모하는 습관을 지니는 것이 좋습니다. 중요한 내용을 메모하였다가 나중에 다시 물어볼 수 있어야 할 테니까요.
3) 환자의 이야기에 흥미를 보일 필요가 있습니다. 가만히 듣고만 있으면 아마추어입니다. 적당한 추임새(맞장구)가 필요합니다.
4) 환자의 표정과 동작을 주시하고 따라 하는 것이 좋습니다. 사람들은 자신을 따라 하는 사람에게 호감을 느끼게 된다고 하니 말입니다.

○ **올바른 대화 자세**

올바른 대화를 하기 위해서는 표정, 자세, 동작, 어조, 말씨 등의 여러 요소를 고려할 수 있어야 합니다.

- 표정: 밝은 표정
- 자세: 등을 곧게 펴고 똑바른 자세
- 동작: 적절한 몸동작과 함께
- 어조 및 목소리: 정확한 발음. 자연스럽게, 상냥하게, 너무 빠르지 않게
- 말씨: 전문 용어를 줄이고 영어 사용을 자제하며 알기 쉽게, 긍정적인 표현. 친절

하고 공손하게, '요' 보다는 '다', '까'
- 시선: 상대방의 눈을 부드럽게 주시
- 마음가짐: 성의를 가지고 진심으로

○ 올바른 대화를 위한 A to Z

특히 어조나 목소리는 특정 톤으로 이야기하는 그것보다 자신이 타고난 음성에서 너무 벗어나지 않는 것이 좋습니다. 원래 가진 톤에서 최대한 상냥한 것이 자연스럽기 때문입니다. 의료 상담 시 전문 용어를 사용하면 의미를 한 번에 전달하지 못해 대화가 매끄럽지 않게 진행될 가능성이 있습니다.

환자와 보호자를 생각하여 한 번에 이해될 수 있는 말로 알기 쉽게 설명하는 것이 중요합니다. 마치 초등학생에게 설명한다고 생각하면 됩니다. 어떤 환자는 발치라는 단어도 이해를 못 하는 경우도 있습니다. 그래서 이를 뺀다고 설명을 해야 알아듣게 되는 것입니다.

그리고 종결어미는 '요'보다는 '다'나 '까'를 사용하는 것이 좋다고 많은 곳에서 이야기하고 있습니다. 그런데 사실 중요한 건 말 자체보다는 억양입니다. 종결어미를 길게 하여 부드러운 느낌을 가져간다면 친회적이고 다정다감한 느낌으로 내화할 수 있을 것입니다. 맞습니다! 라고 짧게 말하는 것보다 맞아요~라고 길게 이야기하는 것이 훨씬 부드럽고 상냥하게 전달되니까요.

○ 올바른 경청법: 1, 2, 3 법

1, 2, 3법은 '나는 1분만 말하고, 상대방의 이야기는 2분 들어주고, 대화 중 3번 맞장구를 친다.'라는 대화법입니다. 이는 심리 상담 및 영업에서 활용하는 대화법으로 고객의 말을 충분히 듣고 경청하라는 뜻인데요.

치과의 진료상담 중에서는 환자에게 말할 기회를 주고 또 의료진은 그 말에 경청하는 정도의 의미로 생각해 볼 수 있겠습니다.

● 그럼 언제까지 들으라는 거예요?

듣기만 잘 했을 뿐인데!!

경청법이 중요하다는 것은 말 그대로 환자의 정확한 증상 및 요구를 파악하기 위해 충분히 말할 시간을 주라는 의미입니다. 그런데 치과에서는 보험이나 기타 영업 파트에서처럼 구매 의사가 없는 고객이 구매하도록 하는 것은 아니기에 조금은 다르게 경청이 적용되어야 합니다.

실무에서는 환자가 자신의 증상에 대해 할 이야기가 그렇게 많지도 않고, 진단하는 데 큰 의미가 없는 무의미한 정보인 경우도 많으므로 쓸데없이 환자 이야기만 듣고 있는 것이 시간 낭비가 될 수도 있습니다. 따라서 불만이 발생하여 이야기를 들어주는 경우가 아니라면 대부분의 증상 관련 이야기는 데스크나 진료실에서 이미 충분히 기록되어 잘 전달받았음을 알려드리고 상담을 시작하는 것이 좋습니다.

임상에서 보면 했던 말을 무한 반복하는 환자분들을 자주 보게 되는데요. 보통 두 번 정도는 허용해 주어도 됩니다만 세 번 이상 반복되면 시간이 너무 소비하게 됩니다. 따라서 이때는 환자분이 하신 말씀을 반복하는 반복화법으로 당신이 한 말을 내가 잘 들었음을 확실히 전달할 필요가 있습니다.

'그러니까 지난번 진료 이후 계속 아프다는 말씀이신 거네요. 잘 알겠습니다.' 이때 주의할 것을 "그러니까 지난번 진료 이후 계속 아프다는 말씀이신 거죠?"처럼 질문형으로 하면 안 된다는 것입니다. 이렇게 되면 또 환자분이 같은 말은 반복하게 됩니다. 따라서 이 경우에는 확정형으로 이야기해야 합니다. 그래야 무한 반복의 틀을 깰 수 있습니다.

신환 상담의 경우 데스크에서부터 진료실에서 계속 말을 해왔었던 터라 이미 이야기를 충분히 들었으니 그 내용을 정리해서 환자분에게 이야기하시면 됩니다. "오늘 방문하신 목적이 ~~하신 것 때문이었네요~ 이제 치료계획을 설명해 드릴까 하는데 하실 말씀은 더 없으신 거죠?"라고 하면서 우리 이야기를 시작하면 됩니다.

12. 진료상담-성공하는 치료 상담법(말하기)

언제까지 듣기만 할 것인가 말을 해야 상담을 하지 않을 겁니까? 맞는 말씀입니다. 상담은 듣는 것에서 출발할지라도 말을 해야 설득을 하고 상담을 성공할 수 있기 때문입니다. 이제 어떻게 말할 것인지 알아보도록 하겠습니다.

⦿ 성공적인 치료 상담을 위한 전제조건
1. 꼼꼼한 구강검진과 완벽한 치료계획 수립(O/E, Tx.Plan)
2. 임상 지식과 경험(Knowhow & Experiment)
3. 판단력(Healing)
4. 협상력(Speaking)

"말하기 = 협상력"

● 아이스 브레이킹

아이스 브레이킹이란 새로운 사람을 만났을 때 어색하고 서먹서먹한 분위기를 깨뜨리는 행위를 의미합니다. 예를 들어 날씨, 옷, 화장, 머리, 안경, 액세서리와 같은 주제로 분위기를 환기시킬 수 있는데요. 이때 적당한 쿠션을 사용하여 긴장된 분위기를 누그러뜨리고 스몰 토킹으로 자연스럽게 대화를 이어 나갈 수 있습니다.

이야기할 때 정치, 종교, 배우자에 대한 주제는 상황과 사람에 따라 민감한 주제일 수 있어 주의해야 합니다. 그리고 앞에서 언급한 바와 같이 친밀함을 과시하고자 어머님, 아버님 같은 호칭으로 부르는 것도 조심할 필요성이 있습니다.

아이스 브레이킹을 시도할 때 사용하는 쿠션 언어는 주로 부탁 혹은 의뢰, 반론, 거절 등의 꺼내기 어려운 말을 할 때 사용합니다. 예를 들어 문장 앞에 "실례합니다", "괜찮으시다면"과 말들이 쿠션 언어입니다. 쿠션 언어를 사용하면 상대방에게

불쾌감을 주지 않고 용건을 부드럽게 전할 수 있습니다. 상황별 쿠션 언어에는 어떤 것들이 있는지 살펴보겠습니다.

● 쿠션 언어

　상대방을 배려하고 존중하는 대화법 중의 하나가 '쿠션어'의 사용입니다. 쿠션어는 영어 단어 'Cushion'에 '언어'를 합친 단어로, 상대방에게 무언가를 부탁하거나 부정적인 말을 해야 할 경우 조금 더 부드럽게 전달하기 위해 사용하는 말입니다.

　쿠션 언어를 사용하여 상대의 기분을 덜 상하도록 배려하는 대화법이라고 할 수 있는데요. 듣는 사람이 불쾌감이나 위압감을 느끼지 않고 오히려 존중받는 느낌을 받을 수 있습니다.

　대표적인 쿠션 언어로는 '죄송합니다만', '괜찮으시다면', '실례합니다만' 등이 있고, 상황에 따라 '바쁘시겠지만', '번거로우시겠지만'도 사용할 수 있습니다. 쿠션 언어의 예시를 보면 알 수 있듯이 쿠션 언어는 상대에게 공감을 표현하고 미안한 마음을 담아 대화 시에 발생할 수 있는 갈등을 줄여줍니다.

○ 스몰 토크

스몰 토크는 서로 잘 모르는 사람들이 중요하지 않은 이야기를 나눈 것을 말합니다. 앞서 설명해 드린 아이스브레이킹의 연장이라고 보시면 됩니다. 그런데 스몰 토크는 모르는 사이에만 적용되는 것이 아니라 잘 아는 사이에라도 본격적인 이야기 하기에 앞서 가벼운 주제의 이야기를 먼저 해 보는 것이 도움이 된다는 것입니다. 특히 안면을 틀어서 이미 알고 있는 경우라면 동네 맛집 이야기 등으로 말꼬를 터는 것도 많은 도움이 됩니다.

○ 대화가 쉬워지는 스몰 토크 주제
- 취미 혹은 특기
- 혈액형
- 생일
- 좋아하는 애완동물, 키워봤는지
- MBTI 결과

- 가족 구성
- 아침형 인간 vs 저녁형 인간
- 운세, 사주 등을 믿는지
- 귀신의 존재 등을 믿는지
- 쓰고 있는 핸드폰의 기종
- 연예인을 만났던 경험 등

※ 상담 예시

상담실장: 오실 때 많이 덥지는 않으셨어요? 요즘 날씨가 더워서 환자분들이 내원하기 힘들어하시더라고요.

보호자: 차로 와서 괜찮았어요.

상담실장: 네, 오늘 진료상담 도와드릴 텐데요. 저희가 최선을 다해서 봐 드릴 테니까 너무 염려 마시고요. 궁금하신 건 편하게 말씀해주세요. 어떤 부분이 가장 걱정이 되시나요?

보호자: 아, 원장님이 발치하고 임플란트하라고 말씀하셨는데 다른 방법은 없는 건가요?

상담실장: 아 네~ 보호자분~ 따님 되시나요?

보호자: 아니요. 며느리입니다.

상담실장: 와, 두 분 사이가 너무 좋아 보이셔서 따님이신 줄 알았어요. 이렇게 같이 오신 걸 보니 ○○○ 환자분 상태가 많이 걱정되셨나 봐요. 유감스럽지만 문제가 되는 치아는 더 이상 살리기는 어려울 거로 보여요. 발치를 하지 않는 방향으로는 치료가 힘들 것 같습니다.

● 부정적인 접속사 주의
　　- 근데
　　- 그런데
　　- 그러나
　　- 하지만
　　- 그렇지만

　부정적인 접속사는 언제 사용될까요? 예를 들어 직원이 지난번 진료에 대해서 묻고 약은 잘 챙겨 드셨는지 물어보는 상황을 가정해보겠습니다. 이때 환자가 "조금 좋아진 것 같은데 잘 모르겠어요"라고 대답을 했습니다. 이때 직원은 어떻게 말할 수 있을까요?

- **부정적인 접속사 사용:** 네. 그런데, 주의사항을 잘 지켜주셨나요?
- **부정적인 접속사를 사용하지 않았을 때:** 네. 잘하셨어요. 주의사항 지키는 건 좀 어떠셨어요?

　같은 내용을 묻는 것일지라도 부정적인 접속사를 사용하면 조금 더 공격적인 느낌으로 표현됩니다. 접속사 사용할 땐 '근데', '그런데'보다는 '그리고'를 사용하는 것이 더 부드럽게 표현될 수 있습니다.
　더할 나위 없이 확실한 말이라도 공격적으로 느껴지는 말을 삼가도록 합니다. 이는 환자가 무시 받는 것으로 느껴 더 화를 부를 수 있습니다. 예를 들어 환자가 "제가 관리를 잘 못 해서 이렇게 됐네요"라고 말을 하였을 때 "네. 정말 관리를 못 하셨네요"라고 말하는 것을 주의해야 한다는 것입니다. 이때는 "열심히 사시느라 그런 거잖아요. 저희가 이제부터 어떻게 하면 잘 관리할 수 있을지 잘 알려 드릴 테니 걱정하지 마세요~"라고 해야 합니다.

너무 단답형의 대답을 하는 것을 주의해야 합니다. 그리고 친화적으로 다가가기 위해 이른바 '반 존대'를 사용하는 경우가 있는데 이는 특별히 주의해야 합니다. 또한, 말꼬리를 흘린다거나 너무 사적이거나 또는 사무적이거나, 서두르는 것 유의해야 합니다.

진료실에서 어시스트를 하지 않은 팀 실장님이 진료상담을 진행해야 하는 상황이라면 상담을 들어가기 전에 치료계획이나 진료 비용에 관련해서 확인해 보지 않고 확답을 하지 않도록 해야 합니다.

만약 진료실에서 이야기 것과 상담 시 이야기하는 것이 서로 다른 경우가 발생된다면 곤란한 상황이 펼쳐질 수 있기 때문입니다. 그러므로 상담을 진행하기 전에 데스크와 진료실에서 이루어진 여러 사항을 충분히 숙지하고 전달받은 후에 상담을 진행하여야 할 것입니다. 가능하다면 진료에 참여하거나 옆에서 지켜본 후 상담을 진행하는 것이 더 바람직할 것입니다.

상담할 때 진료와 관련된 부분에서는 원장의 진단과 치료계획을 믿고 맹신에 가까운 신뢰를 해야 합니다. 직원이 원장의 진료를 믿지 못하면 추천할 수 없기 때문입니다. 그러나 이에 반하여 원장님도 사람이기에 실수하거나 빠트리는 부분이 있다면 원장님과 바로바로 이야기하고 수정할 수 있어야 할 것입니다. 치료계획을 의심하라는 것이 아니라 잘 살펴보아야 한다는 의미입니다.

13. 진료상담 – 한국형 감정 상담법

여하튼 이런저런 방법으로 환자분의 이야기도 듣고 어느 정도 안면도 텄으면 돈 이야기를 해야 하는 것 아니겠습니까? 결국은 치료 상담이 비용상담이고 얼마나 싸게 해줄 수 있느냐 아니겠습니까?

지금부터 설명해 드리는 상담법은 그 어디에도 없는 상담법으로 제가 독창적으로 만든 방법입니다. 이 방법은 한국 사람의 특성에 맞게 개발된 대화법인데요. 한국인을 상대로 한 감성 상담법에는 어떤 노하우가 필요할지 알아보겠습니다.

⊙ 한국형 감성 상담법의 세 가지 포인트
- 동질감을 형성해야 한다.
- 자존심을 지켜줘야 한다.
- 가능한 한 빨리 해결한다.

이러한 세 가지 포인트는 동질감, 자존심, 빠른 해결 순으로 실제 진료상담에 적용할 수 있습니다. 동질감은 상담의 초기에 활용하는 요소이고, 체면 요소는 상담 중간에 실수를 저지르지 않기 위한 요소입니다. 그리고 마무리 단계에서는 상담 된 내용을 효율적으로, 가능한 한 빨리 해결하는 것이 중요합니다.

● 동질감 획득

우리나라 환자의 감성 상담법 첫 번째는 바로 동질감 획득입니다. 예전부터 경상 지역에서 단결력을 보여주는 의미로 자주 사용되었던 말이 있죠. 바로 '우리가 남이가'입니다. 한국인은 특히 친숙한 것에 더 쉽게 마음을 열곤 합니다. 자신과 유사한 것에 이끌린다는 건데요. 병원에서 상담할 때, 특히 고가의 진료가 걸린 상담을 진행할 때는 환자 마음의 문을 여는 것이 중요하죠.

○ **공통되는 거주지 찾기**

우리나라에서 학연, 지연, 혈연을 통해 인연을 맺은 사람들이 끈끈해지는 경향이 있죠. 이 중 상담실에서는 '거주지'의 특성을 살려 동질감을 형성할 수 있습니다.

동네 주소 같은 걸 파악하면 해당 지역에서 현재 이슈가 되고 있는 내용에 대해 말을 붙이기가 쉬울 테고요. 또 유명한 장소나 맛집에 대해 이야기하며 아이스브레이킹을 하고 및 동질감 형성이 가능할 것입니다.

만약 여러분과 같은 고향 출신인 환자라면 어떨까요? 아니면 여러분의 부모님과 같은 고향 출신의 환자라면요. 이런 경우 좀 더 빠르게 동질감 형성이 가능할 것입니다.

○ **종교 및 정치 성향의 활용**

종교 및 정치 성향은 진료상담 시 공감대를 형성하기 위한 좋은 주제는 아닙니다. 사실 굉장히 위험하고 조심스러운 주제입니다. 하지만 우연히라도 여러분과 환자가 같은 성향을 갖고 있는 걸 파악했다면 굳이 활용하지 않을 필요도 없다는 게 핵심입니다. 종교 및 정치 성향에 대해 동질감을 표현할 때 주의할 점은, 동질감을 위해 없는 말을 지어낼 필요는 없다는 것입니다.

○ **동질감 형성의 핵심**

동질감은 '우리'를 강조하는 것입니다. 이를 통해서 정이 있다는 느낌을 들게 하고 조금 더 편하게 진료상담을 할 수 있게 되는 거죠. 이렇게 '우리'라는 관계를 형성하고 나면 동의를 얻기도 굉장히 쉬워집니다.

진료상담에서 합리적으로 굴면, 정(情)이 없다고 친해지기 어렵게 됩니다. 그렇다고 눈치코치 없이 솔직하면 미움을 살 수 있음을 염두에 둬야 두어야 합니다. 동질감 형성을 위해서는 '코드'가 필요합니다. 이 코드를 위해 지역 및 종교, 정치 성향 등을 이용하는 것이고요. 이것이 통일된 관심사여야 합니다.

※ 동질감을 주제로 한 상담

상담실장: 어머! ○○○님 ○○○ 아파트 사시네요?

환자: 네….

상담실장: 저희 병원 환자분들 중에 그쪽 아파트 분들이 정말 많아요! 그 아파트 앞에 ○○ 빵집 있잖아요? 저도 가끔 퇴근할 때 빵 사러 가거든요.

환자: 아~ 그렇구나~ 실장님은 댁이 어디신데요?

상담실장: 저는 집이 ○○○이에요. 저도 이 동네로 이사 오고 싶은데 너무 비싸서 아직 멀었어요. 열심히 벌어야죠!

환자: 그러게 말이야 요즘 집값이 미쳤어 미쳤어! 내가 처음 들어올 때는 말이지…

동질감을 형성하면 공감대를 형성할 수 있습니다. 이는 친밀감 또는 신뢰 관계를 의미하는 라포(Rapport)를 형성할 수 있게 되는 겁니다. 이런 형태를 만들기 위해서는 적어도 해당 동네를 파악하고 있어야겠죠.

그리고 병원에 내원하는 환자들의 주 거주지를 파악하고 있는 것이 거주지를 통한 공감대 형성에 큰 도움을 줄 수 있을 것입니다. 특히 상담을 진행하는 직원 중 실제 거주지와 치과가 먼 경우는 더더욱 치과가 있는 지역에 대해 따로 파악을 해두는 것이 필요합니다. 그래야 상담 시 지역적 동질감을 끌어낼 수 있을 테니까요.

그러하기에 우리 병원을 많이 찾아주는 환자들의 주거지를 파악하고 이들이 주로 다니는 거리가 어디인지를 알아보고 그 지역의 맛집에서 병원 회식을 하거나 간식을 사거나 하여튼 동네 사람들과 이야기를 통할 수 있는 것들을 만들어 두어야 하는 것이 필요하다 할 것입니다.

"우리 병원 방문 주변 상권을 파악하라!
맛집이나 유명한 가게는 잘 알고 있어야 한다."

● **환자의 자존심을 세워줘라!**

환자의 체면을 세워주는 것은 중요한 요소입니다. 체면을 세워주는 것은 물론이고 자존심을 건드려서는 안 됩니다.

- 자존심을 살려줘야 인심을 얻게 됩니다.
- 무시는 화병을 일으킵니다. 마음에 쌓인 감정들은 관계에 좋지 못한 영향을 미칩니다.
- 말 한마디에 천 냥 빚을 갚을 수 있습니다.
- 또한, 백번 잘해도 말 한마디에 등 돌릴 수도 있습니다.
- 환자의 자존심을 건들지 않기 위해서는 말하는 내용보다 말투나 어조에 신경 써야 합니다.
- 관계를 망치는 말버릇이 있습니다. 이 경우는 말하는 습관을 바꿔야 관계가 달라질 수 있습니다.

※ **자존심을 상하게 하는 상담 〈1〉**

환자: 여기저기 알아보니까 임플란트하면 엄청 힘들다고 하던데... 이거 해도 되는 거예요?

직원: 전문가 의견 듣고 싶어서 오신 거 아니에요? 병원에 오셨으면 전문가 말을 들으셔야죠.

※ **자존심을 상하게 하는 상담 〈2〉**

환자: 내가 작년에 임플란트를 해봤었거든? 해 보니까 말이야~

직원: (고객의 말을 끊으며)한번 경험하신 거잖아요? 우린 매일 진행하는 건데요?

환자의 의견을 무시하고, 공격적으로 반응하여 당황하게 하고 무안을 주는 대표적인 상황입니다. 그렇다면 이런 경우 어떻게 환자의 체면을 살려주면서 대화를 이어갈 수 있을까요?

※ 환자의 체면을 살려주는 대화법

앞의 예시에서 임플란트로 걱정하는 환자에게는 전문가의 의견을 운운하지 말고 "걱정 많이 되시죠. 원래 처음 임플란트 결정할 때 많이들 걱정하세요. 복잡하긴 한데, 임플란트가 왜 필요한지 의학적으로 설명해 드리자면…" 정도로 환자가 걱정하는 마음에 대해 공감을 해주고, 환자의 걱정이 보편적임을 알리며, 의학적 필요성까지 덧붙일 수 있다면 좋겠습니다.

그렇다면 자신의 경험에 빗대어 이야기하고자 하는 환자에게는 어떻게 대답할 수 있을까요? 예를 들어, "작년에 임플란트하셨었군요. 그때 많이 힘드셨나 봐요. 그래서 임플란트는 진료를 어디서 받는지가 굉장히 중요해요. 저희 원장님이 임플란트로는 동네에서 제일 유명하시거든요" 등의 대답으로 환자의 체면을 살려주고, 감정에 공감해줄 수 있겠죠. 여기에 더불어 진료에 대한 자신감도 뽐낼 수 있겠네요.

● 빠른 해결

한국은 무엇보다 '빨리빨리'가 중요합니다. 이게 되지 않으면 뭔가 부족한 것처럼 여겨지는 것이 현실입니다. 빠른 해결은 특히 진료상담의 마지막 단계에서 필요합니다. 눈치껏 빠르게 일을 처리하는 모습을 보여주어야 하는데요. 이는 두서없이 빠른 몸짓을 의미하는 것이 아니고 환자에게 최선을 다해 일을 처리하는 모습을 보여주는 것에 핵심이 있습니다. 이러한 모습을 통해 환자가 여기 치과는 '나를 신경써주고 있구나'를 느낄 수 있게 되기 때문입니다.

※ 빠르게 예약을 해결한 경우

직원: 어쩌죠. 이번 주는 예약을 잡기가 힘들겠는데요. 잠시만 기다려주시겠어요? 가장 빠른 날짜를 찾아보겠습니다. (잠시 후) 음, 가장 빠르게는 다음

주 수요일은 되어야 할 것 같아요. 괜찮으신가요?

환자: 그럼 어쩔 수 없죠. 시간은요?

직원: 어느 시간대가 좋으세요? 지금은 오후 시간대가 여유가 많이 있습니다.

환자: 오후 3시요!

직원: 네. 혹시 당일에 당일 진료 환자가 몰리면 대기가 약간 발생할 수 있는데요. 최대한 대기 없이 진료 보실 수 있게 해드릴게요. 그리고 중간에 예약 취소가 발생하면 연락드릴게요. 가능하면 조금이라도 앞당겨 보겠습니다.

빠른 일 처리는 환자가 자신을 특별하게 생각해 주는 것 같은 느낌을 받게 할 수 있습니다. 환자의 시간 편의성을 생각해 주고 노력하는 모습을 보여줬기 때문이죠. 만약, 업무 중 예약시간에 공백이 발생한다면 진료가 급한 환자에게 연락을 취해 진료 편의성 높여보는 것은 어떨까요?

※ 진료 편의성을 높이는 예시

- ○○○님 중간에 취소 환자 발생하면 제가 환자분을 먼저 보실 수 있게 연락드릴게요. 카톡으로 가능한 시간대를 보내드릴 테니 보시고 답변 주세요~

- 가능한 한 빨리요? 음, 잠시만요. 혹시 내일 오후는 어떠세요? 한 3시쯤 오시면 봐 드릴 수 있을 것 같은데요! 제가 원장님께 한번 여쭤보고 올게요.

한국 환자들은 이 세 가지를 지켜주면
성공할 가능성이 높습니다.

동질감 + 자존심 + 빨리빨리

14. 진료상담- 6가지 효과

이어서 진료상담을 진행할 때 사용할 수 있는 6가지의 효과에 대해 알아보도록 하겠습니다. 이 내용은 제가 보험영업사원 교육 프로그램 등에서 듣고 의료 상담 쪽에서 활용 가능할 것으로 보이는 것을 뽑아 본 것으로, 6가지 효과는 점화 효과, 오찬 효과, 넛지 효과, 에펠탑 효과, 미러링 효과, 말의 각인 효과인데요. 먼저, 점화효과가 무엇인지 알아보고 또, 치과에서 진료상담 시 어떻게 활용할 수 있는지를 살펴보도록 하겠습니다.

● 점화 효과

점화효과(點火效果, priming effect) 또는 프라이밍(priming)은 신경과학 및 심리학에서 앞서 접한 정보가 다음에 접하는 정보의 해석·이해에 영향을 주는 심리 현상을 의미합니다.

즉, 라이터나 성냥으로 불을 붙이는 이미지를 떠올리면 이해가 좀 쉬울 텐데요. 예를 들어 코카콜라가 광고가 9시 뉴스 이후로는 잘 나오지 않는 이유가 여기서 비롯되었다고 합니다. 뉴스에는 좋은 뉴스보다 나쁜 뉴스가 많으므로 뉴스를 본 이후 코카콜라의 광고가 나오면 부정적인 이미지가 연결될 수 있다는 우려가 생긴 거죠. 이러한 이유로 9시 뉴스 이후에는 코카콜라의 광고가 나오지 않는다고 합니다.

○ **점화효과의 활용**

점화효과를 의료에서는 어떻게 활용할 수 있을까요? 환자를 상담하기 전에 환자분과 비슷한 상태인 환자의 치료 전후 방사선 사진을 화면에 띄워 두는 겁니다. 이후 이것저것 정리를 하면서 일정 시간 노출시켜 두었다가 환자분의 사진으로 바꾸면 점화효과를 활용할 수 있게 됩니다.

환자는 이 과정에서 본인의 엑스레이와 비슷한 상황의 before, after를 보게 되겠죠. 그러면 의료진의 설명이 없더라도 자연스럽게 '나도 저렇게 되겠구나' 심리적으로 영향을 받게 된다는 것입니다. 이후 이 사진들을 이용해 진료에 대한 상담을 시작하면 점화효과를 적절하게 사용할 수 있게 되는 거죠.

※ 점화효과를 활용한 시뮬레이션을 보겠습니다.

진료실 안 환자와 상담 실장이 앉아있다. 상담실 모니터에는 환자와 동일 유형의 엑스레이가 비포, 에프터 형태로 띄워져 있다.

상담 실장: (잠시 하던 일을 계속하며) 잠시만 기다려주세요. 필요하시면 차 드릴까요?

환자: (모니터를 보며) 괜찮습니다.

잠시 후 하면에 환자분의 엑스레이를 띄운다.

상담 실장: 기다려주셔서 감사합니다. (상담 시작)

● 오찬 효과(Loncheon 효과)

낯선 사람과 친밀감을 형성하기 위해 식사에 초대하는 일은 지구상 어디서나 가장 흔한 방법입니다. 적대감을 갖고 있던 부족이 서로 화해를 할 때나 공동체의 유대를 강화하기 위한 제사나 축제에서도 음식을 나누기도 하죠.

따라서 음식을 대접받거나 함께 나눈 상대방에게 호감이 늘어나는 것은 당연합니다. 이러한 효과를 기대하는 것이 바로 오찬 효과입니다.

오찬 효과는 런천(Loncheon)에서 비롯된 말인데요. 런천은 런치와 블랙 퍼스트의 중간 식사를 의미합니다. 이를 우리나라에서는 오찬이라고 번역한 것인데요. 뉴스를 보면 정치인들도 누구누구랑 오찬을 했다는 소식을 접할 수 있죠. 그리고 친근감을 나타내는 말로 '언제 식사 한번 같이하자'라는 말을 나눕니다.

이처럼 관계의 형성이나 친밀감을 위해 상대방을 식사에 초대하는 일은 지구상 어디에서나 가장 편안하게 선택되는 방법 중 하나입니다. 그만큼 식사를 함께하는 일은 상대에게 호감을 살 수 있는 방법이라는 것이죠.

○ **오찬 효과의 활용**

상담할 때 날씨나 시간대에 따라 시원하거나 따뜻한 음료수, 차, 건강음료 등을 제공할 수 있습니다. 사이다나 콜라 같은 치아에 부정적인 영향을 끼친다고 알려진 음료들은 권유하지 않는 것이 좋겠지요.

음료가 아니라면 비타민, 자일리톨, 구강 전용 유산균 등을 제공하는 것도 좋은 방법입니다. 환자나 보호자에게 권유할 특정 제품이 있는 것은 아니지만 건강과 간접적으로라도 관련이 있는 것을 제공하는 것이 좋습니다.

※ **오찬 효과 시뮬레이션을 보겠습니다.**

상담 실장과 환자가 상담하기 위해 앉아있다.

상담 실장: (엑스레이를 띄우며) 식사는 하고 오셨어요?

환자: 네, 근데 좀 일찍 먹었더니 출출하네요.

상담 실장: (자일리톨을 꺼내며) 사탕 하나 드릴까요? 이건 자일리톨 사탕입니다. 치아에 좋아요.

환자: 감사합니다.

상담 실장: (사탕을 입에 넣자) 엑스레이 보시면은…(상담을 시작한다)

● **넛지 효과**

이어서 넛지 효과에 대해 알아보겠습니다. 넛지(Nudge)는 옆구리를 슬쩍 찌른다는 뜻으로 누군가의 강요가 아닌 자연스러운 상황을 만들어서 사람들이 올바른 선택을 할 수 있도록 이끌어 주는 것을 의미합니다. 네덜란드 암스테르담의 스키폴 공항에서 남자 소변기 중앙에 파리 그림을 그려놓자, 소변을 볼 때 집중력이 올라가 변기 밖으로 소변 튀는 양이 줄었다는 사례가 있습니다. 이는 대표적인 넛지 효과의 사례입니다.

또 정수기 물통에 지구를 그려 넣어 물을 절약하게 만드는 것도 이 넛지 효과를 활용한 사례입니다. 이러한 디자인 케이스를 통해 절약에 대한 직접적인 메시지를 보내지 않아도 사용자로 하여 특정 행동을 유도할 수 있죠.

만약 환자에게 의사가 수술로 살아날 확률이 90%라고 말했을 때와 환자에게 의사가 수술로 죽을 확률이 10%라고 했을 때를 비교하면 죽은 확률이 10%라고 말했을 경우 대다수 환자가 수술을 거부한다고 합니다.

치근단 절제술이 학문적으로는 성공 가능성이 60% 정도라고 하는데요. 만약 환자에게 실패할 가능성이 40%라고 전했을 때 부정적인 이미지가 더 강조되는 것이고 반대로 성공 가능성이 60%라고 전했을 땐 긍정적인 이미지가 더 강조되는 것입니다. 따라서 수술을 권유드리고 싶을 때는 성공률을 이야기하면 되고 수술을 굳이 권하고 싶지 않은 경우에는 실패율을 먼저 말하면 되는 겁니다.

만약, 원장이 권유하고 싶지 않은 시술이나 수술이 있다면 넛지 효과를 활용하여 환자의 진료 방향 선택을 유도할 수 있을 것입니다. 실패율을 강조한다면 환자는 해당 시술 및 수술에 대해 부정적인 이미지가 각인될 테니까요.

○ **동질감 형성과 넛지 효과의 동시 활용**

진료상담 시 상담직원과 환자 간의 동질감이 형성되면 진료동의율을 높일 수가 있죠. 이와 넛지 효과를 실무에 동시에 적용할 수 있습니다.

(출처: 리더스북 출판사/wjthinkbig.com)

이는 소개자가 있는 소개 환자인 경우에 활용할 수 있는데요. 가능하다면 소개해준 분이 동반하여 오시도록 하여 신환이 치료계획에 동의할 수 있도록 넛지를 주도록 하는 것도 좋은 방법이 될 수 있습니다.

"OO 엄마 웬만하면 여기서 해~ 내가 오랫동안 다녀봐서 잘 알잖아! 괜히 싸다고 했다가 고생한다고!" 이런 말 한마디면 충분한 넛지 효과를 얻을 수 있는 것입니다.

이 경우는 구환의 처음 소개자보다는 꾸준히 병원에 신환을 소개해주는 단골!, 즉 충성 환자들께 활용하는 것이 적절합니다. 이러한 경우는 구환과 병원 사이의 신뢰(라포) 관계가 어느 정도 확립되어 있어 넛지 효과를 활용하는 것이 가능해질 수 있는데요.

이 역시도 소개자에게는 병원이 적당한 보상을 해주어야 합니다. 이전에 보상을 받았던 기억이 있어야 추가적인 소개도 이루어질 수 있고 동의를 부추겨달라는 부탁에도 흔쾌히 동의할 수 있을 테니까요.

● 에펠탑 효과

1889년 3월 31일 프랑스 파리에 프랑스대혁명 100주년을 기념하는 탑이 세워집니다. 그런데 처음 에펠탑 설계도가 공개되었을 때 파리의 예술가들을 포함한 많은 시민이 반대 시위를 했습니다.

철물구조물인 에펠탑이 천박하게 생겼다는 이유에서였습니다. 반대 시위가 잇따르자 프랑스 정부는 20년 후에 철거하기로 약속하고 에펠탑을 세우게 됩니다.

20년이 지난 후 에펠탑은 약속대로 드디어 철거당할 운명에 처합니다. 그런데 다행히도 탑 꼭대기에 설치된 전파 송출 장치 덕분에 겨우 살아남습니다. 그로부터 100년이 지난 지금은 에펠탑 없는 파리는 상상할 수도 없죠. 그렇다면 흉물스러운 에펠탑이 자랑스러운 에펠탑으로 변했을까요? 사람들이 미적 감각이 변할 걸까요?

답은 간단합니다. 자주 봤기 때문입니다. 탑 높이가 300m가 넘으니 좋든 싫든 어딜 가든 눈만 뜨면 에펠탑을 봐야 했죠. 그러다 보니 자연스레 정이 들게 된 겁니다. 이것을 심리학에서는 에펠탑 효과 또는 단순노출효과라고 부릅니다. 자주 보는 것만으로도 호감이 증가하는 현상을 말하죠. 처음엔 비호감이었던 연예인도 TV에 자주 나오면 호감으로 변하는 이유도 역시 단순노출효과 때문입니다.

미국의 심리학자 '제이욘스(Zajonc)'는 사진을 가지고 단순노출효과를 멋지게 증명해 내었습니다. 사람들에게 시각적 기억 연구를 한다고 속이고 낯선 사람들의 사진을 보여주었죠. 그런데 어떤 사진은 단 1번 어떤 사진은 5번 어떤 사진은 20번 사진 속의 주인공이 얼마나 마음에 드는지 평가하게 했죠. 결과가 어떻게 나왔을까요? 말할 것도 없이 사진을 본 횟수가 증가하면 그 사람에 대한 호감도 역시 증가했습니다.

단 단순노출효과에는 한 가지 조건이 있습니다. 초기에 그 사람에 대한 인상이 좋거나 최소한 나쁘지는 않아야 한다는 것입니다. 심리학자 펄만이 실험으로 밝혀

낸 사실입니다. 3장의 사진을 보여주면서 한 사람은 훌륭한 과학자라고 속이고 또 한 사람은 평범한 사람이라고 소개하고 나머지 한 사람은 범죄자라고 소개했죠. 그랬더니 범죄자라고 보여준 사진을 보여주면 보여줄수록 오히려 호감도가 떨어졌습니다. 스토킹의 경우 자주 나타나면 좋아하기는커녕 혐오감이 점점 더 증가하게 되는데 그 이유가 바로 이 예외성 때문이죠

'아웃 오브 사잇 아웃 오브 마인드(Out of sigh, Out of mind)'라는 말이 있습니다. 아시다시피 눈에서 멀어지면 마음에서도 멀어진다는 뜻입니다. 누군가와 가까워지고 싶다면 자주 마주쳐야 합니다.

자동차 판매왕의 인터뷰를 보면 그들의 판매 비결은 "될 수 있는 한 고객을 많이 그리고 자주 만났다. 반복적인 만남을 통한 관계 형성이야말로 모든 비즈니스의 성공 비결이 아닌가 싶다"라고 말했습니다. 결국, 어떤 대상을 반복적으로 노출시키면 사람들은 그 대상에 대해 우호적인 감정을 갖게 된다는 것입니다.

그렇다면 이런 효과를 병원 진료에서 어떻게 활용할 수 있을까요?

○ 에펠탑 효과의 활용

병원이 환자에게 좋은 첫인상을 만드는 데 실패할 수도 있습니다. 환경에 따라 여러 가지 요인으로 인해 불가피하게 첫인상이 좋지 않게 각인될 수 있죠. 이때는 환자가 병원에 대한 부정적인 인식이 강하다는 것을 인지하여 상담 시 조급해질 수 있습니다. 하지만 이런 마음가짐은 상담에 도움을 줄 수 없습니다.

따라서 이럴 때일수록 CC 해결을 위한 보험 진료 또는 비교적 저렴한 비보험 진료로 일단 병원에서 진료를 시작하거나 문전 걸치기 전략으로 시작해서 조금씩 친해지면서 라포를 만들어 에펠탑 효과를 만들 수 있도록 하는 것이죠.

에펠탑 효과에서도 알 수 있듯이 첫인상은 변할 수 있습니다. 다만 오랜 시간과 노력이 더 필요한 것입니다. 첫인상 MOT에서 실패하였더라도 포기하지 말고 CC 위주로 진료를 시작하고서 조금씩 환자와의 관계를 개선해 나아가다 보면 병원에 대한 인상을 긍정적으로 변화시킬 수 있을 것입니다.

● 미러링 효과(= 카멜레온 효과)

심리학 용어 중에 '미러링 효과 Mirroring Effect'라는 것이 있습니다. 미러링 효과는 인간이 무의식적으로 자신이 호감을 갖는 사람의 언어나 동작을 거울 속에 비친 것처럼 똑같이 따라 하는 행위를 말하는 것입니다.

상대방의 언어나 비언어 표현의 일부, 또는 전부를 그대로 따라 하는 행위로 '거울 효과', '동조 효과', '카멜레온 효과'라고도 불리는데요.

미러링 효과는 상대의 음성적 표현의 말투나, 신체적 표현의 표정, 몸짓이나 손짓을 따라 하면서 서로의 공감대를 형성하는 것입니다. 이와 반대로 다른 사람이 나의 심리적·신체적 표현을 미묘하게 모방하면 그 상대에게 호감을 느낄 확률이 높다는 것입니다.

처음 만난 사이 공유할 수 있는 것들을 찾아 터놓고 대화하며 공감하고 호응하고 무의식적으로 서로 같은 제스처 Gesture를 하고 있다면, 사람 사이에 언어적 차원을 넘어 마음이 통한다고 느끼는 것입니다.

　심리학에서는 상호신뢰 관계를 표현하는 말로 '라포 Rapport'라고 합니다. 환자와 라포를 형성하는 것은 상대방인 환자의 말을 잘 들어주고 호응하고 동작을 따라함으로서 서서히 만들어지는 것입니다.

● 말의 각인 효과

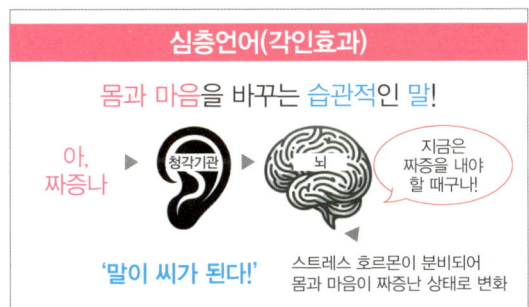

　각인 효과란, 귀로 들은 말이 뇌에 전달돼 현실이 되어가는 현상이라고 합니다.

　내 말이 듣는 사람에게 각인된다고 하니 정말 잘 선택해야 하는데요. 사람이 어떤 단어에 시각적 혹은 청각적으로 노출되면 우리 뇌의 일정 부분이 자극을 받고 대처하기 위한 준비를 시작한다고 합니다. 특정 단어의 노출은 뇌의 자극으로 연결되어 특정 행동이 나오게 되는 것이죠. 단어에 맞게 뇌는 행동할 준비를 한다는 것입니다.

　따라서 같은 말이라도 '부담 갖지 마시고 들으세요'라고 하면 부담이 팍팍 가게 되고, '시간 내주셔서 감사합니다.'라고 하면 시간을 뺏은 사람이 되어버리는 것입니다. 따라서 '오늘 상담이 도움이 되셨나요?'라고 하면 도움이 되는 사람이 될 수 있는 겁니다.

　유행가 가사처럼 실제로도 말하는 대로 생각하는 대로 이루어지는 경우가 더러 있음을 우리는 경험으로 잘 알고 있습니다. 이제 임상에서도 적용해 보시기 바랍니다.

15. 진료상담- 치료 동의 획득을 위한 다양한 화법

   성공적인 치료 상담! 즉 환자가 치료계획에 동의하고 돈을 지불하게 하기 위해서는 정말 정답이 없는 다양한 방법이 동원되어야 합니다. 어떤 방법이 여러분에게 도움이 될지는 저도 잘 모르겠습니다.

   이전의 내용과 다음에 설명해 드릴 내용을 충분히 잘 읽어보시고 자신에게 잘 맞는 것을 활용해 보시기를 부탁드리는 바입니다.

   병원 진료에서 활용할 수 있는 다양한 상담기법에는 어떤 것들이 있는지 알아보겠습니다. 아직은 병원(의료계) 상담에서 사용할 수 있는 진료 전문 상담 방법은 별도로 나와 있는 것이 없습니다. 그러므로 일반적으로 심리 상담이나 영업직 상담에서 사용 중인 상담기법 중 병원 진료상담 시 활용할 수 있는 8가지 상담기법을 추려 보았습니다.

   이는 정보제공법, 초딩 화법, 상식화법, 교환가치 화법, 닻 내리기 화법, 푸쉬 화법, 양면제시법, 단계적 요청법 등 8가지입니다. 먼저, 정보제공법에 대해 알아보겠습니다.

● **정보제공화법**

   정보제공법은 치료를 망설이고 치료의 필요성을 가지지 못할 때 활용이 가능합니다. 환자가 필요성을 깨닫기 위해서는 확실한 정보가 필요하죠. 이때 통계 및 보고서를 활용하는 건데요. 우리가 시청하는 홈쇼핑에서 잘 활용하는 방법 중 하나입니다.

   건강보조식품을 판매할 때 다양한 자료를 보여주면서 판매를 종용하는 것을 볼 수 있는데 최근에는 다른 채널에서 특정 성분의 효능을 다큐 형식으로 보도하고 동시에 홈쇼핑에서는 관련 상품을 팔기도 합니다. 의료에서도 이를 활용해 볼 수 있을 것 같아 예를 들어 보겠습니다.

○ **정보제공화법을 활용한 치주 질환자 상담**

건보공단의 보고에 따르면 풍치병 이환율이 2010년 16.2%에서 2018년 30.6%로 14%가 증가했습니다. 거의 두 배가 된 거죠. 이제 충치로 치아를 잃게 될 가능성보다 풍치로 치아를 잃을 가능성이 증가한 것입니다. 그래서 정기 검진으로 스케일링과 잇몸치료를 하지 않고 그냥 두면 망가지는 걸 충분히 예방할 수 있다는 걸 통계를 통해 강조할 수 있습니다.

정보를 제공함과 동시에 진료의 필요성을 이해할 수 있도록 돕는 것이 정보제공법의 이점입니다.

○ **정보제공화법을 활용한 보철치료 진행**

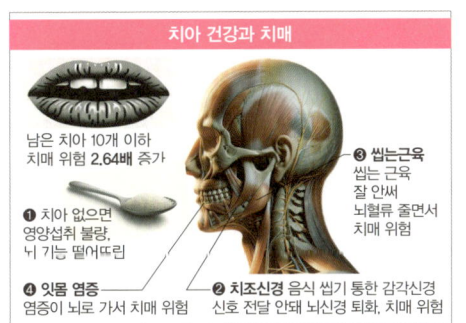

정보제공법은 결국 환자가 인지하지 못하고 있던 사실을 직접 제시함으로써 충격을 주고 필요성을 이해시키는 과정에서 사용되죠. 그러므로 충격요법으로도 불리는데요.

특히 보철치료를 망설이는 노인이나 그 보호자에게 정보제공법을 사용할 수 있습니다. 보철 진료를 해야 하는데 못하고 망설이고 있을 때, 2014년 국민건강통계에 따르면 65세 이상이 20개 이상의 자연 치아를 보유하고 있을 확률이 50%밖에 되지 않는다고 설명함으로써 당신도 관리를 못 하면 노인이 되어서 입안에 치아가 20개도 없을 가능성이 50%나 된다고 압박할 수 있는 것입니다. 여기서 잔존 치아 20개가 중요한 이유는 위, 아래로 10개의 치아는 있어야 기본적인 식사를 할 수 있기 때문입니다.

그러니 중장년 시기에 치아를 왜 관리해야 하는지, 관리하지 않으면 통계상 가장 실현될 가능성이 높은 미래의 모습을 제시하여 환자와 보호자를 납득시킬 수 있겠죠.

○ 정보제공법을 활용한 틀니 및 임플란트 진행

이미 적정 치료 시기가 지나버린 경우에도 망설이시는 분들이 있습니다. 틀니나 임플란트가 시급한 연세의 환자분들, 혹은 환자의 보호자 분들에게는 조금 더 강력한 정보를 제공하여 충격을 줄 수 있겠죠.

자연 치아가 10개 이하 남아있을 경우 치매의 확률이 26배나 증가한다는 연구 결과가 있습니다. 저작 활동 자체가 뇌 활동에 많은 영향을 미치는데요. 치조 신경을 통해 뇌 퇴화를 막을 수 있고 치매 위험성을 낮출 수 있죠. 하지만 이가 없으면 저작 활동을 할 수 없게 됩니다.

이에 염증이 생기면 이것이 뇌에 영향을 미친다고도 하고요. 그리고 치매가 아니더라도 이가 없으면 영양 섭취의 불균형이나 소화불량을 초래하게 되죠. 이 때문에 늦지 않게 잇몸과 염증을 관리하고 보철과 틀니를 통한 치료를 진행해야 합니다.

이처럼 치아 치료에 대한 경각심을 일깨우는 데는 통계를 활용한 방법을 활용할 수 있습니다.

● 초딩 화법

초딩 화법도 병원 진료상담 시 적절하게 활용할 수 있습니다. 이는 생각보다 일반 환자들이 의료 용어에 익숙하지 않다는 점을 염두에 두고 활용하는 방법인데요. 상대방을 초등학교 5~6학년 수준이라고 생각하고 설명해야 한다는 것입니다.

상담 시 치과 치주 치료의 필요성에 대해서 자료와 통계를 활용하여 설명을 마치고 났더니 고객이 "치주가 뭔데요?"라고 되묻게 되면 상담의 효율이 엄청나게 떨어지겠죠. 그 때문에 용어를 얼마나 정확하게 쓰느냐보다는 환자에게 얼마나 이해시킬 수 있느냐를 중점으로 생각해야 한다는 겁니다.

○ 사례를 통한 초딩 화법의 이해

한 카페에서 에스프레소, 아메리카노, 카페라테, 카푸치노가 어떻게 다른지 그림 설명을 붙여 안내했다고 합니다. 그러자 그 이후 카페라테나 카푸치노를 선택하는 비율이 높아지며 매출이 늘어났다는 보고가 있습니다. 이처럼 알기 쉬운 설명은 매출을 올리는 데 영향을 미칩니다.

○ **치과에서의 초딩 화법 활용의 예시**

왜 풍치라고 하는지 아세요? 바람만 불어도 이가 흔들거린다고 그러는 거예요. 그럼 왜 흔들릴까요? 치아의 뿌리를 붙잡아주는 잇몸이 약해서 그런거예요. 정확하게 이야기하면 잇몸뼈가 없는 거죠! 그런데 젊을 때는 다 잇몸뼈가 좋았어요.

하지만 나이가 들면 잇몸뼈가 조금씩 흡수되면서 점점 잇몸이 약해지는 거예요. 치과 진료 후 검진을 잘하시면 적어도 평균 정도의 수준으로는 맞출 수가 있는데 방치되면 이를 다 발치할 수 있어요~

매번 설명하기가 번거롭다면 치료법을 단순하게 설명하는 표나 그림을 만들어서 걸어두어도 좋습니다. 어떻게 치과 진료를 간단하게 설명할 수 있을지 예시를 보겠습니다.

○ **치주(잇몸)병 치료**
- 스케일링: 눈에 보이는 치석(돌)만 제거합니다. 집에서 샤워하는 정도!
- 치근활택술/치은소파술: 잇몸치료를 위해 숨은 치석 염증조직까지 제거합니다. 목욕탕에서 세신사로부터 때 미는 것!

○ **우식(충치) 치료**
- 충전치료: 충전치료에는 보험이 되는 때우기와 보험이 되지 않는 레진이 있습니다. 때우기는 가격이 저렴하지만 다소 약하고 심미성이 떨어집니다. 레진은 단단하고 색상이 보기 좋습니다.
- 인레이: 본을 떠서 기공소에 제작 후 붙이는 치료를 의미합니다. 치아 색상이

나는 이맥스와 금(골드인레이)을 선택할 수 있습니다.
- 보철: 치아 전체를 씌우는 치료입니다. 금으로 할 수도 있고, 치아 색상으로 할 수도 있습니다. 금으로 하면 치아를 조금 삭제해도 비교적 튼튼하나 차가운 것을 금방 전달하여 치가 시릴 수 있습니다. 치아 색상으로 하면 도자기라 치아 삭제를 더 해야 합니다.

○ 근관(신경)치료

치아 속에 빈 공간(치수)을 제거하고 채우는 치료를 의미합니다. 이 속에는 연조직(살) 존재하는데 여기에 혈관과 신경이 분포합니다. 그런데, 이가 썩거나 깨지거나 염증이 생기거나 너무 시린 경우에는 치아 속에 있는 살 조직을 제거하고 안전한 재료로 바꿔주어야 합니다. 이런 과정을 신경치료하고 합니다.

신경치료를 한다고 해서 치아가 죽는 것은 아닙니다. 치료 후에도 뿌리표면에 있는 치근막이라는 조직에 있는 신경으로 씹는 느낌을 느낄 수 있습니다.

이처럼 초등학생도 알 수 있을 정도의 쉬운 설명을 통해 진료상담의 효율을 높일 수 있습니다.

● 상식화법

상식화법은 대화할 때 상식적으로 접근하는 것이 좋다는 의미입니다. 주로 치주치료에 사용될 수 있겠는데요. 치과를 찾는 환자들의 주된 불만엔 다음과 같은 것들이 있죠.

- 매일 이를 닦는데 치석이 왜 이렇게 잘 생길까요?
- 지난주에 스케일링했는데 벌써? 지난번에 대충하신 거 아니에요?
- 스케일링은 왜 자주 해야 해요?
- 잇몸치료까지 해야 해요?

이런 질문에 관련해서 상담사는 상식화법을 활용해 피드백을 전할 수 있습니다.

"환자분. 지난주에 목욕탕 다녀와도 한두 주 지나면 다시 때가 나오잖아요. 매일 샤워를 하는데도요. 식사는 아침, 저녁, 점심으로 먹기 때문에 우리가 열심히 이를 닦아도 치석이 생길 수밖에 없습니다. 그게 자연스러운 거고요. 그래서 1년에 한두 번씩 나오셔서 스케일링해주시면 좋아요. 필요한 경우에는 눈에 보이는 치석 제거인 스케일링 말고 잇몸 속에 숨어있는 치석 제거인 잇몸치료도 받으시는 게 좋고요"

이처럼 상식선에서 이야기를 해주는 것이 진료에 대한 동의를 얻기가 좀 더 쉬워집니다.

● **교환가치 화법**

교환가치 화법은 비용이 부담되는 진료를 망설이고 있을 때 활용할 수 있습니다. 이때 비용은 적은 단위부터 큰 단위까지 다양하게 활용될 수 있습니다.

◌ **서가 비용의 경우**

예를 들어 소아 치과 진료의 실란트나 보험 레진 경우 몇천 원에서 이만 원 정도 사이의 가격대임에도 불구하고 실행하지 않는 보호자가 생각보다 많습니다. 이때는 실란트나 레진에 대한 설명과 교환가치 화법으로 소아 환자의 보호자를 설득해 볼 수 있습니다.

"보호자님, 자녀분이 아직 실란트가 진행되어 있지 않은데요. 이 실란트는 충치가 가장 많이 생기는 어금니 물리는 면에 굴곡을 메워주는 거예요. 왜 창틀에 틈 메우는 실리콘도 실란트라고 하거든요. 그거랑 비슷한 거예요. 또 영구치는 본인 부담 금액이 10%밖에 되지 않는데요. 지금 치료하지 않고 놔뒀다가 이가 썩게 되면 지금 비용에 거의 열 배는 생각하셔야 하거든요. 돈만 드는 것도 아니고 아이도 치료받는 데 엄청 힘들어할 거예요. 가능하면 보험 적용이 되지 않더라도 다른 작은 어금니와 유치 어금니까지 메꿔주시는 것이 좋지만, 정 힘드시다면 보험 적용이 가능한 영구치만이라도 치료를 하시는 것이 어떠실까요? 장기적으로 봤을 때 비용 면에서 지금이 가장 저렴하게 치료할 수 있는 때거든요"

○ **중저가 비용의 경우**

만약 노령층 환자의 치경부마모증 같은 경우는 환자분들 술 한번 마실 값에 비유해 볼 수 있습니다.

"○○○님 당일 결정 해주시면 치경부마모 레진 치료 원래 8만 원인데 5만 원까지 할인해 드릴 수 있을 것 같아요. 그러면 원래 2개 가격인 15만 원에 3개까지도 가능해지는 거거든요. 15만 원 정도면 술 약속 한 번 안 나가신 생각하시면 괜찮지 않을까요? 음주가 또 치아 건강에 나쁘기도 하고요. 어떠세요?"

환자의 반응이 나쁘지 않다면 비보험 재료를 권유해 보는 것도 좋겠죠. 비보험 재료와 보험 재료의 차이점을 설명하고 비교가치를 심어줄 수 있습니다.

○ **고비용의 경우**

미백이나 전치부 심미보철 그리고 교정의 경우 상당히 고가의 치료비가 요구됩니다. 사실 미백, 전치부 심미보철 그리고 교정은 미용 목적을 가지고 상담을 받는 경우가 많기 때문에 치료 이후에 기대감을 증폭시켜 주는 것이 좋은 예일 것입니다.

예를 들어 비슷한 가격의 전자제품, 즉 태블릿, 핸드폰 같은 전자기기는 2, 3년 사용하고 유행이 지나면 바꾸게 되고, 컴퓨터는 한 4~5년, TV는 10년 정도 사용하면 바꾸게 되는데, 미백은 2~3년, 전치부 심미보철은 10년, 교정은 같은 가격에 평생 만족할 수 있다는 점을 강조하는 겁니다.

● 닻 내리기(anchoring effect) 화법

닻 내리기 화법은 우리 병원이 다른 병원보다 가격(수가) 경쟁력이 있는 술식이 있는 경우 사용할 수 있습니다.

예를 들어 동네에 다른 치과의 임플란트 평균 가격보다 우리 치과가 확실하게 저렴할 때, 닻 내리기 화법을 사용할 수 있습니다. 비교 대상이 딱 찍어지면 환자는 다른 데로 가지 않게 할 수 있죠.

이처럼 가격 경쟁력이 확실한 분야의 경우 닻을 내리듯 그 분야를 독점하는 것이죠. 그리고 이 부분을 정확하게 어필하여 환자의 동의를 끌어낼 수 있습니다.

● 푸시 화법

푸시 화법의 경우 결정을 잘못하는 환자에게 활용할 수 있는 대화법입니다. 계속해서 결정하지 못하고 같은 것에 대해 반복적인 질문을 하는 환자에게 보편적인 선택지, 즉 일반적으로 선택되는 진료를 제시하여 선택할 수 있도록 돕는 거죠.

이렇게 선택지에 선택의 이유까지 지정해주면 환자가 결정하기가 훨씬 수월해질 거고, 상담직원의 입장에서 원하는 진료 방향으로 이끌 수도 있어 효율적인 화법입니다.

예를 들어 충치 치료 후 충전 재료로 무엇을 선택할지 머뭇거리는 환자에게 '대개는 환자분들이 레진으로 많이 선택하십니다. 요즘 재료도 많이 좋아졌고 당일 진료 무리가 가능하거든요. 그리고 치아 삭제량도 적어 가장 치아 보전적인 진료이거든요~'라고 남들은 어떻게 한다고 은근히 푸시를 하는 방법이 있겠습니다.

● 양면제시법

　　양면제시란 반대론과 같은 부정적인 부분도 제시하는 방법으로 예를 들면 홈쇼핑 같은 곳에서 디지털카메라의 설명을 할 때 "가격은 조금 비싸지만, 고화질의 선명도…"와 같이 설명하는 것을 말합니다. 반면에 단면 제시란 자신에게 유리한 것만 말하는 긍정적인 부분만을 제시하는 방법으로 "고화질의 선명도…"와 같이 유리한 부분만 말하는 것입니다.

　이 두 개의 제시 방법을 연구한 호블랜드 등에 의하면 문제에 대한 본래의 태도가 설득 방향과 같았던 사람에게는 단면 제시가, 반대의 사람에게는 양면 제시가 효과적이라고 하였습니다.

　즉, 임플란트를 선호하는 사람에겐 임플란트의 장점만 강조하는 것이 유리하고 임플란트에 부정적인 사람에겐 양면 제시가 유리하다는 뜻입니다. 또한, 교육 수준이 높은 사람에게는 양면 제시가, 낮은 사람에게는 단면 제시가 효과적이라고 하였습니다.

　그런데 이 양면제시를 할 때도 중요한 요소가 있습니다. 부정적인 정보를 먼저 제시하고 긍정적인 정보는 나중에 제시하는 것이 좋다는 것입니다. 최후에 부정적인 정보를 제시하면 부정적인 것만 인상에 남아 버리기 때문입니다.

　이것은 '초두효과와 최신(신근성)효과'에서 설명한 '최신효과'로 설명될 수 있습니다. 따라서 임플란트의 장점보다는 브릿지의 장단점을 먼저 이야기하고 임플란트의 단점을 짚어준 다음 마지막으로 임플란트의 장점을 강조하여 설명하는 것이 좋다는 의미입니다.

● 단계적 요청법(문전 걸치기 전략)

　작은 것부터 단계별로 요구하는 '문전 걸치기 전략'이 있습니다. 이는 조나단 프리드먼(Jonathan I. Freedman)과 스콧 프레이저(Scott C. Fraser)가 고안해 낸 전략인데요.

문전 걸치기 전략은 문간에 발을 들이미는 것에 비유한 표현으로 상대방이 거절하기 어려운 아주 작은 부탁을 승낙받고 나면, 그 뒤의 부탁을 받아내기는 좀 더 수월해지는 것을 뜻하는 전략입니다. 첫 번째 부탁을 승낙한 사람은 그 뒤의 부탁에 대해서는 어느 정도의 부담도 감수하게 된다는 심리를 이용한 것입니다.

진료 동의율을 높이기 위해서 문전 걸치기 전략을 활용할 수 있습니다. 환자의 입장에서 그다지 거절할 필요가 없는 간단한 진료라면 의료진의 권유에 대해 흔쾌한 수락이 떨어질 가능성이 크겠죠. 이를 발판 삼아 진료 동의율을 높이는 발판으로 삼을 수 있게 되는 것입니다.

대표적인 예가 일단 CC 해소를 위해 보험 진료를 먼저 시작해 보는 것을 권유하는 것입니다. 일단 아픈 것부터 해결하고 돈이 들어가는 것은 조금 천천히 생각해 봐도 된다는 의미입니다. 동네에 병원이 넘쳐나는 시대가 되어 막상 다음 진료에 오지 않는 분들도 계시기는 하지만 너무 첫술에 배부르지 않은 법이니 일단은 문전 걸치기를 시도해 보는 것이 좋습니다.

부담이 적은 부탁을 해서 상대가 허락을 하면

점차 큰 부탁도 들어주기 쉽다는 건데요.

이를 조나단 프리드먼과 스콧 프레이저는

'문전 걸치기 전략'이라고 이름 붙였습니다.

16. 진료상담 – 거부·저항 극복

우와 이렇게까지 공부하고 임상에서 적용했는데 그런데도 다 성공하지는 못하는 것이 현실입니다. 많은 이유를 대고 전화를 받지 않거나 다른 병원으로 옮기는 경우가 있는데 이제 실무에서 활용할 수 있는 진료 수가, 즉 가격에 부담을 느끼는 환자에 응대하는 방법과 병원 인지도를 높이는 방법을 알아보도록 하겠습니다.

● **진료 비용에 부담을 느끼는 고객을 응대하는 방법**

환자가 진료 비용에 대해 "비싸다"라고 말한다면 어떻게 응대하고 계시나요? 이에 대한 반응으로는 단계별로 나누어 살펴볼 수 있겠는데요.

○ **비싼 거 아닌데요?**

먼저, 가장 보편적으로 사용하나 좋지 못한 대답으로는 "이거 비싼 거 아닌데요"라고 대답하는 겁니다. 환자가 비싸다는 반응에 상담자가 '그렇지 않다'라는 반응을 보이면 환자는 어떤 감정을 느끼게 될까요?

– 이게 비싼 게 아니면 다른 건 얼마나 더 비싸다는 거야?
– 이거 뭐 부담스러워서 진료받을 수나 있겠어? 나가라고 일부러 이러나?

이는 전형적으로 동질감 형성을 하지 못하는 대답입니다. 더불어 자칫 환자나 보호자의 체면을 상하게 할 수도 있는 응대 방법이니 주의를 해야 합니다.

○ **비싼 만큼 제값을 한답니다.**

환자나 보호자가 "비싸요"라고 가격에 대한 불만을 표시했죠. 그에 "비싼 게 맞다"라는 대답을 하는 것도 좋지 못합니다. 진료수가가 결정된 이유에 대해 필요성을 어필할 수는 있겠지만, 꼭 '비싼 것이 맞다.'라고 동의할 필요는 없다는 건데요,

그렇다면 가장 거부감 없이 사용할 수 있는 대답에는 어떤 것이 있을까요?

– 저렴하지는 않아요.

저렴하지 않다는 표현은 여러 가지를 의미를 내포하고 있습니다. '가격이 비싼 건 맞지만 우리 치과가 가장 비싼 건 아니다.'라는 완곡한 표현을 하고 있으니까요.

또한, 진료수가가 비싸다는 거에 대한 긍정의 대답 "비싼 게 맞다"와 부정의 대답 "저렴하지는 않다"라는 뉘앙스에 차이도 있습니다. 그리고 저렴하지는 않다는 말 뒤에 왜 저렴할 수 없는지를 자연스럽게 설명할 수 있어 가격 관련 응대에서는 더욱 효과적으로 활용할 수 있겠죠.

– 오히려 저렴하다?

왜 "오히려 저렴하다"라고 대답할 수 있는 것일까요?

이때는 다른 환자나 보호자 분들이 실제로 '이 병원 비싸지 않아'라고 말했던 경험들을 활용해 볼 수 있습니다. 타 의원에서 싼값에 진료했다가 고생하는 경우가 그렇습니다. 괜히 저렴하다고, 싸다고 하는 곳에 갔다가 몸은 몸대로 고생하고 돈은 또 추가 비용이 늘게 되는 거죠. 그러니 몇 번 추가로 돈을 쓰는 것보다 초기비용은 조금 들더라도 확실한 진료를 받는 것이 결과적으로 낫다는 것을 어필할 수 있겠습니다.

이러한 응대는 뉘앙스의 차이를 활용하는 것이 중요합니다. "비싸요"라는 말에 "비싼게 맞다"라는 응수는 좋지 못한 대답이라는 것이 그 예입니다. 현재 상황과 당장 시술 비용에만 초점을 맞추면 이는 비싼 시술이 되지만, 시술의 가치와 그 미래의 상황에 초점을 두면 저렴하지는 않아도 제값을 하는 치료가 될 수 있습니다. 미묘한 뉘앙스의 차이를 실무에 적용해 보시기 바랍니다.

그렇다면 치료를 받지 않을 생각으로 비싸다는 핑계를 대는 환자에겐 어떻게 응대해야 할까요?

● 비싸다고 하는 이유

환자나 보호자가 가격에 대한 불만을 표출하는 경우는 정말 가격에 대한 불만만 있는 것인지 의도를 파악하는 것이 중요합니다. 환자가 비싸다고 말하는 데는 다양한 이유가 존재하는데요.

- 정말 하고 싶은데 예산이 부족한 경우
- 일단 비싸다고 던져 놓고 말하는 경우
- 어차피 하지도 않을 거면서 비싸다고 핑계 대는 경우

먼저 환자의 성향을 파악하기 위해 즉답을 피하고 주의 깊은 경청을 통해 이에 알맞은 간접화법을 사용하여 응대해야 합니다. 환자가 수가에 대해 언급을 할 때는 매우 주의 깊은 경청이 필요합니다. 같은 의미라도 표현이 다양하며, 숨겨진 의도가 너무 다르기 때문입니다.

- 정말 하고 싶은데 예산이 부족한 경우
- 자기 생각보다 비싸다는 생각
- 자기 사정이 여의치 못해 돈이 없음을 숨기려는 의도
- 원래 다니던 병원이 있는데, 정말 비교해 봐서 비싸다는 생각

이때는 비싸다는 대답 속에서 다양한 경우의 심리를 파악하는 것이 중요합니다.

○ 환자별 별 응대 방향

첫 번째, 비싸다는 것을 핑계로 치료를 하지 않으려는 의도가 있는 환자인 경우

입니다. 이 경우는 결과적으로 치료에 대한 의지가 없으므로 먼저 수가를 흥정하거나 환자를 유치하려고 시도하지 않아도 됩니다. 대체로 이런 분들은 진료상담 시 관심이 없고 시선이 다른 곳으로 향하고 집중하지 않으며 빨리 마무리 지으려고 하는 경향이 있습니다.

두 번째, 하려는 마음은 있지만 비싸다는 말을 던져 손해를 최소화하고 싶은 환자의 경우입니다. 일반화할 수는 없지만, 치료를 받을 의향이 있는 환자분들 중 손해는 보기 싫고, 조금이라도 이득을 더 보고 싶어 하는 부류가 있는데요. 이런 경우에는 치료를 받고자 하는 의지가 있는 환자이기에 과도한 금전적 이득을 주는 것보다 성의를 표하는 정도면 충분합니다. 소액의 할인이나 작은 구강용품을 챙겨드리는 정도로도 가능합니다.

이런 분들은 날짜까지 다음 예약일을 잡고 의자에서 일어나거나 상담실 문을 나가면서까지 조금이라도 더 깎아달라고 조르는 경우에 해당합니다. 이 경우 환자의 체면을 상하게 하는 일이 없도록 주의해야 합니다.

세 번째는 정말 하고 싶은데 돈이 부족하여 진료하기 힘든 경우입니다. 환자별 응대 방향을 결정하기 위해서 가장 신경을 많이 써야 하는 환자군이 바로 이 경우인데요, 환자가 진료의 필요성을 인지하였고 치료에 대한 의지도 있는데 정말로 예산이 부족한 경우입니다. 만약 신환인 경우 기존에 다니던 병원보다 비용이 비싸 망설이고 있는 경우도 이에 해당합니다. 이런 경우 어떻게 환자를 응대할 수 있을까요? 방법을 살펴보겠습니다.

① 개수를 조절하는 방법

이때는 치료계획을 수정할 수도 있습니다. 원장님이 제시한 치료계획에서 크게 벗어나지 않는 한도 내에 계획을 수정합니다. 가령 치과 치료계획 시에 임플란트 식립 개수가 많다면 최후방 구치를 제외하거나 중간을 pontic으로 교체할 수 있을지를 원장님과 상의하여 상담에 동원할 수 있도록 합니다.

② 재료를 조절하는 방법

조금 더 저렴한 재료를 선택하는 방법도 있습니다. 병원마다 수가가 있으니 각 병원의 상황에 맞게 적용을 할 수 있을 텐데요. 가령 PFM과 금의 비용이 10만 원 정도 차이가 나는 병원이라고 하면 금보다는 PFM을 권하고, 잘 깨질 수 있으니까 물리는 면은 메탈 처리를 하도록 유도하는 것입니다.

③ 결제 방법을 수정하는 방법

결제 방법을 수정하는 것은 가장 보편화된 방법이기도 합니다. 결제 금액을 치과 내에서 분납할 수 있도록 하는 방법이나, 카드 회사의 할부 정책을 이용하는 방법도 있습니다. 이때 고객의 카드 할부가 3개월까지만 무이자 지원이 된다고 하면 3개월로 단위를 나누어서 결제할 수 있게끔 활용할 수도 있습니다.

④ 할인율 변경

가장 마지막에 선택되는 방법이 할인율 변경입니다. 추가 할인을 해드리는 것인데, 이때는 치과도 어느 정도 금전적인 손실이 확정되는 것이니 기브 엔 테이크! 환자로 하여금 받을 수 있는 부분을 받도록 해야 합니다.

이때 상담 과정에서 할인이 어떻게 들어가게 됐는지, 치과가 어느 정도 가격적인 부분에서 편의를 봐주었는지 어필하고 카드 결제 대신 현금 결제를 유도할 수 있습니다. 최소한 카드수수료 정도는 손해를 만회할 수 있기 때문입니다. 참고로 현금 결제 후 현금영수증 발급은 필수입니다.

● 생각할 시간이 필요한 환자의 경우

생각할 시간이 필요하다는 환자의 경우 대체로 진료가 진행되지 않을 확률이 높습니다. 그렇다고 해서 환자를 아예 포기해야 하는 경우는 아닌데요. 이 상황에서는 환자에게 시간이 필요한 이유가 무엇인지 고려해 볼 필요가 있습니다. 환자의 성격이 신중한 것인지, 결단력이 없는 것인지 아니면 결제에 대한 결정권이 없는 것인지, 완곡한 거부의 의사를 에둘러 표현하는 것인지 말이죠.

이 환자의 경우 상담 시 어느 정도 이후에 최종 연락을 받을 수 있는지를 물어보고 연락이 오지 않는다면 한 번 정도는 연락을 취해 의사를 물어볼 수 있어야 할 것입니다. 이 부분은 책의 후반부에 언급하도록 하겠습니다.

지금까지 상담 시 치료 동의율을 높이는 방법에 대해 살펴보았습니다. 지금부터 알아볼 내용은 '병원의 인지도를 상승시키는 방법'입니다. 이는 흔히 마케팅의 문제라고 여길 수 있지만 결국은 의료의 질이 좋아야 인지도가 높아질 수 있습니다. 그렇다면 어떻게 인지도를 상승시킬 수 있을까요?

● **인지도의 범위**

인지도를 넓히기 위해서는 우리 치과가 주요 환자층으로 삼을 수 있는 지리적 범위가 중요합니다. 전국구를 상대로 진료를 하는 것이 아니기 때문에 치과가 있는 구역에서 인지도를 얻으면 충분한데요. 그래서 인지도를 얻는 데 시간을 단축시킬 목적으로 마케팅 및 광고를 추진하게 됩니다. 인지도를 상승시킬 수 있는 광고에는 어떤 것들이 있을까요?

개인적으로 의료광고를 매우 싫어하고 객관적으로도 큰 실효가 없다는 것은 증명되어 있기에 추천해 드리지 않지만, 병원의 인지도 상승이라는 의미에서는 한 번쯤 고려해 볼 수 있을 것 같아 한번 살펴보겠습니다.

많은 병원이 다양한 니즈가 있기에 획일화할 수는 없지만, 대부분은 여기에 해당하리라 보고 설명해 드리고자 합니다. 병원은 그 특성상 개원한 곳 근처의 환자들이 오는 것이 대부분입니다. 제가 치과의사이다 보니 더 그렇게 느껴지는 것일 수도 있겠지만 많은 설문조사를 보면 병원 방문은 거주지나 직장 근처에 접근성이 좋은 곳으로 하는 것이 대부분이라고 하니까요.

일부 진료과의 일부 진료의 경우 광역권이거나 전국구인 경우도 있을 수 있습니다만 여기에서는 제외하도록 하겠습니다. 개인적으로는 저희 치과에도 멀리서 오는 분들(원거리, 지방, 해외 환자분들)이 계신 데, 많이 고맙긴 하지만 사실 많이 불편한 것도 사실입니다.

수술 후 간단한 드레싱을 위한 내원이 힘들고 중간 검진을 위한 내원도 어렵고 당일 진료가 힘들어 재내원을 권유하기도 힘들거나 제한된 기간 안에 치료 마무리를 요구하여 난처한 경우도 많기 때문입니다. 여하튼 1차 의료기관인 의원은 동네 진료가 기본이므로 여기에 포커스를 맞추고자 합니다.

개원 후 일정 시간이 경과하여 내원 환자가 어느 정도 쌓이면 그 주소를 조사해서 어느 동네 무슨 아파트 주민이 많이 오시는지 조사를 해볼 수 있을 겁니다. 여기에서 유효한 결과를 얻게 되었다면 아래와 같은 광고를 진행해 볼 수 있습니다.

○ **아파트 광고의 종류**

병원이 있는 해당 동네에 어느 정도 광고를 투자하는 것도 인지도 상승에 도움을 줄 수 있습니다. 아파트 관리비 고지서 봉투 광고나, 엘리베이터 거울 광고, 마트의 카트 광고 등이 있습니다. 또 부녀회나 경로당을 대상으로 광고를 진행할 수도 있습니다.

○ 병 · 의원 인지도 상승을 위한 다른 마케팅 방법

1) 일회용 부직포(앞치마)
- 치과 주변 단골 음식점에 배포.
- 비용대비 홍보 효과 좋음.
  (1도 인쇄 1만 장 기준 약 20만 원)

2) 아파트 입주자 도우미 카트 - 1
- 아파트단지 내 주차장이나 현관 입구에 배치
- 입주민들에게 아파트 이미지 제고에 좋은 영향.
- 카트 1대당 약 20만원

3) 아파트 입주자 도우미 카트 - 2
- 2)와 유사하지만 좀 더 저렴(약 5만 원)
- 분실 우려가 높음.

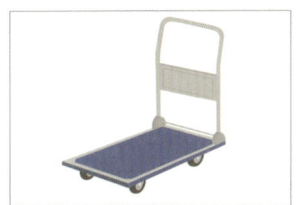

4) 아파트 도보 입구 파라솔 설치
- 비교적 고가(약 100만 원)
- 태풍 시에 관리가 필요

5) 복합상가에 입주한 치과의 경우 주차장 광고
- 주차장 입구에 출입 차들에 잘 노출되는 위치에 주차하면서 노출되도록 함.
- 자석으로 부착 가능
- 너무 고가의 차량은 반감을 살 수 있음

6) 복합상가의 엘리베이터 안에 치과가 잘 노출되도록 노력
- 비용이 발생하더라도 조금 더 노출을 노려야 함.

7) 가장 일반적인 치약·칫솔 세트
- 흔히 가장 많이 하는 방법
- 단골 환자분들에게 공급

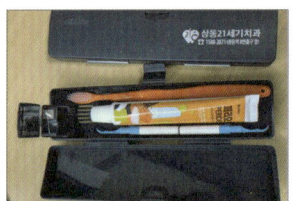

17. 진료 후 수납

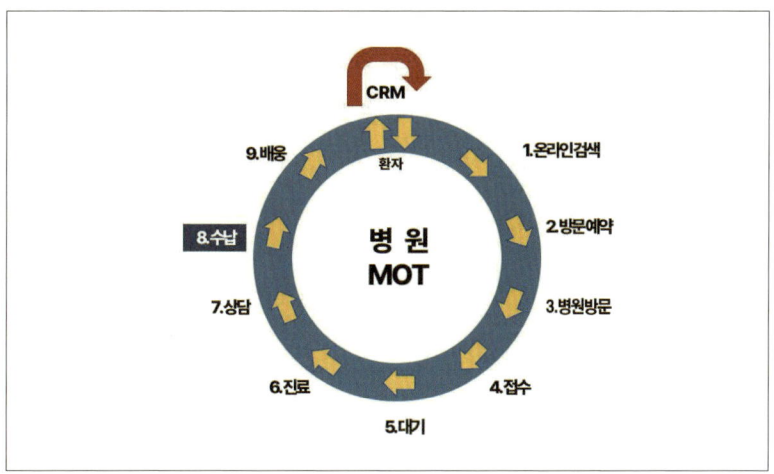

 이제 수납 시 주의사항에 대해 학습해 보겠습니다. 먼저 알아볼 내용은 보험 진료만 진행이 되었을 때 수납 방법입니다. 보험 위주로 진행이 되었다면 진료 후에 매번 본인 부담금이 발생하는 것을 먼저 고지해야 합니다. 따라서 진료를 시작하기 전에 오늘 수납이 어느 정도 될 것 같은지 환자에게 미리 전달을 해주는 것이 좋습니다. 이외에 보험 위주의 수납에서 어떤 사항을 주의해야 하는지 알아보도록 하겠습니다.

● **보험 진료 후 수납**

 야간진료(평일 오후 6시 이후, 토요일 진료)의 경우 기본 진료비(초/재진료)가 30% 증가합니다. 또 외과 행위 진료비도 30% 증가합니다. 진료비의 증가에 대해서는 진료 시작 전 환자에게 미리 고지를 해야 합니다.

○ 보험 진료 수납 고지

직원: 환자분 오늘 사랑니 발치를 하기로 하셨죠. 발생하는 비용에 대해 안내를 해드릴 건데요. 발치의 경우 전체 금액의 30% 정도를 환자가 부담해야 하는데 여기 보시는 비용 정도가 발생할 거예요. 그리고 발치 이후에 원장님께서 그 정도를 정해서 기록하셔야 정확한 청구 금액이 정해집니다. 이 이외에도 마취 비용, 마취제 비용 등이 추가될 거고요. 대충 ○○원 정도 예상하시면 될 텐데요. 여기서 더 나올 수도 덜 나올 수도 있습니다. 최대 ○○원 이하로 예상하시면 될 것 같아요.

환자: 네. 알겠습니다.

○ 비급여 내용이 포함된 경우 진료 수납 고지

직원: 환자분 오늘 사랑니 발치를 하기로 하셨죠. 발생하는 비용에 대해 안내를 해드릴 건데요. 오늘 진료는 보험 진료입니다만, 발치 외에 추가되는 지혈제나 발치 후 구강 관리 용품은 비보험이므로 별도의 비용이 추가될 거예요. 지혈제는 1만 원, 환부용 칫솔과 발치 후 가글 등이 8,300원입니다. 그리고 발치 외에 72시간 동안 무통을 유지해 주는 약제 추가 시 2만 원 정도가 더 발생합니다.

○ 비보험 진료와 보험 진료가 함께 이루어진 경우

일반 진료, 즉 비보험 진료와 보험 진료가 함께 이루어지는 경우가 가장 흔한 경우입니다. 이때도 가장 우선으로 생각해야 하는 원칙은 보험 진료는 매번 본인 부담금을 매회 지급 받아야 된다는 것입니다.

그리고 일반 진료비의 경우 수납 시점에 대해 환자와 미리 합의되어 있어야 하는데요. 사전에 합의된 사항에 따라 매번 일정한 퍼센트로 받거나, 수술하기 전이나 수술 후 등 어떤 지점을 정해서 수납할 수 있습니다.

일반 진료와 보험 진료가 혼재된 경우 굉장히 높은 확률로 수납 저항이 발생이 됩니다. 보험 진료비의 본인 부담금 납부에 대해서 저항이 많이 발생한다는 것인데요. 보험 진료는 매회 수납을 하는 것이 원칙입니다.

그러나 수납 저항이 너무 심하고 또 완고할 경우에는 보험 진료비의 본인 부담금을 미납으로 처리했다가 이후에 일반 진료비가 수납되면 그때 미납금을 처리하는 방식으로 사용할 수 있습니다. 하지만 이는 변칙적인 방법이라 추천할 수는 없는 방법입니다. 권장되는 방법은 아니라는 것을 꼭 기억하셔야 합니다.

○ 당일 수납이 힘든 경우

수납 결제는 현금이나 카드로만 이루어질 수 있는 것은 아닙니다. 환자가 이러한 부분에서 결제가 힘들다면 모바일뱅킹이나 폰뱅킹을 이용한 수납도 가능함을 알리고 결제가 이루어질 수 있도록 안내해야 합니다. 만약, 당일 수납이 힘든 경우에는 다음 내원 시 미수납 부분까지 완납이 이루어질 수 있도록 안내합니다.

○ 미수납 체크

미수납에 대해서는 장부나 차트에 확실하게 기록을 해야 합니다. 보험 진료의 경우 차팅이 늦어져 중요한 항목이 빠져있는 경우가 있습니다. 이때 이미 환자가 수납을 끝내고 가버렸다면 차팅 후 추가 비용이 발생하여 다시 결제해야 하는 일이 생길 수 있습니다.

만약, 추가 결제를 해야 하는 상황이 발생한다면 최대한 당일에, 늦어도 다음날까지는 환자에게 상황을 안내하고 추가 결제를 할 수 있도록 해야 합니다. 이 경우에는 환자가 내원을 하지 않더라도 모바일뱅킹, 폰뱅킹, 계좌이체 등으로 처리할 수 있으니 결제 방법까지 안내하는 것이 좋습니다.

이때 환자의 다음 내원까지 기다렸다가 '지난번 미 수납금'에 대한 이야기를 하지 않도록 빠르게 처리하는 것이 중요합니다.

본인부담금 할인 및 면제 금지안내

의료법 제27조 3항에 의거하여 본인부담금의 면제나 할인, 금품제공, 교통편의 제공 등은 금지되어 있습니다.

-의료법 제27조 3항-

누구든지 '국민건강보험법'이나 '의료급여법'에 따른 본인부담금을 면제하거나 할인하는 행위, 금품 등을 제공하거나 불특정 다수인에게 교통편의를 제공하는 행위 등 영리를 목적으로 환자를 의료기관이나 의료인에게 알선, 유인하는 행위 및 이를 사주하는 행위를 하여서는 아니된다.

위 조항에 근거하여 건강보험이 적용되는 치료는 물론
교정, 보철 등의 비보험치료와 보험치료를 같이 받으시는 경우도
본인부담금의 할인 및 면제는 불법입니다.

KDA 대한치과의사협회

○ 환자 유인알선 금지

보험 진료의 본인 부담금은 의료법상 정해져 있습니다. 의료법 제27조 3항에서는 '유인알선 금지'라는 항목이 바로 그것인데요. 여기서는 금액을 할인해 주는 것을 유인 또는 알선으로 보고 있습니다. 법령의 내용을 살펴보고 추가적인 주의사항을 알아보겠습니다.

※ 제27조(무면허 의료 행위 등 금지) ③

누구든지「국민건강보험법」이나「의료급여법」에 따른 본인 부담금을 면제하거나 할인하는 행위, 금품 등을 제공하거나 불특정 다수인에게 교통편의를 제공하는 행위 등 영리를 목적으로 환자를 의료기관이나 의료인에게 소개·알선·유인하는 행위 및 이를 사주하는 행위를 하여서는 아니 된다. 다만, 다음 각호의 어느 하나에 해당하는 행위는 할 수 있다.

법령에 따르면 보험 진료의 본인 부담금 할인 또는 면제는 문제가 됩니다. 데스크에서는 종종 보험 진료비 수납 시에 행위료만 설명하고 기본진료비(초진료, 재진료)에 대한 본인 부담금을 미리 고지하지 못하여 언성이 높아지는 경우가 발생하는데요.

이 부분에 대해 환자에게 미리 설명할 수 있도록 해야 합니다. 그리고 모든 진료실 근무자나 데스크 근무자는 그 원리는 물론이거니와 금액도 숙지할 필요가 있습니다. 또한, 보험 진료비의 본인 부담금 할인은 의료법의 유인알선에 해당하는 위법행위임을 알고 있어야 합니다.

■ **총 진료비**
- 총 진료비는 본인 부담금과 공단 청구액으로 구성됩니다.
- 금액은 진료 수가(기본 진료비 + 행위 수가 + 약재 수가 + 재료 수가)에 가산율을 더해 산정합니다.

■ **본인 부담금 및 공단청구액**
- 본인 부담금은 정률제에 정액제를 더해 산정합니다.
- 공단청구액은 총진료액에서 본인 부담금을 제외한 금액입니다.

구분	만 6세~65세	만 6세 미만	만 65세 이상		절사
의원	30%	21%	15,000 이하	1,500	100원 미만
			15,000 초과 ~ 20,000 이하	10%	
			20,000 초과 ~ 25,000 이하	20%	
			25,000 초과	30%	
병원	40%	28%	40%		10원 미만

17. 진료 후 수납

■ **진료비 구성의 이해**

　총진료비는 본인 부담금과 공단 청구액으로 나누어집니다. 의원급에서 본인 부담금은 일반 환자의 경우 30%로 책정되어 있습니다. 즉, 70%는 의료보험 공단에서 지원이 되는 거죠. 그리고 구성에는 기본진료비, 행위 효과, 약재 재료 그리고 가산율이 포함됩니다.

　기본진료비는 초진료 또는 재진료를 의미합니다. 현재 2024년 기준으로 초진료는 한 1만 5천 원 재진료는 한 1만 원 정도 발생이 되고 있습니다. 일종의 택시의 기본요금과 같은 원리입니다.

　여기에 만약 발치를 했다면 발치에 따른 행위 수가가 추가로 정해집니다. 그리고 마취, 약값, 충전 재료 등의 약재 및 행위료가 추가되는 형식입니다.

■ **시뮬레이션**

　직원: 오늘 임플란트 수술을 하시게 되면 골이식 비용과 임플란트 식립 비용은 음…. 지난번 상담한 결과를 보면 150만 원입니다. 그런데 수술할 때 절반 정도 수납하시기로 했으니 오늘 75만 원 결제하시면 됩니다. 그리고 미리 말씀드렸지만, 오늘 수술 부위 주변에 잇몸 수술도 같이 진행되는데 보험 진료의 경우 30% 본인 부담금이 추가되어 약 ○만원이 추가됩니다. 지난번 진료비 상담 때 보험 진료의 본인 부담금은 일반금액에서 충분히 할인해 드렸으니 꼭 같이 납부해 주세요~~

○ **현금영수증**

　수납되는 과정에서 알아야 할 내용 중 '현금영수증'이 있습니다. 현금영수증의 발급 조건은 다음과 같습니다.

　- 사업과 관련하여 재화·용역을 공급하고 그 상대방이 대금을 현금으로 지급한 후 현금영수증 발급을 요청하는 경우 현금영수증을 발급해야 합니다.

- 또한, 현금영수증 의무발행업종 사업자가 건당 거래금액(부가가치세 포함)이 10만 원 이상인 재화 또는 용역을 공급하고, 그 대금을 현금으로 받은 경우에는 소비자가 발급을 요청하지 않더라도 현금영수증을 발급해야 합니다.

○ **현금영수증 발급 대상 금액 및 자진 발급**
- 발급 대상 금액: 1원 이상이면 발급합니다.
- 자진 발급: 소비자가 현금영수증 발급을 요청하지 않더라도 휴대전화 번호 등이 아닌 국세청 지정 코드(010-000-1234)로 발급이 가능합니다.
- 자진 발급 기한: 현금을 받은 날부터 5일 이내에 발급할 수 있습니다.

○ **발급 거부 가산세 등**

소비자의 발급 요구에도 불구하고 발급하지 않거나 사실과 다르게 발급한 경우 미발급 금액의 5% 가산세가 측정됩니다. 이때 건당 거래금액이 5천 원 미만이면 가산세는 제외됩니다. 여기에는 애초 발급 영수증을 소비자 동의 없이 임의 취소한 경우가 포함됩니다.

또한 명령서(현금영수증 가맹점이 지켜야 할 사항 고시)를 받고도 발급을 거부한 경우에는 「소득세법」 또는 「법인세법」 및 「세법상 과태료 양정 규정」에 따라 미발급·허위기재 발급금액의 20% 과태료가 추가 부과됩니다. 이 내용은 「소득세법」 제177조, 「법인세법」 제124조 「세법상 과태료 양정 규정」 별표3에 의거합니다.

■ **공단 부담금을 포함한 거래가액이 10만 원인 경우**

현금영수증을 발급하지 않은 경우 가산세를 부과한다는 「소득세법」 제81조 규정에는 '국민건강보험법'에 따른 보험급여의 대상인 경우는 제외한다'는 예외규정이 있습니다. 하지만 「소득세법」 제162조의 3에 따른 현금영수증 의무발행 금액에 대해서는 보험급여 예외규정이 없습니다.

따라서 현금영수증 발행 여부 기준을 판단할 때에는 공단 부담금을 포함하고, 실제 현금영수증은 본인 부담금에 대해서만 발행할 수 있습니다.

진료비 총액	구분	현금영수증 발행의무 판단 기준	발행대상 금액
10만원	공단: 6만원	10만원	4만원
	본인: 4만원		
30만원	공단: 20만원	30만원	10만원
	본인: 10만원		

쉽게 이해하자면 진료비 총액이 공단 지원금을 포함해서 10만 원을 넘으면 발급 대상이라는 건데요. 하지만 발행되는 영수증은 총액이 아니라 고객 본인이 부담하는 금액만 발행하면 된다고 이해할 수 있습니다.

예를 들어서 총진료비 10만 원에 본인 부담금이 4만 원인 경우면 4만 원에 대해서만 현금영수증을 발행하면 됩니다. 이는 하루 기준으로 보험을 포함합니다.

● 수납 시 주의사항

당일 수납이 힘든 경우가 발생한다면 환자가 다음 내원할 때 수납이 이루어질 수 있도록 안내합니다. 또는 온라인이나 폰뱅킹 등으로 받을 수 있게 안내합니다.

수납에 관련된 사항은 장부와 차트에 기록해 두어야 합니다. 의외로 환자가 수납과 관련하여 착각하거나 오해를 하는 경우가 종종 발생합니다. 따라서 수납 시에는 반드시 기록을 남기고 계산서를 발급해 주셔야 하겠습니다.

그리고 미납금에 대해서는 반드시 기록해서 관리해야 합니다. 생각보다 체크되지 못한 미납금이 많은 경우가 뒤늦게 발견되어 곤란을 겪은 경험이 있을 겁니다. 다행히 발견하고 받으면 좋지만 발견하지 못하고 받지 못하는 돈이 많을 수 있는 것이 문제입니다.

계획된 치료가 잘 이루어지고 있는지도 수납 시에 확인해야 할 항목입니다. 바쁘다 보면 하기로 했던 치료를 하지 못하고 지나치는 경우가 발생하기도 하기에 꼭 치료계획을 다시 확인하여 빠진 치료가 없는지를 데스크에서는 확인하는 과정을 가져야 할 것입니다.

○ 수납 대장

수납이란 돈이나 물품 따위를 받아 거두어들이는 것을 의미합니다. 수납 대장은 이를 기록한 문서를 뜻하는데요. 수납 대장을 작성할 때에는 수납 대장의 목적과 수납 대장을 작성하는 기관의 성격에 따라 세부 항목에 차이가 있으나, 일반적으로 날짜, 이름, 주민등록번호, 수납 금액, 수납 방법, 미수금액 등의 항목으로 구분합니다. 그리고 각 항목에 정확한 내용을 기재해야 합니다.

■ 국민건강보험 요양급여의 기준에 관한 규칙 [별지 제13호서식] <개정 2014.9.1.>

본 인 부 담 금 수 납 대 장

연월일	환자성명	수납금액(원)		
		계	요양급여	비급여

주
1. 입원환자의 경우에는 퇴원일에 총본인부담액을 합산하여 기재합니다.
2. 요양급여에는 「국민건강보험법 시행규칙」 별표 6에 따른 요양급여비용의 본인전 액부담항목 비용을 포함합니다.

210mm×297mm[백상지 70g/㎡(재활용품)]

○ 악성 미납금

가령 돈을 가져오지 않아 다음에 진료 올 때 결제한다고 말한 뒤 연락이 두절되는 경우가 있습니다. 또 임플란트처럼 진료 기간이 길어 여러 번에 걸쳐 비용을 지불하기로 해놓고 내원을 하지 않는 경우도 있습니다.

상황에 따라서는 진료 진행 정도에 따른 비용도 해결되지 못한 상황이 발생하기도 합니다. 이는 악성 미납금으로 간주하고 대응에 들어가야 합니다.

■ 악성 미납금 법적 대응

악성 미납금은 법적으로 대응할 수 있습니다. 민사채권의 경우 소멸시효가 10년입니다. 하지만 의사와 조산사, 간호사 및 약사의 진료 및 근로와 조제에 관련된 경우는 소멸시효가 3년으로 되어 있습니다. 그래서 의료기관에서 발생한 미납금은 3년이 지나면 받을 수 없게 됩니다.

○ 미납금 고지

악성 미납금에 대해서는 미납금 발생 여부와 수납에 대한 요청을 지속적으로 안내하고 이후에도 해결이 되지 않는다면 법적으로 대응합니다. 예를 들어 미납금 발생 6개월이 지나면 법적 대응을 하겠다고 고지(전화, 문자, 카톡, 내용증명우편 등)를 한 후 소액 재판이나 민사소송을 진행할 수 있습니다. 이 기간은 기관의 역량에 따라 결정할 수 있습니다.

○ 재판 진행

환자에게는 미납금 미납 기간과 함께 내용 증명을 보내며, 수납을 안 할 시에는 법정 이자를 물겠다고 고지합니다. 고지 이후에도 수납하지 않는다면 민사소송을 내거나 소액 재판을 진행합니다. 여기서 소액 재판은 금액이 2천만 원 미만일 때 약식으로 진행되는 재판을 의미합니다. 이 재판은 변호사를 채용하지 않더라도 법무사의 도움으로 진행할 수 있습니다.

○ 채권을 활용한 방법 → 신용불량자 만들기

소액 재판을 진행할 때 환자가 법정에 출두하지 않는다면 치과가 제시하는 금액이 그대로 받아들여지게 됩니다.

그렇다면 이 채권은 법적인 효력이 있어 좀 더 강한 조치를 할 수가 있게 되는데요. 여기까지 진행이 된 상황에서도 환자가 미수납금을 수납하지 않는다면 채권을 할인하여 수금업자들에게 판매하는 방법을 사용할 수 있습니다. 하지만 이 방법은 그다지 추천되는 방법은 아닙니다.

또는 법원판결 후 6개월 이후에도 변제가 되지 않으면 신용불량자로 신청할 수 있고 이렇게 되면 환자에게서 연락이 오기도 합니다. 번거롭고 힘든 일이지만 마땅히 받아야 할 돈을 쉽게 포기하지는 말아야겠습니다.

이어서 사보험과 관련하여 각종 문서 신청에 관련된 내용을 알아보겠습니다.

> 미수납이 발생할 경우를 대비하여 병원의 내부 시스템을 마련해야 합니다.
> 이를 통해 대응 매뉴얼을 갖추고 있어야
> 악성 미수납금 발생에 효율적으로 대비할 수 있습니다.

● **각종 문서 신청 관련**

사보험 가입이 증가하면서 관련 서류신청이 봇물 터지듯 늘어났습니다. 많을 때는 하루에 5~6장의 진료확인서 및 수술 확인서, 진단서 작성을 해야 하는데요. 사실 이는 당일 발급이 원칙입니다. 그러나 현실적으로 당일에 발급이 힘든 경우가 많습니다.

의료법상으로 진단서나 확인서, 추정서 등은 비급여 항목으로 되어 있습니다. 그리고 이는 금액이 정해져 있지 않아 병원마다 금액을 지정할 수가 있는데요. 이에 관련하여 2017년 보건복지부에서 상한 금액을 정하였습니다. 원내에서는 이러한 상한 금액의 범위 내에서 받을 수 있는 비용이 선정되어야 합니다.

○ 진단서 · 확인서 · 추정서(1통 기준)

구분	종류별		상한 금액	기준
진단서 · 확인서 · 추정서 (1통 기준)	일반진단서		20,000원	진찰하거나 검사한 결과를 종합하여 작성
	후유장애진단서		100,000원	질병, 부상 등이 원인이 되어 신체에 발생한 장애로, 더 이상의 치료 효과를 기대할 수 없다고 판단되는 경우 작성
	병무용 진단서		20,000원	군 복무 등을 위해 진찰하거나 검사한 결과를 작성
	진료확인서		3,000원	환자의 인적사항(성명, 성별, 생년월일 등)과 특정 진료 내역을 기재하며, 특정 진료 사실을 기록
	상해진단서	3주 미만	100,000원	질병의 원인이 상해인 경우
		3주 이상	150,000원	
	향후 진료비 추정서	천만 원 미만	50,000원	계속적인 진료가 요구되는 환자에게 향후 예상되는 진료비 기록
		천만 원 이상	100,000원	

○ 진료기록 · 제 증명서 사본(1통 기준)

구분	종류별		상한 금액	기준
진료기록 · 제 증명서 사본 (1통 기준)	진료기록 사본	1~5매	1,000원	진료기록부 등을 복사하는 경우
		6매 이상	100원	
	진료기록 영상	필름	5,000원	방사선 단순 영상, 방사선 특수영상, 전산화 단층 영상(CT) 등 영상 자료를 필름을 이용하여 복사하는 경우
		CD	10,000원	영상진단, 내시경 사진, 진료 중 촬영한 신체 부위 등 영상 자료를 CD 또는 DVD를 이용하여 복사하는 경우
		DVD	20,000원	
	제 증명서 사본		1,000원	기존의 제 증명서를 복사(재발급)하는 경우 (동시에 동일 제 증명서를 여러 통 발급받는 경우 최초 1통 이외 추가로 발급받는 제 증명서도 사본임)

○ **보험문서 신청 안내서: 기한에 대하여**

보험문서 신청에 따른 안내서를 작성하여 비치하여 관련 업무에 도움을 받을 수 있습니다. 여기서 중요한 점은 당일 바로 발급이 가능한 것과 그렇지 않은 것을 나누는 건데요. 당일 발급해 주지 않는다는 내용은 의료법상 문제가 될 수 있어 불가능하다는 내용은 포함되면 안 됩니다. 대신 늦어질 수도 있는 이유를 설명하는 내용이 작성되어야 합니다.

○ 보험문서 신청 안내서: 신청서 양식 제작

신청서를 받기 위한 양식을 작성하면 업무 처리를 효율적으로 진행할 수 있습니다. 신청자와의 관계, 상병명 등의 내용이 포함되어야 합니다. 보험회사에 따라 필요로 하는 상병명이 다르므로 양식화시켜 놓는 것이 좋습니다.

■ 사보험 서류신청

보호자: 치아보험 관련되어 필요한 것들이 있어서 신청하려고요. 기다리면 바로 가능한가요?

직원: 네~ 치아보험 관련 서류 신청하시는 거죠? 잠시만요. 여기에 필요한 것들을 체크해 주시겠습니까? (보험서류신청서를 드리며) 신청하시는 분은 본인이신가요?

보호자: 저 아니고 남편 거를 받으려는 건데요?

직원: 아~ 그러시군요. 개인정보 보호법상 본인이 아닌 대리인의 경우 위임장이나 본인 확인이 필요합니다. 환자분께 전화로 확인을 해주실 수 있으실까요?

보호자: 잠시만요. 제가 전화해 볼게요. (전화한다) 여보. 치과 왔는데 본인 확인 필요하다는데 잠깐 통화돼?

직원: (전화를 건네받고) 여보세요! 상동 21세기 치과입니다. 사모님께서 치아보험 관련 서류를 신청하셨는데요. 본인 확인이 필요해서요. 관련 서류신청

에 관해서 알고 계신 거죠?

남편: (통화 중/목소리만)네~ 본인 맞습니다. 알고 있고요. 발급 부탁드려요.

직원: 네~ 잘 알겠습니다. (전화를 건네드리고) 차트나 엑스레이는 지금이라도 출력해 드릴 수 있는데 서류작성은 원장님께서 직접 해야 하는 거라 바로는 어려울 것 같아요. 지금 진료 중이시거든요. 혹시 급하신 건가요?

보호자: 아니요. 급하지는 않은데... 언제 되는데요?

직원: 오늘 중으로 필요하면 저희 마감 시간이 7시인데 그 전에 찾아가실 수 있도록 도와드리겠습니다. 괜찮으신가요?

보호자: 그러면 모레까지 될까요? 찾으러 올게요.

직원: 그럼 모레까지 서류 준비해 놓도록 하겠습니다. 또 필요한 진단명이나 저희가 참조해야 할 사항이 있을까요? 가능한 범위에서 원장님께 전달해 드리겠습니다.

보호자: 밥 먹다가 이가 깨진 건데 그 뭐죠? 골절인가 파절인가?로 해주세요!

직원: 네~ 전달해 드리겠습니다. 혹시 필요한 경우 원장님께서 전화 드릴 수 있어요. 이 부분 참고해주세요.

지금까지 수납 및 서류신청에 관련된 MOT를 살펴보았습니다. 마무리에 잘못하면 그동안 잘 형성된 관계가 망가질 수 있습니다. 기억나시죠? 곱셈의 법칙! 한 번의 실수로 그동안의 노력이 거품이 될 수 있으니 조심하셔야 합니다.

18. 환자 배웅

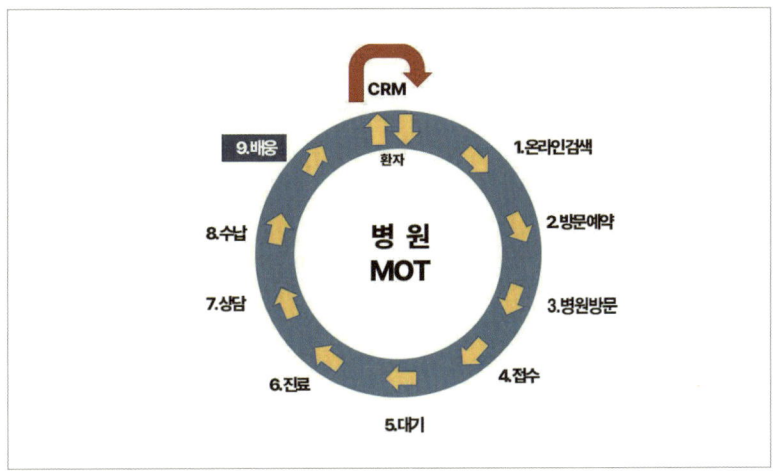

진료도 끝나고 수납도 끝나고 약속도 잡았다면 이제 보내드려야 하는 시간입니다. 배웅 과정에서도 MOT는 발생합니다.

● **마지막 인사(최신효과)의 중요성**

최신효과(Recently Effect)는 신성 효과 또는 막바지 효과라고도 불리는데요, 우리 뇌가 가장 최근에 들어온 정보를 제일 기억을 잘하는 현상을 말합니다. 미국의 심리학자 로버트 라나에 의하여 처음 제시된 심리개념입니다.

가장 최신의 정보를 바탕으로 평가하고 이미지를 갖게 된다는 심리 현상으로 초두효과(첫인상 MOT, 2장에서 설명됨)의 정반대 현상을 의미합니다. 초두효과는 첫인상의 중요성을 강조한 것이라면 최신효과는 마지막 기억 즉 최신 기억으로 초기에 제시된 정보의 거치가 별로 없거나 감소한 경우, 또는 최근 정보의 가치가 좋은 경우에 가장 최신의 정보를 위주로 기억하고 생각하게 된다는 것을 의미합니다.

최신효과와 초두효과 어느 것이 더 강하게 작용하냐는 질문이 많은데, 초기에 정보가 너무 짧은 시간에 제시되어 기억이 없어져 첫인상으로 판단하기 어려운 경우에는 최신효과가 더 높은 확률로 발생한다고 합니다.

따라서 마지막 배웅이 중요함을 강조하는 것입니다. 혹시라도 진료실에서 문제가 있었던 경우라도 배웅에 신경을 써서 최신의 효과로 불만 요소를 최소화할 수 있어야 할 것입니다.

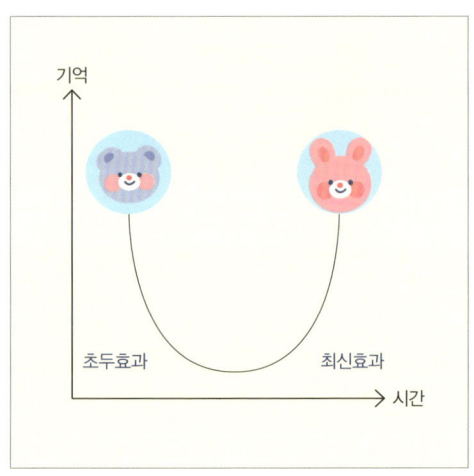

○ **주차 안내**

주차장에 주차비 면제 시간이 제한되어있는 경우 사전에 고지해 두는 것이 필요합니다. 만약 환자가 유료주차장에 차를 주차한 경우 병원에 온 시간을 고려하여 적절한 주차 할인을 지원할 수 있어야 합니다.

○ **약국 안내**

처방전이 발급된 경우 보통의 경우라면 병원에서 귀가하는 길에 약국을 들르게 됩니다. 이때 약국의 위치를 자세히 안내할 수 있어야 합니다. 가까운 약국이 병원과 같은 건물이라면 상관없지만, 다른 건물에 있다면 정확한 위치를 안내하거나 약도를 미리 만들어서 드릴 수 있어야 합니다.

■ **약국 방문 시 자차를 소지하고 있는 경우**

특히 약국에 들러야 하는데 차로 이동을 해야 할 때는 약국의 위치를 안내하는 것이 좀 더 환자의 동선을 편하게 할 수 있습니다. 가끔 차를 가지고 약국으로 갔다가 주차가 해결되지 않아 그냥 주거지 근처에서 약을 구입하는 경우가 있는데요. 만약 거주지 근처의 약국에서 처방전에 기입된 약이 없다면 약을 사기 위해서 다시 병원 근처로 나와야 하는 번거로운 상황이 발생합니다. 이마저도 여의치 않은 상황이 되면 그냥 약을 먹는 것을 포기해 버리는 환자도 있습니다. 그러므로 이런 경우에는 차를 두고 약을 먼저 구매할 수 있도록 안내해야 합니다.

만약, 약을 구매하지 못한 경우에 약국에서 대체 약을 처방 후 팩스를 보내면 된다고 미리 안내하는 방법도 있습니다.

"가까운 약국을 찾아가는 간단한 약도도 필요하다!"

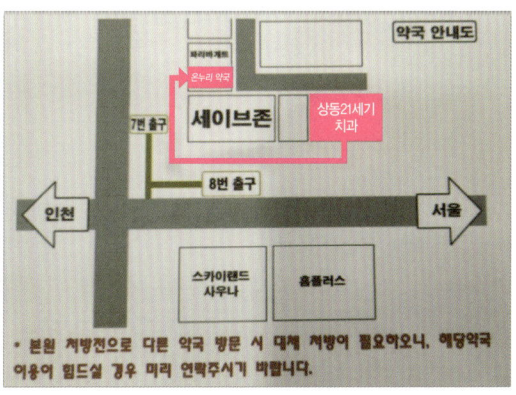

● **예약 확인**

　치료 내용에 따라 다를 수 있지만, 다음 내원이 필요한 경우라면 환자에게 그 날 짜와 시간을 확실하게 고지해 줄 필요가 있습니다. 단순히 예약 날짜 및 시간만 안내하는 것은 임팩트가 부족합니다. 그렇다면 어떤 방법으로 환자에게 인상적인 메시지를 보낼 수 있을까요? 예약 확인 메시지 활용의 예시를 보겠습니다.

■ **예약된 경우**

　"○○○님 저희 ○○○의원을 방문해 주셔서 감사합니다. 금일 진료는 만족하셨는지요? 주의사항 등은 아래의 링크를 눌러서 다시 한번 확인해 보시기 바랍니다. 다음 내원 일은 ○월 ○일 ○시입니다. 원활한 진료를 위하여 진료 시간 10분 전까지 도착해 주시기 바라며 변경 희망 시 미리 연락해주시면 감사하겠습니다."

■ **예약이 되지 않은 경우**

　"○○○님 저희 ○○○의원을 방문해 주셔서 감사합니다. 금일 진료는 만족하셨는지요? 주의사항 등은 아래의 링크를 눌러서 다시 한번 확인해 보시기 바랍니다. 다음 내원 일이 정해지지 않았습니다. 언제든지 연락해주시면 약속을 잡아드리도록 하겠으며 연락이 없으면 6개월 뒤에 임의 검진으로 연락을 드리도록 하겠습니다. 오늘도 즐거운 하루 되세요~"

　이와 같은 메시지와 함께 포털 사이트의 링크를 첨부해서 보내드리면 당일 진료에 대한 주의사항과 예약 관련 메시지를 함께 해결할 수 있게 됩니다. 보통 병원 예약의 경우 예약 날 이전이나 당일만 연락이 오는 경우가 많은데, 이처럼 진료 직후 동시에 문자 발송을 한다면 좀 더 좋은 인상으로 기억이 될 수 있을 것입니다. 또한, 메시지 발송에 관련해서는 치과 내부에서 시스템화하여 자동으로 발송될 수 있다면 좀 더 효율적인 활용이 가능합니다. 이 부분은 다음에 다시 공부하도록 하겠습니다.

19. 병원에서의 전화응대-(1)

병원 데스크에는 정말 많은 전화가 오는데요. 전화응대는 CS에서 특히 중요한 부분입니다. 전화응대는 누구나 할 수 있으나, 어떻게 하는 것이 올바른 전화응대인지 아는 사람은 많지 않습니다. 그럼 올바른 전화응대의 방법 또 주의사항을 살펴보겠습니다.

● 전화응대의 기본

전화 업무는 면대면의 응대가 아닙니다. 이러한 특성상 응대 자의 외모가 어떤지는 응대에 영향을 미치지 않습니다. 얼굴을 마주한 응대에서 차림새만큼 전화응대에서 중요한 것이 바로 균일한 컨디션입니다. 이를 위해 프로페셔널한 정신을 가지고 응대할 필요가 있습니다.

간혹 그날그날의 컨디션에 따라 전화를 받는 태도가 달라지는 사람이 있습니다. 기분이 나빠서 투덜대고, 컨디션이 좋다고 흥분한 상태로 전화를 받는 것은 옳은 응대 방법이 아닙니다. 전화 응대를 할 때는 항상 평상심을 유지해야 합니다. 이것이 전화응대의 기본입니다.

○ 전화응대의 3요소
- 환자 유형을 파악한다.
- 긍정 표현은 시원하게, 부정 표현은 완곡하게 전한다.
- 서비스 언어를 활용한다.

서비스 언어는 '잘 들었습니다', '감사합니다', '실례합니다', '이해해 주신다면 감사하겠습니다', '부탁드립니다', '수고하셨습니다' 등이 있습니다.

○ 전화응대의 예절

전화응대는 치과뿐만 아니라 다양한 업종에서 사용하는 접객 방식이기 때문에 규정되어 있는 방식이 많습니다. 전화응대 방법에 대해서는 이 방법을 그대로 적용할 수가 있는데요. 전화응대 예절에 대해 살펴보겠습니다.

■ 전화 수신 타이밍

첫 번째. 벨이 세 번 울린 후 전화를 받는 것이 좋습니다.

전화 연결음이 울리자마자 상대방의 음성이 나오면 당황스러울 수 있겠죠. 반면에 너무 오래 전화를 받지 않으면 기다리는 시간이 길어지니 이 또한 좋지 못합니다. 직원이 전화를 바로 받을 수 있는 상황이라 할지라도 전화벨이 세 번 정도는 울리고 지난 후에 받는 것이 이상적입니다. 이는 시간으로는 5초에서 10초 정도 가량이 됩니다.

■ 전화 수신 타이밍의 주의사항

전화를 받을 때 주의할 것이 있습니다. 전화를 늦게 받더라도 사과보다는 감사 인

사를 전하는 것이 좋습니다. 이는 부정적인 표현보다 긍정적인 표현이 낫다는 것과 일치하는 내용인데요. 예를 들어 "기다리게 해드려서 죄송합니다" 보다는 "기다려주셔서 감사합니다"로 표현하는 것이 긍정적인 이미지를 만드는 데 좋습니다.

■ 전화응대의 첫인상

두 번째. 소속과 이름을 밝혀야 합니다.

전화를 받으면 먼저 소속과 이름을 밝힙니다. 예를 들어 "A치과 김 아무개입니다" 이때, 직급을 밝히는 것도 좋은데요. 이는 상대방이 수화기 너머의 음성으로

19. 병원에서의 전화응대(1)

처음 만나는 상대의 이름보다는 직급을 기억하기가 더 쉽기 때문입니다. 만약 특이사항이 있어 해당 직원과 다시 통화해야 할 때 직급을 이야기하고 상대방을 찾을 수 있으니 더욱 효율적입니다.

또한, 소속과 이름을 밝히는 것은 전화를 받는 사람이 격식 있다는 느낌을 받게 하므로 전화 상담 연결 시 소속과 이름을 밝히도록 합니다.

■ **정확한 응대를 위한 습관**

세 번째, 메모하는 습관을 지녀야 합니다.

전화응대를 하다 보면 습관적으로 준비 없이 전화를 받게 됩니다. 이 경우 특이사항을 전달해야 하거나, 전화를 다시 연결해야 하는 상황 등 기억력에 의존할 수밖에 없는데요. 전화를 끊는 순간 기억에 왜곡이 생기거나, 순간적으로 잊어버릴 수 있다는 가능성이 있습니다.

그러므로 전화응대용 노트를 만들어 언제, 누구에게, 어떤 용건으로 전화가 왔었는지를 메모해야 합니다. 또한, 이렇게 기록하는 습관은 어떤 직원이 전화응대를 하든 간에 동일한 내용으로 해당 고객과의 상담을 이어갈 수 있다는 점에서 이점이 있습니다.

■ **마무리의 주의사항**

네 번째, '궁필도'를 활용합니다.

'궁필도'란, 궁금한 것, 필요한 것, 도와드릴 것이 없는지 고객에게 재차 확인하는 것을 말합니다. 마무리에 '궁필도'를 활용한다면 고객이 용건에서 놓쳤던 부분을 다시 확인해 볼 기회를 마련할 수가 있게 되죠. 더불어 특별한 요청이 없더라도 용건이 끝났다고 전화를 바로 끊어버리는 것보다 세심한 느낌을 전달할 수 있을 것입니다.

전화 응대 시 지켜야 하는 3가지 사항에 대해 정리해 볼까요?
전화 응대에 있어서 중요한 요소는 **신속, 정확, 친절**입니다.

　신속, 바로 전화가 세 번 울리기 전에 받는 것이 좋다고 하였죠. 그리고 정확하기 위해서 용건을 메모하는 시스템을 구축해야 합니다. 메모할 때는 상대방의 전달하는 핵심적인 내용 즉, 메모해야 하는 내용은 복창하는 것이 좋습니다. "사랑니가 아파요"라는 말에 "사랑니가 아프시다는 말씀이시죠"하고 용건을 재차 확인하고 정확도를 높이도록 합니다. 그리고 환자의 말을 복창하는 방법은 친절함을 어필할 수 있습니다.

　그렇다면 전화 걸 때는 어떤 예절을 지켜야 할까요? 수신 시의 주의사항을 살펴보겠습니다.

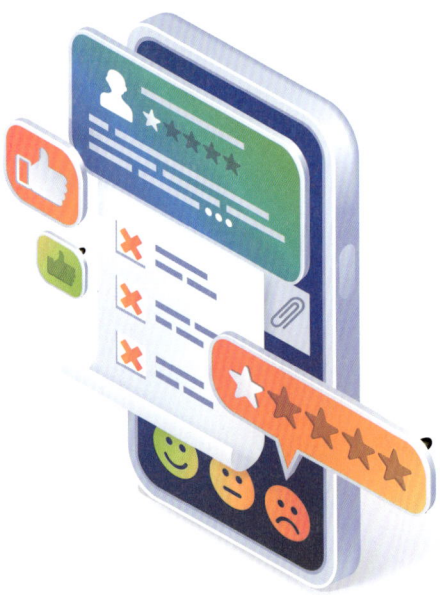

● **수신 시 주의사항**

전화할 때는 자신의 신분을 먼저 밝히고 대화 대상자의 이름을 물어보아야 합니다. 혹시 다른 사람이 받았다면 정중하게 당사자를 바꿔줄 수 있냐고 요구합니다.

용건은 미리 준비하고 간단하고 명료하게 전달합니다. 이때도 메모를 활용하는 것이 좋습니다. 마무리 인사를 잊지 않아야 하며, 동시에 신분과 이름을 밝히고 정중히 통화를 종료합니다. 통상적으로 거는 쪽이 먼저 끊는 것은 전화 예절에는 상관이 없으므로 용건이 마무리됐다면 전화를 종료해도 괜찮습니다.

이때, 잊지 말아야 하는 전화 예절은 너무 이른 시간이나 너무 늦은 시간을 주의하는 것입니다. 보통 전화를 걸 가장 좋은 타이밍은 점심시간 전후라고 볼 수 있겠습니다.

○ **수신 또는 발신 시 주의사항**

전화를 걸거나 받을 때 가장 조심해야 하는 것이 무엇일까요? 이는 상식적이고 뻔한 이야기일 수도 있으나 너무 성의 없는 대답이나 사무적인 말투를 사용하지 않는 것입니다. 급한 티를 내며 용건만을 몰아붙이거나, 더불어 용건이 끝나기도 전에 전화를 끊어버리지 않도록 합니다.

그리고 조심해야 하는 것은, 일상에서 흔히 하는 전화 받는 자세인 어깨에 전화기를 걸치고 통화를 하는 경우입니다. 이 상황에서는 전화를 받는 자세 자체가 불편하므로 통화가 길어지는 상황에서는 자세에 따라 말투가 퉁명스럽고 불친절하게 변할 수가 있기 때문입니다.

○ **전화응대 시 목소리 톤**

알려진 서비스 응대 방법 중 서비스에 가장 어울리는 톤이 '솔'톤이라고 하죠. 하지만 생각보다 '솔'톤을 오래 유지하고 있는 것은 어렵습니다. 만약 목소리 톤 자체가 높아 노력하지 않아도 기분 좋은 목소리를 갖고 있다면 모르겠지만, 톤을 유지하는 것이 어렵고 어색하다면 자신의 목소리 톤 중 가장 편안한 음색으로 응대를 하는 것이 좋겠습니다.

■ **전화응대 시 말투**

말투의 경우 의식하지 못하고서는 습관대로 이야기하게 되는 경우가 있습니다. 만약 평상시의 말투가 무뚝뚝한 편이라면 전화응대 시 웃는 얼굴을 지어보세요. 웃는 얼굴은 말투를 호감형 톤으로 바꾸어 줍니다.

더불어 말꼬리를 길게 늘이면 다정하고 친절한 느낌으로 이야기할 수 있습니다. 말꼬리를 짧게 자르면 사무적이고 딱딱하게 들릴 수 있으니 주의합니다.

■ **'다' 혹은 '까'**

'다'나'까'를 사용하라고 하는 이유는 '요'보다 정중한 느낌을 주기 때문입니다. 하지만 정중하게 말할 수 있다면 굳이 '다'나'까'를 유지하지 않아도 됩니다. 어떤 뉘앙스의 차이인지 살펴볼까요?

- "모르겠는데요"
→ "좀 더 알아보고 알려드려도 되겠습니까?" 혹은 "좀 더 알아보고 알려드려도 될까요?"

- "지금 없는데요"
→ "지금 자리에 안 계십니다. 메모 남겨드릴까요?"

- "뭐라고요?"
→ "다시 한번 말씀해주시겠습니까?"

이어서 특정 상황에서의 전화응대 기법을 알아보겠습니다. 전화를 하다 보면 다양한 상황에 마주하게 됩니다. 직접 답하기 힘든 경우, 통화가 끊어진 경우, 전화가 잘 들리지 않는 경우 등 특정 상황에서 대처할 방법을 살펴보도록 하겠습니다.

○ **담당자가 아닐 때**

직접 답하기 힘든 경우에는 사정을 설명하고 양해를 구한 후 메모를 하고 전달하는 방법을 사용합니다. 그리고 언제까지 연락드리도록 하겠다는 것을 명확하게 하는 것이 중요합니다.

"메모를 담당자에게 전달하여 10시까지 연락 드리도록 하겠습니다"

○ **통화가 끊어졌을 때**

갑작스럽게 통화가 끊어지면 다시 전화를 연결하여 전화가 끊어진 것에 대해 사과합니다. 이전 통화해서 하고 있던 이야기를 간략하게 요약하고 통화가 이어질 수 있도록 합니다.

"안녕하세요. A치과 상담실장 김 아무개입니다. 통화가 갑자기 끊어져서 놀라셨죠? 죄송합니다. 이전에 임플란트 상담 원하신다고 하셨었는데, 그럼 예약을 잡아드리면 될까요?"

○ **전화가 들리지 않을 때**

전화가 잘 들리지 않을 때는 잘 들리지 않지만 대충 알아듣는 척해서는 안 됩니다. 한 번 더 이야기해 달라고 요청하거나, 통화 품질이 의심될 때는 양해를 구하고 통화를 다시 연결해도 좋습니다.

"죄송합니다만, 연결 상태가 좋지 않아 잘 들리지 않습니다. 다시 전화해 주시겠습니까?"

○ **위치 응대**

위치를 물어볼 때는 어디서 출발하는지 상대방의 위치와 교통편을 확인하여 안내합니다.

"실례지만, 지금 위치가 어디십니까"
"교통편은 어떤 방법을 이용하시나요?"
"오시다가 어려우시면 다시 전화 주십시오"

20. 병원에서의 전화응대-(2)

예약 변경 및 예약 취소 시 전화응대에 대해 학습해 보겠습니다. 예약은 그 시간에 지켜져야 합니다. 예약 시간이 지켜져야 진료가 이루어질 수 있기 때문입니다. 그렇다면 예약 변경과 예약 취소의 과정에는 어떤 절차를 거쳐야 할까요?

또 습관적으로 예약을 변경하거나 취소하는 환자들은 어떻게 관리해야 할까요? 먼저 예약 변경에 대해 알아보겠습니다.

● **예약 변경**

예약 변경 시 환자의 변경 사유를 먼저 확인해 보아야 합니다. 그리고 사유에 맞는 응대를 할 필요가 있습니다. 환자가 예약일을 충분히 남긴 3~4일 전 연락을 하여 변경을 요청하는 경우는 큰 문제가 되지 않습니다. 문제가 생기는 경우는 당일 혹은 전날 오후에 예약을 변경하거나 취소하는 경우입니다.

○ **예약 변경 시 병원의 대응**

첫 번째. 내원을 유도합니다.
두 번째. 다음 예약을 반드시 이행할 것을 부탁합니다.
세 번째. 예약 변경을 원하는 경우 적어도 2일이나 3일 전에는 연락을 줄 것을 안내합니다.

환자가 예약 변경을 원한다고 해서 바로 예약을 변경해 드리기보다 먼저, 최대한 내원할 수 있도록 안내를 해보아야 합니다. 그런데도 피치 못할 사정으로 내원이 불가하다면 다음 예약을 잡아드리면서 다음 진료에는 꼭 내원해 줄 것을 권고해야 합니다.

더불어 다음 예약 변경 시에는 적어도 2~3일 전에 연락을 주어야 한다고 안내합니다. 이때 예약 파기로 인한 치과의 손해를 뉘앙스로나마 전달하여 부담을 줄 필요가 있습니다.

○ **예약 변경 사유 확인 후 내원 권고**
예약 변경 사유를 확인하여 그에 맞는 응대 방법을 적용시킬 필요가 있습니다. 하지만 환자에게 단도직입적으로 왜 안 오시는 거냐, 이유가 뭐냐 물을 수는 없습니다. 그렇기 때문에 쿠션어를 활용하여 예약 변경 사유를 물어보도록 합니다.

"실례지만 어떤 이유로 변경을 희망하시는지 여쭤봐도 될까요?"

이렇게 변경 사유를 확인했을 때 만약 환자가 내원이 가능할 수도 있는 상황으로 파악되었다면 내원을 유도해 볼 수 있습니다. 혹은, 환자의 사유와는 상관없이 반드시 내원이 필요한 상황이라면 내원을 권고해야 합니다.

"저희가 예약 환자분 예약 시간에 맞춰서 스케줄을 비워두어서 원장님과 직원이 지금 10분 정도 대기했는데, 가능하시면 오늘 내원해 주실 순 없으신가요?"

○ **내원이 불가능한 경우**
아프다거나, 차 사고가 났다거나, 갑작스러운 출장 등 내원이 불가능한 때도 있습니다. 특히나 코로나 팬데믹 이후 코로나로 인한 예약 변경 및 취소가 잦아졌는데요. 이럴 때는 환자에게 내원을 유도하기보다 빠르게 다음 예약 일정을 잡는 것이 좋습니다.
"아, 그러시군요. 차 사고는 크게 안 나셨어요? 다친 데는 없으시고요? 일단 급한 일부터 처리하시고 저희는 그럼 다음 주 화요일, 같은 시간에 뵙도록 하겠습니다. 전화 주셔서 감사합니다."

- **예약 변경 전화응대**

환자: 오늘 11시에 예약했던 ○○○인데요. 제가 급한 일이 생겨서 오늘 진료를 못 받을 것 같아요. 다른 날로 옮기려고요.

직원: 네, 잠시만 기다려 주세요. 네, 예약 확인되었습니다. 실례가 되지 않는다면, 혹시 왜 못 오시는지 여쭤봐도 될까요? 저희가 오실 줄 알고 시간을 1시간이나 비워두고 원장님과 직원이 기다리고 계신데요…. 혹시 오늘 내원은 어려우실까요?

환자: 급하게 출장이 잡혀서요. 죄송합니다.

직원: 아, 그러시군요. 그럼 어쩔 수 없죠. 당연히 생업이 우선이죠. 다음 예약은 언제가 편하실까요?

환자: 어. 내일 같은 시간으로 부탁드릴게요…. 음… 아니다. 그냥 제가 다른 직원에게 일을 맡기고 갈게요. 생각해보니까, 오늘 진료 보는 게 좋을 것 같네요.

직원: 그렇게 해주시면 정말 감사드리죠. 사실 저희보다는 환자분의 진료가 지연되면 혹시 문제가 생길까 봐 그러는 거니까요. 그럼 잠시 후에 뵙겠습니다. 전화 주셔서 감사합니다. 저는 상동 21세기 치과 데스크 ○○○이었습니다.

○ **예약 변경 문자 전송 예시**

전화 통화가 끝난 후에는 반드시 변경된 예약 건을 문자로 안내합니다.

- **예시 1. 2~3일 전 예약 변경 시**

- ○○○님 전화 주셔서 감사합니다. 다음 내원 일은 ○○일 ○○시간으로 변경되었습니다. 다음에는 꼭 뵙도록 하겠습니다~ ○○의원

■ 예시 2. 전날 및 당일 예약 변경 시

- ○○○님 전화 주셔서 감사합니다. 다음 내원 일은 ○○일 ○○시간으로 변경되었습니다. 예약 변경 시 진료에 차질이 발생하오니 변경 희망 시 2~3일 전에 연락해주시면 감사하겠습니다. ○○의원

■ 예시 3. 질환으로 인한 예약 변경 시

- ○○○님 전화 주셔서 감사합니다. 빠른 회복을 기원하겠습니다. 저희는 1주일 뒤에 연락드리도록 하겠습니다. 몸조리 잘하시기 바랍니다. ○○의원

예약 변경 관련 중에 가장 문제가 되는 경우가 바로 특정 환자의 잦은 예약 변경입니다. 예약을 거의 지키는 경우가 없고, 취소나 노쇼(no show)가 반복되는 환자에게는 어떻게 응대를 해야 할까요?

● 잦은 예약 변경으로 문제가 되는 경우

잦은 예약 변경으로 진료와 병원 운영에도 영향을 미치는 특정 환자들이 있습니다. 이분들에게는 예약 변경으로 인한 진료의 문제 발생 가능성 여부와 함께, 병원 운영에 어떤 차질이 생기고 있는지 전달할 필요가 있습니다.

이 내용을 전달할 때는 병원 운영 내용보다는 진료의 문제가 생길 가능성을 더 크게 부각하여 예약 날짜에 내원을 해야 하는 동기를 심어줄 필요가 있습니다.

내부적으로는 예약 변경이 가능한 횟수를 정해놓고 그 이상 예약에 문제가 생길 시 패널티를 부여하는 시스템을 구축해 놓을 수도 있습니다.

예를 들어 예약 변경이 3번 이상이 되면 해당 환자는 예약을 잡지 않고 당일 진

료를 받으라고 안내를 드릴 수 있습니다.

■ **당일 진료 권유**

환자: 오늘도 못 갈 것 같아요. 다음 주로 옮겨 주세요!
직원: 네, 환자분. 이번에 예약 변경하시면 3번째라 진료 텀이 너무 길어져서요. 혹시 불편한 곳은 괜찮으세요? 너무 지연되면 문제가 생길 수 있거든요.
환자: 아직 괜찮은 것 같은데요?
직원: 사실 오늘은 오실 줄 알고 원장님이랑 직원들은 준비 다 해놓고 기다리고 있었는데…. 많이 아쉽습니다.
환자: 죄송해요. 지금 일이 너무 바빠서 시간을 맞출 수가 없네요.
직원: 그러면요. 환자분. 다음 예약도 오실 수 있는지는 당일 되어봐야 아시는 거죠? 그럼 예약을 하지 마시고 오실 수 있는 당일에 전화 주시고 그냥 방문하시는 건 어떨까요? 대기 시간은 좀 있겠지만 진료는 가능하실 겁니다. 원장님이 다음 주는 목요일에 진료가 없으시니까 이날만 피하면 가능할 듯 싶어요. 연락이 없으면 저희가 연락은 드리도록 하겠습니다(차트에 다다음 주에 연락 없으면 전화드리는 것으로 메모한다).

시뮬레이션에서처럼 예약 불가 사유에 대해 환자의 책임을 명확히 하고 당일 진료로 유도하는 것이 좋습니다. 이때 적당한 쿠션어 사용으로 환자 입장에서 더 좋은 대안책을 제안하는 것처럼 상황을 이끌 수 있다면 더 좋습니다.

이후 환자가 당일 예약에 관해 수긍하면 관련 내용을 메모해 두고, 전화가 오지 않는다면 전화로 진료 확인을 할 수 있도록 합니다.

이어서 예약 취소에 대한 응대 방법을 살펴보겠습니다.

● 예약 취소

예약 취소 시에는 기회비용도 문제이지만 취소의 원인이 파악되지 않으면 반복될 수 있습니다. 예약을 취소할 때에도 예약 변경 때와 마찬가지로 취소 사유를 물어보고 원인을 파악할 수 있도록 합니다. 그리고 치과에서 개선할 수 있는 원인이라면 치과 운영에 이를 반영해야 합니다.

"실례지만 왜 예약을 취소하는지 여쭤봐도 될까요? 저희가 개선할 수 있는 문제라면 개선해서 다음에라도 방문하실 수 있도록 도와드리겠습니다."

■ 타원으로 변경 시 문제가 될 수 있는 상황을 고지

환자: 저 오후에 예약한 ○○○인데요. 취소해주세요.

직원: 잠시만 기다려 주시면 감사하겠습니다. 네~ ○○○님 오늘 본뜨는 날이네요. 그런데 실례가 되지 않는다면 이유를 여쭤봐도 될까요? 신경치료 끝나고 이제 보철 과정만 남아서 오늘 본뜨면 다음에 완성된 보철물이 나오거든요~

환자: 아 네~ 다름이 아니고 아는 언니가 자기가 다니는 치과에서 하면 40만 원이 된다고 해서 그리로 갈려고요. 죄송해요.

직원: 어머 그러시구나~ 저희 병원에서 받은 진료에 불만이 있거나 문제가 있어서 그런 건 아니시군요! 다행이에요.

환자: 아픈 것도 이제 없고 괜찮아요. 애들 학원비도 있고 조금 더 싼 곳에서 하려고요. 잘 해주셨는데 죄송합니다.

직원: 무슨 말씀을요. 저희가 더 저렴하게 맞춰 드려야 했는데 못 해드려서 죄송하죠. 옮긴 치과에서 치료 잘 받으시기 바랍니다. 다만, 보철을 타원에서 올리는 경우 이후에 증상이 발현되었을 때 책임 소지 여부가 모호해지는 경우가 많습니다. 참고하시기 바라고요. 지금까지 증상은 없으시다고 하니

이후로 증상이 발현되는 경우라면 그쪽 치과에서 진료받으시면 될 겁니다. 그런데 그쪽 치과에서 자기 쪽 문제가 아니라고 하면 다시 저희 병원을 오셔야 하는 번거로움이 생길 수는 있습니다.

환자: 그런 경우가 많은가요? 생각도 못 했던 일인데요!

직원: 네, 종종 있습니다. 저희 병원 원장님은 타원에서 신경치료 하시고 오시면 웬만하면 거기서 보철 치료하시라고 하신답니다. 나중에 아프다고 하면 보철 문제인지 신경치료 문제인지 꼬이는 경우가 많거든요.

환자: 아… 그럼 그냥 갈게요. 몇 푼 아끼려다가 괜히 고생할 것 같아요.

직원: 어머 그러시겠어요! 잘 생각하셨어요. 저희가 차이 나는 금액만큼 더 신경 써서 만족스러운 진료 해드릴게요. 그럼 이따가 뵙겠습니다!

이번 시뮬레이션을 통해서는 병원을 옮기고 싶어 하는 환자에게 응대하는 방법을 살펴보았습니다. 보철의 경우 타원에서 시행하는 경우 증상 발현에 대한 책임 소지 여부가 모호해지는 경우가 생길 수 있습니다.

이 상황을 활용하여 환자의 판단으로 인해 생길 수 있는 패널티를 안내하여 다시 내원을 유도하였는데요. 이처럼 취소 사유를 명확히 아는 경우 환자에게 한 번 더 생각해 볼 수 있게 응대할 수 있습니다.

이어서 예약 취소를 희망하는 또 다른 경우에 대해 시뮬레이션을 보겠습니다.

■ **진료에 불만이 생긴 경우**

환자: 저 오후에 예약한 ○○○인데요. 예약 취소하려고요.

직원: 잠시만 기다려 주시면 감사하겠습니다. 네~ ○○○님 오늘 신경치료 약속이시네요. 치료받았던 곳은 괜찮으세요?

환자: 아직 아파요!

직원: 아이고 그러시군요~ 힘드시겠어요. 아직 아프고 치료도 마무리가 안 되었는데 약속을 취소하는 이유가 뭔지 여쭤봐도 될까요?

환자: 이유가 뭐 있겠어요! 잘한다고 소문 듣고 갔는데 계속 아프고 낫지를 않잖아요. 지난번에도 아프다고 얘기했는데 약도 안 줘서 내가 요 며칠 잠도 못 자고 얼마나 힘들었는 줄 알아요? 다른 데서 진료 받을 거에요. 이전에 신경 치료받았던 병원은 몇 번 받자마자 아주 싹 나았었다고!

직원: 어머! 그러셨어요. 제가 대신 사과드릴게요~ 정말 죄송합니다. 안 아프려고 치과 왔는데 증상이 개선되지 않아 힘드셨겠어요. 그런데 신경치료는 치료 부위나 염증 정도에 따라 반응이 천차만별이어서요. 이제 조금씩 통증도 줄어들고 괜찮아질 텐데 아쉽습니다. 다른 병원 가시면 처음부터 다시 하셔야 될 텐데 괜찮으시겠어요?

환자: 예? 그 아픈 걸 처음부터 다시 한다고요?

직원: 네~ 완전 처음부터는 아니지만, 이전 기록이 없고 모르니까 엑스레이도 다시 찍어야죠. 꼬챙이 넣어서 치아 길이도 다시 재야 할 거고요.

환자: 그래요? 그럼 고민되는데… 어떡하지! 그 고생을 다시 해야 한다고요?

직원: 처음부터 다시 하는 거 좀 부담되시면 한 번만 참아보자 생각하고 오늘 내원해보시는 게 어떠세요? 제가 원장님께 오늘은 특히 더 신경 써달라고 전달해놓을게요. 이 아픈데 다른 병원 가서 며칠 더 고생하시는 그것보다 오늘 진료받으시고 통증이 정말 줄어드는지 확인해 보시는 게 낫지 않을까요?

환자: 에잇! 그럼 일단 가볼 테니까 취소하지 말고 그냥 둬 보세요!

진료에 불만이 생긴 경우에는 먼저, 환자의 불만 사항에 대해 충분히 공감을 해주어야 합니다. 이후 이전 시뮬레이션과 같은 방법으로 진료 중 치과를 변경할 때 생길 수 있는 문제 상황을 고지하여 응대할 수 있습니다.

앞서 이야기했듯, 취소 사유에 대해서는 환자 응대에만 활용되는 것이 아니라 병원 경영에도 반영할 수 있어 환자를 붙잡지 못하더라고 파악하여 도움을 받을 수 있도록 해야 합니다.

■ 원인을 파악하지 못한 경우

환자 중에는 끝까지 취소 사유에 대해 말하지 않는 경우도 있습니다. 이런 경우에 원인을 유추해보기 위해 보름 혹은, 한 달 후에 다시 연락드려도 되겠느냐는 질문을 활용할 수 있습니다.

이때 완고하게 거절하는 환자의 경우 치과에 대한 진료 거부 의사가 확실해지는 건데요. 흔히 이런 경우는 금전적인 이유이거나 결정적인 서비스 실수로 인한 경우가 많습니다.

이런 경우가 많지 않으면 좋겠지만 발생한 원인을 잘 파악해서 분석하고 잘 극복할 수 있다면 병원 경영에 긍정적으로 반영될 수 있을 것입니다.

21. 병원에서의 전화응대-(3)

응급상황 및 난처한 상황에서의 전화응대에 대해 학습해 보겠습니다. 치과에서 환자의 목숨이 위태로울 만큼 다급한 진료를 보게 되는 경우는 거의 없습니다. 그렇다면 치과에서의 응급상황이라 함은 치아가 포함된 안면부에 외상이거나 심각한 치통 등을 호소하는 경우가 될 것입니다. 응급상황은 신환, 구환 무관하게 응급상황이 발생한 경우와 구환인데 현재 진료 중에 심한 통증 등의 나름 응급상황으로 전화 온 경우로 나눠서 살펴볼 수가 있겠는데요. 응급상황 시 전화 응대 방법에 대해 알아보도록 하겠습니다.

● **응급상황 시 기본 응대 절차**

응급상황으로 전화가 오면 가장 중요한 포인트는 공감하고 협조하는 것입니다. 응급상황에서 본원으로 전화 준 것은 매우 긍정적인 의미가 있습니다. 일단 최대한 공감하고 내원 시 본원에서 처리 가능한 내용인지 또는 어떻게 도와드릴 수 있는지 확인을 하고 처리하는 것이 중요합니다.

○ **초진인 경우**

초진이면 다친 곳은 어디인지, 상태는 어느 정도인지 유선상으로 확인합니다. 그리고 지금 바로 병원으로 방문할 수 있는지를 체크합니다. 만약 치과에 대기 환자가 많아 진료가 여의치 않다면 상황을 알기 쉽게 설명하고 가능한 한 빨리 조치하겠다는 안내를 전합니다. 이때 주의할 점은 치과의 상황이 여의치 않다고 해서 "지금 환자가 많아서 진료 못 보겠는데요" 등의 표현은 삼가야 한다는 것입니다. 더불어 치과에 오는 길까지 체크한다면 좋겠습니다.

- "다친 곳이 어디인가요?"
- "지금 상태는 어느 정도인가요?"
- "지금 바로 병원으로 방문이 가능하신 건가요?"
- "지금 환자가 좀 많은 편이지만 오시면 최대한 빨리 보실 수 있도록 조치해드리겠습니다"
- "저희 병원 오시는 길은 알고 계신가요?"

○ **구환인데 새로운 CC가 발생된 경우**

구환인 경우 환자에 대한 정보를 갖고 있기 때문에 엑스레이 사진을 확인하면서 이야기를 나눌 수 있도록 합니다. 만약 이때, 해당 치과에서 해결할 수 없다는 판단이 내려지면 환자에게 대학병원이나, 해당 진료가 가능한 다른 병원을 안내하여 도움을 줄 수 있도록 합니다. 만약 타원 안내 시 원장과 개인적인 친분이 있다면 해당 병원에 먼저 연락을 취하거나, 필요하면 연락처를 안내하는 등의 도움을 드릴 수 있도록 합니다.

"어머 ○○○님 많이 다치지는 않으셨어요(내용을 확인하고 원장님께 전달 후 진료 가능한지 확인한 후)? 그런데 저희 병원에서는 CT가 없어서 확인이 힘들 수 있어요. 번거롭게 오셨다가 헛걸음하실 수 있으니 바로 ○○○병원 응급실로 가시는 것이 좋을 것 같아요"

○ **구환인데 진료 중인 내용으로 방문을 희망하는 경우**

구환이 진료 중인 치아에 문제가 생겨 치과 방문을 희망하는 경우가 이에 해당합니다. 지금 당장 상태가 너무 불편하다면 유선상으로 언제 방문이 가능한지 알아보고 치과 일정과 시간을 맞춰 진료할 수 있도록 안내합니다.

"보철이 부러지셨다고요? 오늘 진료를 보셔야 될 것 같은데, 혹시 언제 오실 수 있을까요? 아 3시까지 가능하세요? 그럼 3시에 뵙겠습니다. 지금 원장님이 수술 중이셔서 조금 늦어질 수도 있는데, 오셔서 잠시 대기하고 계시면 가능한 빨리 진료 보실 수 있도록 도와드리겠습니다"

○ **응급환자 내원할 때 대기 환자 응대 절차**

개원가의 치과 대기실에는 예약 환자가 우선이고 당일 환자라도 병원에 오신 순서대로 대기가 이루어지고 있을 겁니다. 이런 상황에서 갑자기 누군가 내원해서 바로 진료실로 들어가 버리면 새치기를 당하는 느낌을 받을 수 있어 적절한 응대가 필요합니다. 이런 경우에는 대기 환자에게 솔직하게 이해를 구하는 것이 좋습니다.

"지금 오신 환자분이 치아가 부러져서 응급상황이라서요. 급하게 먼저 진료 들어가는 점 양해를 구합니다. 가능한 한 많이 기다리지 않도록 해드릴게요. 양해해주셔서 감사합니다"

● **당황스러운 질문에 대한 응대법**

이어서 당황스러운 질문에 응대하는 방법을 살펴보겠습니다. 치과에서 고객들을 응대하다 보면 생각보다 당황스러운 질문을 하는 경우가 많은데요. 당황해서 말실수하는 경우 부정적인 이미지가 남을 수 있으니 다양한 경우에 대하여 미리 준

비해두는 것이 필요합니다. 이때 중점으로 생각해야 하는 포인트는 질문 뒤에 숨어 있는 요점을 파악하는 것입니다. 쉽게 접하게 되는 당황스러운 질문별 응대 방법을 살펴보겠습니다.

○ 원장의 약력과 관련된 질문을 받게 될 경우

Q. "그 병원 원장님은 어느 학교 출신이세요? 어느 대학 졸업하셨나요?

원장의 약력 관련된 질문은 직원 입장에서 답변하기가 정말 당황스럽고 황당한 질문입니다. 그런데 실무에서는 생각보다 잦은 유형으로 한 번씩은 다 경험하게 됩니다. 환자가 이러한 질문을 하는 이유는 무엇일까요? 특정 대학교가 아니면 진료를 받지 않겠다는 뜻일까요?

이 질문의 요점은 어떤 대학교를 다녔는지에 대한 궁금증이 아닌, 원장의 임상 실력에 대한 확신을 얻고자 하는 의도입니다. 환자들은 직접 경험해 보지 못한 부분에 대해 불안감을 떨치기 위해 원장의 출신 학교를 신뢰의 밑천으로 삼으려는 것이죠.

출신 학교가 좋으면 임상 실력이 좋을 거란 일반화는 치과뿐만 아니라 의료업계에 만연하게 퍼져 있는 믿음이기도 합니다. 만약 이 경우 원장의 출신 학교와 약력이 환자가 원하는 질문에 합당한 대답이라면 솔직하게 이야기해도 좋습니다. 하지만 그렇지 못한 경우라면 출신 학교를 정직하게 대답할 필요가 있을까요?

■ 약력이 장점일 때

"저희 원장님은 A 대학 출신으로 B에서 전문의 과정을 수련하시고 ○○병원에서 펠로우과 임상교수까지 지내시고 개원하셨답니다. ○○○ 등이 전문이십니다"

■ 약력이 장점이 되지 못할 때

"네, 혹시 환자분... 괜찮으시면 어떤 것 때문에 원장님 약력이 필요하신지 여쭤봐도 될까요?' (중략) 아, 진료 관련 부분이라면 걱정하지 않으셔도 됩니다. 환자분께서 진료받으시려는 분야는 특히 저희 원장님 전문 분야이기도 하시거든요. 저희 직원들도 다 원장님께 진료받고 있습니다".

원장의 약력이 장점이 되지 못한 경우는 해당 치과의 강점을 환자에게 어필할 수 있도록 응대합니다. 예를 들어 '주변에서도 저희 병원으로 환자를 많이 보낸다', '원장님이 사랑니 잘 뽑기로 소문이 나서 추천받고 오시는 환자분들이 많다', '원장님이 통합 진료과 전문의여서 임플란트에 관해 임상 케이스가 엄청 많다' 등으로 응대할 수 있습니다.

● 비용(수가) 관련 질문

Q. "임플란트 얼마에요?"

치과에서 전화로 문의받는 것 중 가장 흔한 것 중의 하나가 임플란트 가격(수가) 질문입니다. 이때 단순히 병원의 가격(수가)만 전달해 주면 적절하게 응대했다고 볼 수 있을까요?

○ 신환의 비용(수가) 관련 질문

환자가 신환이라면 일단 내원을 하게 하는 것이 최종 목표가 되어야 합니다. 따라서 해당 치과에서 제시할 수 있는 최대한의 할인율을 적용하여 최소가격부터 제시하는 것이 좋습니다.

물론 정확한 수가는 내원 상담 시 알 수 있음을 강조해야 합니다. 할인의 요소는 나이, 뼈 상태, 진료 시간에 따라 다양해질 수 있으니 해당 환자의 할인 요소를 유추해보고 긍정적인 답변으로 예약을 유도할 수 있도록 합니다. 이 과정에서 우리 치과의 장점을 알려주고 내원을 독려하는 것이 필요합니다.

○ **구환의 비용(수가) 관련 질문**

환자가 구환이라면 차트와 방사선 사진을 보면서 환자와 상담하듯이 이야기할 수 있습니다. 이때 이야기가 많이 길어질 것 같으면 전화를 진료실 파트의 전담 직원에게 맡기는 것도 좋습니다.

Q. "레진 가격은 얼마에요?"

레진 가격을 물어보는 환자라면 우식 치료와 관련이 되어 있을 가능성이 큽니다. 이때는 단순히 가격을 열거하는 것보다 우식치료에 관련하여 진료의 종류를 안내하는 것이 좋습니다. 예를 들어 보험 재료로 충전하는 경우도 많다고 설명하며 이런 경우 비용이 저렴하다는 이점도 안내되어야 합니다.

Q. "크라운 비용은 어떻게 되나요?"

단순히 이를 씌우는 치료가 필요한데 보철 비용이 어떻게 되는지 묻는다면 우리 치과에 처음 연락하는 것일 가능성이 큽니다. 하지만 골드나 PFM, 지르코니아 등으로 명칭을 확정하여 물어보는 경우에는 쇼핑 중일 가능성이 매우 높습니다. 그러므로 생각하는 금액이 있느냐고 물어보고 환자의 유형에 따라 응대할 수 있도록 합니다.

Q. "거기는 임플란트 뭐 써요? A도 가능한가요?"

최근에 증가한 질문 유형 중 하나입니다. 특정 회사의 재료를 찾는 경우인데요. 만약 해당 제품을 사용하고 있다면 사용한다고 응대하면 될 상황이지만, 문제가 되는 경우는 바로 이 제품을 취급하고 있지 않은 상황이죠.

만약 이런 질문이 계속 누적이 되는 상황이 발생한다면 원장에게 해당 제품을 쓰지 않는 이유에 대해 명확한 설명을 듣고 이를 환자에게 설명할 수 있어야 합니다.

Q. "오늘 사랑니 뺄 수 있나요?"

　사랑니 발치가 가능한 치과의 경우 사랑니 발치를 문의하는 환자들의 대부분 내원 당일에 사랑니를 발치한다고 생각합니다. 당일 발치가 가능하다면 좋겠지만 그렇지 못한 상황이 발생할 수 있습니다.

　특히 신환의 경우 환자의 치아 상태가 어떤지 모르는 상태에서 시간을 무한정 배정할 수는 없습니다. 그렇기 때문에 사랑니 발치 전화응대 시 당일 발치는 힘들고 발치를 위해 다른 날 예약을 잡아야 할 수 있음을 고지 해야 합니다. 만약 구환이라면 차트와 방사선 사진을 보고 발치 예약을 잡을 수 있습니다.

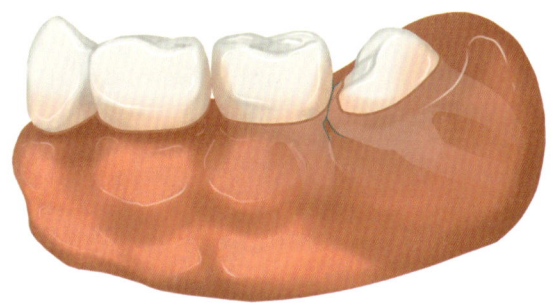

22. 병원에서의 전화응대-(4)

해피콜 전화응대에 대해 학습해 보겠습니다. 해피콜이란 진료 이후에 환자에게 전화하여 현재 상태는 어떤지 물어보고 주의사항을 안내하는 전화입니다. 하지만 모든 환자에게 해피콜을 보낼 수는 없는데요. 어떤 환자에게 해피콜을 보내야 하는지, 또 이 과정에서 어떤 응대 절차에 따라야 할지 알아보겠습니다.

● **해피콜 대상자**
 - 큰 수술을 한 환자
 - 첫 신경치료 등 첫 진료를 시작한 환자
 - 응급환자, 염증이 심했던 환자 등 당일 진료 시 특이 사항이 있었던 환자
 - 보철물 세팅을 한 환자

해피콜을 걸면 일단 진료 후 상태를 확인하고 협조에 감사하다는 말씀을 드립니다. 지난번 진료 때 잘 해주셔서 감사하다는 말과 함께 전화의 목적을 안내합니다. 주의사항 및 통증 여부 등에 관해 이야기를 주고받고 더 신경 써야 하는 부분을 강조해서 이야기합니다.

○ **질문 형태를 주의**

이때 중요한 점은 대화의 과정에서 환자가 "예", "아니오"의 형태로만 대답할 수 있는 개괄식 질문은 삼갑니다. 이러한 질문의 형태는 풍부한 대답을 받을 수 없을 뿐더러 질문을 받는 환자의 입장에서 압박감을 느낄 수 있습니다.

그러므로 단정적인 느낌을 주는 폐쇄형 질문보다는 환자가 보다 자신의 상태를 구체적으로 대답할 수 있는 개방형 질문을 하는 것이 좋습니다.

– 폐쇄형 "지난번 진료받은 곳 아프세요?"
– 개방형 "지난번 진료받은 곳은 좀 어떠세요? 괜찮으신가요?"

○ 주의사항 안내

치과에서 치료를 받는 상황이 익숙한 환자는 그렇게 많지 않습니다. 의료진이야 특정 질환에 대해 익숙해질 수 있고, 질환의 특성이 당연하게 느껴지지만, 환자의 입장에선 질환 자체도 처음인 데다가 치료를 받고 나면 정신이 없기 마련이죠. 이때 알려드린 주의사항은 흔히 기억하지 못하는 경우가 많습니다.

기억에 의존하지 않기 위해 의료진도 치료 기록이나 응대 내용을 따로 기록하듯이 해피콜을 통해 고객에게 다시 한번 주의사항에 대해 안내해 드릴 필요가 있습니다.

■ 주의사항을 전달해야 하는 이유

예를 보겠습니다. 발치를 한 환자에게는 가능하면 피를 뱉지 말고 삼켜달라는 주의사항을 전하게 되죠. 이때 환자에 따라서는 삼키라고 했다고 생피를 쪽쪽 빨아먹는 경우가 있습니다. 이렇게 입안을 계속 빨아서 건조하게 만들면 피가 더 빨려 나오게 됩니다. 그러면 피를 너무 많이 먹어서 메스껍게 되고 구토하는 상황도 발생하게 됩니다.

이처럼 잘 모르는 상황에서 주의사항에 대한 오해가 생길 수 있기 때문에 특히나 주의사항을 다시 한번 확인할 수 있다면 좋습니다. 그리고 이렇게 해피콜을 통해 알게 된 내용은 요약하여 기록해 둘 수 있도록 합니다.

○ 사소한 한 가지의 영향력

치과는 CS를 통해서 결국 매출 증가라는 목표를 달성해야 합니다. 이 매출증대를 이루기 위해서는 계속해서 중첩되는 MOT가 쌓여서 서비스 만족이라는 결과를 이루어야 합니다.

이렇게 서비스를 만족한 환자분이 다른 환자에게 치과를 소개할 수 있고, 이런 선순환을 통해 매출 증가의 목표를 이룰 수가 있게 되는 거죠. 하지만 사소한 요소 한 가지가 실망이 된다면 곱셈의 법칙에 따라 모든 접점에서의 노력이 물거품이 될 수 있어요.

이렇게 모든 것을 무너뜨리는 한 가지는 진료가 제대로 되지 않는 큰 사건을 의미하는 것이 아닙니다. 아주 사소한 문제로 의료 서비스 전체가 좋은 평가를 받지 못하게 되는 것입니다.

● 깨진 유리창 이론

깨진 유리창 이론(broken windows theory)은 미국의 범죄학자인 제임스 윌슨과 조지 켈링이 1982년 3월에 공동 발표한 깨진 유리창(Fixing Broken Windows: you suck Restoring Order and Reducing Crime in Our Communities)이라는 글에 처음으로 소개된 사회 무질서에 관한 이론입니다.

즉, 깨진 유리창 하나를 방치해두면, 그 지점을 중심으로 범죄가 확산하기 시작한다는 이론이죠. 이 이론은 사소한 무질서를 방치하면 큰 문제로 이어질 가능성이 높다는 의미를 담고 있습니다.

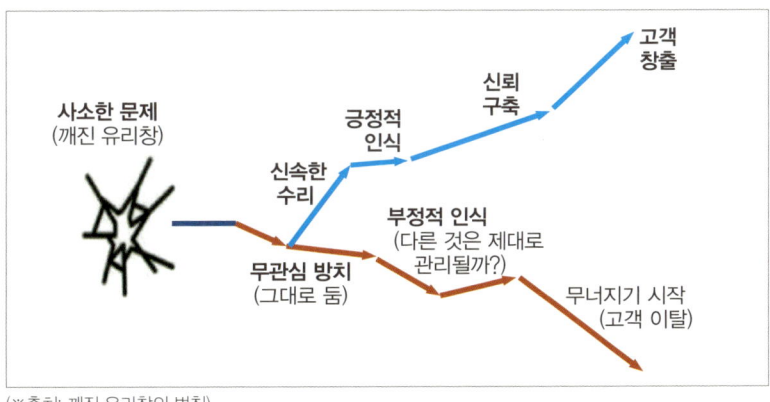

(※출처: 깨진 유리창의 법칙)

○ 깨진 유리문의 방치된 차 속 지갑의 운명은?

방치된 차는 앞 좌석의 문도 열려있고 트렁크도 열려있습니다. 게다가 앞 유리가 깨져있죠. 이 방치된 차의 내부에는 지갑이 놓여있고 카메라도 있습니다.

날이 어두워지자 지나가던 행인들이 하나둘씩 차 주위를 어슬렁거리며 관심을 보입니다. 보아하니 주인도 없는 것 같고 만만해 보입니다. 그렇게 시간이 지나 밤이 깊어져 인적이 드물어지자 한 사람이 다가와 방치된 차의 주변을 훑어봅니다. 망설이는 듯하더니 차의 문에 손을 댑니다. 차 문이 저항 없이 열리자 차 안으로 들어가 좌석에 앉습니다. 그리고 운전대 위에 놓여있던 지갑을 슬그머니 가방 안으로 집어넣습니다. 그리고 아무 일 없듯이 사라집니다.

평소라면 차 안에 지갑이 있더라도 관심이 없었을 사람들이 깨진 유리문의 방치된 차에는 그 차 안에 있는 지갑에까지 손을 대게 되는 현상이 발생하였죠. 이것을 바로 깨진 창문이론입니다. 사소한 빈틈 하나가 대상을 함부로 해도 괜찮겠다는 신호로 작동해 점점 더 큰 범죄로 전염된다는 것입니다.

○ 치과의 깨진 유리창 이론

깨진 유리창 이론은 치과에서 어떻게 적용될 수 있을까요? 근무자의 입장에서는 문제가 될 것이 없는 상황도 환자의 입장에서는 무언가 잘못되었음을 느끼는 시발점이 될 수 있다는 의미입니다. 치과는 의료기관입니다. 치과를 결정하면서 환자가 기본적으로 기대하는 것이 있겠죠. 그 기대감을 실낱같은 작은 부분에서부터 깨질 수 있습니다. 예를 들어볼까요?

■ 상담실 정리 정돈

사진에서 보이는 공간은 상담실입니다. 정리 정돈이 깔끔하게 되어 있는 편이 아니죠. 그러나 큰 문제가 될 정도는 아닌 것으로 보입니다. 하지만 이 정도의 어질러진 공간도 '이게 무슨 상담실이야?', '무슨 책상이 이렇지?' 느끼며 언짢은 기분을 느낄 수가 있습니다.

- **치과체어의 브라켓**

치료 테이블 위에 브라켓이 있네요. 이 브라켓을 자세히 살펴보면 자국들이 보입니다. 이 자국들은 글러브에 묻었던 시멘트나 물기 등이 조금씩 묻으면서 생긴 것들이죠. 사실 매일 닦고 주기적으로 멸균 소독을 하지만 환자들은 이를 알 수 없습니다. 브라켓에 묻어있는 자국이 그저 '비위생적이다'라고 생각할 수 있다는 겁니다. 극단적으로는 '치료를 하는 곳이 이렇게 지저분하다고?' 생각하며 충격을 받게 되는 거죠.

■ 치과체어의 타구

타구는 어떨까요? 환자가 입을 헹구고 물을 뱉는 타구는 투명한 유리로 되어 있는 경우가 많아 굉장히 지저분하게 보일 수가 있습니다. 이는 안쪽이 아니라 바깥쪽에 묻은 자국들까지 투명하게 보이기 때문에 더욱 깨끗하지 않아 보이기도 합니다.

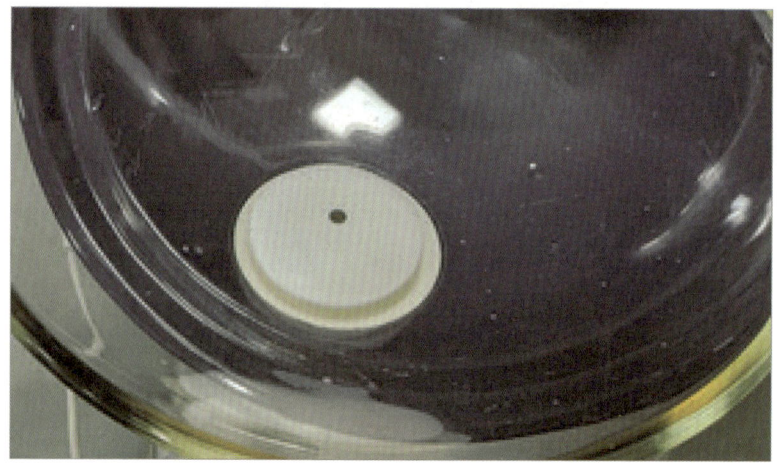

환자의 입장에서는 입을 헹구는 공간이 지저분하게 보이는 것에 대해서 위생적이지 못하다고 느낄 수 있습니다. 특히나 타구는 환자가 입을 헹군 물을 뱉으며 잠깐이나마 얼굴을 가까이하는 도구이죠. 만약 이전에 같은 체어를 사용했던 사람의 타액 같아 보이는 것이 남아있다면 더 최악으로 기억될 것입니다.

■ 유니트 체어 라이트

치과 의자에 누우면 제일 먼저 보게 되는 것이 바로 라이트입니다. 라이트 반사판을 깨끗이 하기 위해 물걸레질을 하게 되면 얼룩이 생기게 되는데 이게 자칫 매우 더럽게 보일 수 있습니다. 혹시라도 우리 병원은 어떻게 보이는지 지금 당장 확인을 해보시기 바랍니다. 참고로 라이트 반사판은 안경 닦이로 닦으면 관리를 잘할 수 있답니다.

이처럼 생각지도 못한 부분의 작은 요소가 치과의 전체적인 신뢰를 무너뜨린다면 모든 것이 마이너스가 될 수 있습니다.

※ 의사의 혼잣말

원장: 아~ 해 보세요! 잘 안 보입니다~ 조금만 더 벌려주세요~ 더! 더! 더!
직원: 힘드시겠지만 조금만 더 도와주세요~
원장: 아 더럽게 안 보이네!
〈진료 후〉
환자: 원장님 그런데 저한테 뭐 화나는 일 있으세요? 왜 말씀을 그렇게 하세요?

※ 상황의 오해

원장: 안녕하세요~ 원장 최희수입니다. (명함전달) 뒤로 넘어갑니다. 사랑니가 아프시다고요? 많이 아프세요?
환자: 약 먹고 참을만해요.
원장은 구강검진 후 방사선 사진을 보며 환자의 상태를 설명한다.

원장: 이곳이 신경과 동맥이 지나가는 곳입니다. 사랑니가 깊게 누워있어 손상의 가능성이 있습니다. 3차원 영상을 보기 위해 CT를 찍고 진행할 수 있습니다. 저는 구강외과 전문의로 이런 발치를 전문으로 하고 있어서 신경 손상이 생기지 않게 노력할 수는 있습니다만, 신경 손상을 없게 해달라고 하시면 그걸 장담해 드리기는 어렵습니다.

환자: 신경 손상이 되면 어떻게 되는 거죠?

원장: (다른 직원에게 다소 큰 소리로) 테블릿 떨어진다. 조심해야지! (다시 환자에게) 마취가 덜 풀린 느낌이 들 수 있습니다. 운동 신경이 손상되는 것은 아니에요.

환자: 그럼 발치를 하지 말아야 할까요?

원장: (한숨을 깊게 쉬며) 그럼 자세한 이야기는 직원하고 나눠보시기 바랍니다.

야간에 방문했고, 다들 마지막시간까지 진료하시느라 힘든건 알겠습니다.
근데 그건 고객도 마찬가지 아닌가요?
원장님이란 사람이 직원이 못알아들으니 가운데 고객이 있어도 큰소리로 소리내고,
저도 설명을 좀 다시 듣고 싶어서 물어보면 이미 설명하지 않았냐며 짜증 섞인 소리로 답하시더군요. 본인 목소리 발음이 잘 안들리는걸 모르시는지요. 그자리에서 뭐라하고 싶었지만 좋은게 좋은거다 참았는데, 뒤돌아서니 굉장히 기분나쁘네요. 이상 방문후기입니다.

원장의 입장에서는 뒤에 밀려있는 예약 환자를 생각해야 하고, 이렇게 질문을 주고받기 시작하다 보면 더 끝내기가 어려울 것 같아 적당한 지점을 찾은 거였을 겁니다. 그리고 임상적인 부분에 있어 설명이 끝났기 때문에 자리에서 일어났죠. 하지만 이 환자는 치과를 나선 후 인터넷에 해당 치과에 대한 컴플레인을 올렸습니다.

※ 직원의 말실수

직원: (퉁명스럽게, 사무적으로) 오늘 진료한 쪽으로는 식사하지 마세요.

환자: 네 뭐라고요?

직원: 네~ 왼쪽으로는 뭐 드시지 말고 오른쪽으로 식사하시라고요!

환자: 네 그런데 왜 말을 그렇게 하세요? 좀 부드럽게 하셔도 되잖아요!

(첫 "식사하지 마세요"는 단답형으로 말끝을 짧게 명령조로. 두 번째 "식사하지 마세요"는 말끝을 길게 늘이며 설명조로. "식사하시면 안 됩니다~"의 느낌으로 읽어주세요)

직원의 말투를 한 번 살펴볼까요? "식사하지 마세요"와 "식사하지 마세요~"는 뉘앙스에서 분명한 차이가 있습니다. 짧고 강한 말투는 불친절하게 느껴집니다. 또한, 강요하는 것처럼 들리기도 합니다. 이 경우에 시비를 거는 것처럼 느껴져 다툼이 생기기도 합니다. 환자들이 어떻게 불만을 이야기하는지 후기를 살펴보겠습니다.

물론 모든 환자가 이런 문제에 관해 불만을 표현하지는 않습니다. 하지만 열에 한두 명은 이처럼 면전에 불만을 이야기하거나 인터넷 등 후기에 경험을 퍼뜨립니다. 열 명 중에 한두 명만 불만을 표출한 거니까 괜찮은 걸까요? 그렇다면 불만을 느낀 여덟 명의 다른 환자의 불만은 문제가 되지 않는 걸까요?

치과에 직접 불만을 드러낸 환자가 한 분이라면, 그동안 아홉 명의 환자가 이를 감안하고 지나갔겠다는 생각을 할 수 있어야 합니다. 이렇게 CS를 관리 해야 환자를 만족시킬 수 있을 것입니다.

> 리뷰 4 사진 3
>
> 의료진 서비스는 최고
> 데스크 직원 서비는 최악 이네요!
> 소아과 전문의 선생님 계셔서 갈때마다 진료도 잘 받고 설명도 잘 해주셔서 좋은데
> 보험 서류 청구 안내 부탁할때 마다 환자로 가서 왜 짜증을 덤으로 받아와야 되는지 모르겠어요!
> 개선이 필요해 보입니다

.... 이렇게 쌓인 불만들이

이런 공부를 하게 된 계기가 되었습니다. ㅠㅠ

23. 불만 환자 대응법-(1)

    요즘 진료를 하다가 보면 정말 불만 환자(Complaint Patient)를 많이 접하게 됩니다. 불만 환자의 진료는 포기해야 할까요? 아니면 어떻게든 진료를 진행해야 할까요? 만약 동네에 치과가 우리 치과 하나라면 어떨까요? 혹은 신환이 무궁무진하다면? 나를 괴롭히고 직원들을 울리는 불만 환자를 보지 않아도 되는 것 아닐까요?

    불만 환자 관리는 한 명의 환자를 안 보면 되는 것으로 끝나지 않습니다. 불만 환자로 인하여 병원 경영의 개선점을 찾을 수 있고, 잘 해결된 불만 환자는 새로운 충성 환자로 전환될 수 있으며 매출에 도움을 받을 수도 있기 때문이죠.

    그럼 불만 환자의 발생 자체가 무엇을 의미하는 것인지 와튼 스쿨의 조사 결과를 보겠습니다.

● **와튼 스쿨의 「불만 고객 연구 보고서」**

    와튼 스쿨이 2005년에 조사한 「불만 고객 연구 보고서(2006)」에 따르면 고객 100명이 불만을 느끼면 32~36명이 같은 매장에 방문하지 않는다고 합니다.

    조사 결과를 볼까요?

- 불만을 느낀 고객 가운데 직접 기업에 항의하는 고객은 6%에 불과합니다.
- 반면 자신의 느낀 불만 사항을 친구, 가족, 동료에게 적극적으로 알리는 고객은 31%에 달합니다.
- 이 중 8%는 1명에게 또 다른 8%는 2명에게 78%는 3~5명에게, 나머지 6%는 6명 이상에게 자신의 경험을 이야기하는 것으로 나타났습니다.

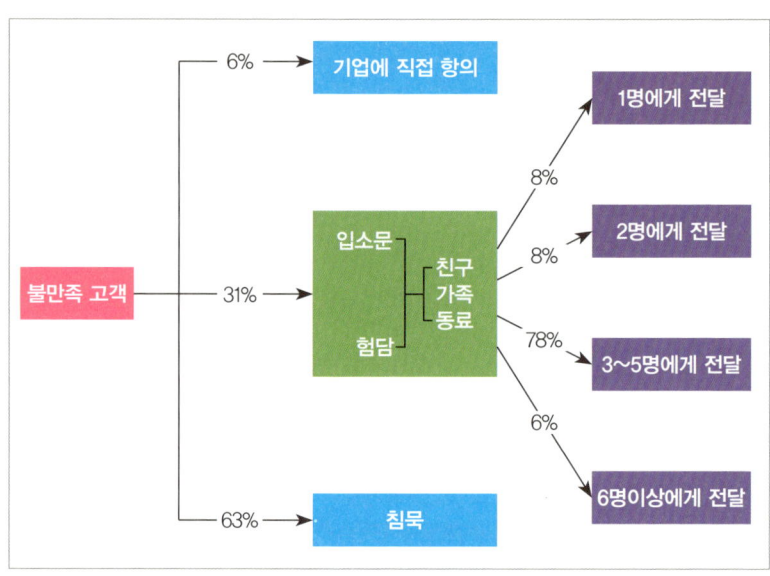

○ **소문의 관리**

와튼 스쿨의 「불만 고객 연구 보고서」에 따르면 병원에 1명의 불만 환자가 발생했다면 실제로 약 16명의 불만 환자가 발생한 것으로 생각할 수 있습니다. 모든 불만 환자가 불만을 이야기(6%에 불과)하는 것은 아니기 때문이죠. 그리고 표현하지는 않았지만, 불만을 가진 5명(16명의 31%)이 주변 사람 다수에게 병원에 대해 험담을 하고 있다고 볼 수 있습니다. 결국, 불만 환자를 관리한다는 것은 치과가 있는 동네에 우리 치과에 대한 나쁜 소문이 나지 않게 하기 위함이라고 봐야 합니다.

● **충성고객으로의 전환**

1970년대 마케팅 조사 회사를 운영하던 '존 굿맨'은 20개국의 많은 산업을 조사하면서 고객 불만 비율과 재방문율, 재구매율을 조사하였습니다. 그런데 그 결과가 매우 흥미롭습니다. 특정 브랜드 매장을 평소와 같이 아무 문제 없이 이용한 고객의 재방문율은 10%라고 한다면 불만 사항이 생겨 이것을 정성껏 해결해 주었을 때

충성고객
Loyal Customers

의 재방문율은 65%라는 결과가 나온 것이죠. 무려 55%가 상승한 수치입니다.

심지어 재구매율도 70%로 상승하였으며, 불만족을 신속하고 만족스럽게 해결해 주었을 땐 82%까지 올랐다니 아니, 이게 우리가 말하는 진상이라는 말인가요? 이에 존 굿맨은 "평소 아무런 문제를 느끼지 못한 상황에서 고객은 일반적으로 10% 정도의 재방문율을 보이지만, 불만 사항을 말하러 온 손님에게 진지하게 대응했을 경우 고객의 65%가 다시 이용하러 온다"라고 정의하였습니다. 이는 환자의 불만 사항을 어떻게 대응하냐에 따라서 환자의 마음을 변화시킬 수 있음을 뜻합니다. 불만에 대한 성실한 변화를 통해 불만 환자를 충성 환자로 전환 시킬 수 있다는 것이죠.

○ 환자 관리의 중요성

치과도 총 매출은 65% 이상이 반복구매 고객(단골 환자)에 의해 발생합니다. 여기서 알아야 할 것이 있습니다. 환자 유지 비용에 관련하여 기존 환자를 유지하는 비용보다는 새로운 환자를 확보할 때 드는 비용이 더 많이 필요하다는 것입니다.

불만이 해결되지 못한 환자들은 다시 돌아오지 않지만, 불만이 해결된 경우 환자의 65%는 다시 돌아옵니다. 그러므로 환자 리커버리 시스템을 구축하여 환자가 치과에 재방문 할 수 있도록 해야 합니다.

고객 리커버리 시스템이란 불만 고객이 발생하면 심적 및 물적 보상을 통해 단골 고객으로 전환하는 시스템을 의미합니다. 이러한 절차에 따라 고객의 불만을 보다 효율적으로 해소하고, 불만에 대한 데이터를 치과 경영의 개선 방향에 반영할 수 있습니다. 우리에게 고객은 환자가 되는 것일 뿐 다를 것은 하나도 없습니다.

우리는 앞선 조사 결과를 통해 16명의 불만 환자가 발생하면 그중 1명의 불만 환자만이 치과에 불만 사항을 이야기한다는 것을 알게 되었습니다. 그렇다면 나머지 불만 환자들은 왜 불만을 표출하지 않는 것일까요?

○ **불만 표출을 감추는 이유**
- 귀찮아서
- 불만을 어디에 말해야 할지 몰라서
- 불만을 말해도 해결될 것 같지 않아서
- 시간과 수고의 낭비라고 생각이 들어서
- 차라리 손해를 보고 거래를 끊으면 되어서
- 서비스 불량은 시간이 지나면 증거가 없어서
- 불쾌한 것을 빨리 잊고 싶어서
- 특정 사람을 비난해야 한다는 부담감이 있어서
- 불만을 말함으로써 더 큰 불이익을 당할까 봐 걱정되어서
- 인격 손상 및 나쁜 이미지가 형성되는 것이 우려되어서

불만 표출의 원인은 불안함입니다. 이러한 불안함이 환자의 심리상태에 영향을 미치게 됩니다. 진료 중 불안함이 어떤 요소에 의해 자극을 받게 되면 화로 표출되게 됩니다. 불만 환자 관리는 한 명의 환자를 안 보면 되는 것이 아니라고 하였죠. 그렇다면 불만 환자의 관리를 위해서 환자가 불만을 느끼는 순간이 어떤 순간들인지도 알고 있어야 합니다.

○ **환자가 불만을 느끼는 순간**
- 원하는 의사가 진료하지 않았을 때
- 안내가 느릴 때
- 직원의 잡담이 지속될 때

- 다른 환자와 차별 대우를 받을 때
- 원치 않은 치료를 계속 권유받을 때
- 직원의 태도가 불친절할 때
- 예약 시간보다 진료가 지연될 때
- 힘들게 부탁했는데 단번에 거절당했을 때
- 병원 내부가 지저분하고 질서가 없을 때
- 직원이 바빠서 내가 귀찮은 존재가 되었을 때
- 주차시설이나 교통 편의가 불편할 때
- 따뜻한 배려가 없고 무시당한 느낌을 받을 때
- 직원이 반말 비슷하게 할 때
- 충분한 설명을 듣지 못했을 때

● **불만의 종류**

불만 환자가 표출하는 불만의 종류에 따라 컴플레인과 클레임으로 나눌 수 있습니다. 불만 환자의 컴플레인과 클레임은 응대로 해결할 수 있지만 블랙컨슈머는 이를 해결할 수 있는 대응체계가 필요합니다.

불만 환자		블랙컨슈머
컴플레인	클레임	
불평/불만	주장/요구	고의적이거나 오해로 인한 주장
서비스 과정에 발생된 불만	법/제도/정책 등에 근거하여 이행하지 못한 것에 대한 불만	
잘못된 태도나 과정에 대한 시정과 개선을 요구	금전적/물질적 책임과 배상을 요구	비상식적인 보상을 요구

- 컴플레인은 서비스 과정에서 발생한 불평, 불만을 의미합니다. 이는 잘못된 태도나 과정에 대한 시정 또는 개선을 요구한다는 특징이 있습니다.

23. 불만 환자 대응법(1)

- 클레임은 법, 제도, 정책 등에 근거하여 치과가 이행하지 못한 것에 대한 불만을 주장하고 요구합니다. 금전적 또는 물질적 책임과 배상을 요구한다는 특징이 있습니다.
- 블랙컨슈머는 고의적이거나 오해로 인한 주장을 합니다. 비상식적인 보상을 요구한다는 특징이 있습니다. (진상 환자)

○ 불만 환자 응대

구분	컴플레인(Complaint)	클레임(Claim)	
관점	주관적 관점	객관적 관점	
반응	감정적 반응 + 사실 감정에 의한 불만과 불평	합리적 사실(법/제도/정책 등)에 근거하여 금전적 물질적 보상을 요구	
내용	제공된 서비스 전반과 과정상의 불편/불만 사항	제공된 서비스 결과 및 잘못된 내용을 주장.	일반
			강성
			악성
해결	사과/돈	사과/돈	

환자의 불만 유형이 컴플레인인지, 클레임인지를 어떻게 구분할 수 있을까요?

- 컴플레인은 환자의 주관적 관점에 따라 사실을 기반으로 한 감정적인 반응이 특징입니다. 주로 감정에 의한 불만과 불평의 반응을 보입니다. 제공된 서비스의 전반과 과정상의 불편, 불만 사항이 주된 내용이며 이를 해결하기 위해서는 사과만으로 해결되거나 물질적 보상이 필요할 수도 있습니다.
- 클레임은 객관적 관점에 근거하여 합리적인 사실에 대한 금전적, 물질적 보상을 요구합니다. 제공된 서비스의 결과와 잘못된 내용이 주된 내용입니다. 이는 일반, 강성, 악성으로 분류할 수 있습니다. 클레임을 해결하기 위해서는 사과는 당연하거니와 물질적 보상이 필요합니다.

불만 환자는 그 유형에 따라 응대를 통해 해결해야 하는지, 대응 절차를 밟아야 하는지가 구분됩니다. 먼저, 응대가 필요한 불만 환자의 경우를 시뮬레이션을 통해 알아보겠습니다.

※ 컴플레인 응대

환자: 저기요? 저 여기서 얼마나 기다려야 해요? 원장님은 왜 다른 환자만 보고 계신 거죠?

직원: 네~ ○○○님 대기 시간이 길어져서 많이 힘드시죠? 예약하신 환자분들을 우선으로 봐 드리고 있는데, 가끔 이렇게 당일 환자분들이 많이 오시면 대기가 길어지기도 해서요. 먼저 안내해 드리지 못한 점 죄송합니다.

환자: 아니, 방금 들어간 사람도 저보다 늦게 왔는데 먼저 들어갔잖아요. 저랑 비슷하게 오신 분들 다 진료 보러 들어갔는데, 저는 언제 볼 수 있는 거예요?

직원: 제가 안에 들어가서 확인 후 다시 말씀드려도 될까요?

환자: 아니에요. 암튼 빨리 좀 봐주세요!

직원: 네~ 알겠습니다. 다른 불편 사항은 없으신 거죠?

※ 클레임 응대

환자: 어머 이게 뭐야?

직원: 왜 어디가 불편하세요?

환자: 옷이 이런 게 묻었어요! 본뜨다가 묻었나 봐요!

직원: 어머 잠시만요. 음~ 저희가 인상 체득을 할 때 사용하는 재료가 튀었나 봅니다. 정말 죄송합니다. 거의 제거가 되었지만 약간 남았네요. 다행히 세탁하면 지워지는 재료입니다. 다시 한번 사과드립니다.

환자: 그럼 어떻게 하죠?

직원: 제가 실장님과 잠시 이야기를 하고 오겠습니다. 잠시만 기다려 주세요.

상담실장: ○○○님 옷에 본뜨다가 뭐가 묻었다고 하니 정말 죄송합니다. 세탁소

에 드라이클리닝을 맡기시고 비용은 병원에서 처리하도록 해드릴 수 있도록 하겠습니다. 좀 더 주의를 해야 했는데 저희가 진료를 신경을 쓰다가 보니 놓쳤네요.

환자: 네. 일단은 알겠어요. 제가 연락드릴게요.

컴플레인 환자는 대기 과정에서 느낀 불만을 이야기했고, 클레임 고객은 진료 중 의료진의 실수에 대해서 보상을 요구했습니다. 이처럼 컴플레인과 클레임 환자는 서로 다른 특성을 갖고 있고 컴플레인 환자는 적절한 응대를 통해 충분히 해결할 수가 있지만 클레임은 응당한 보상이 필요할 수 있습니다.

그렇다면 응대가 아닌 대응 절차를 밟아야 하는 경우는 어떨까요? 시뮬레이션을 확인해 보겠습니다.

※ 블랙컨슈머 발생 상황

환자: 여기에서 한 보철물이 빠졌어요. 치료를 얼마나 건성건성 했으면 보철이 벌써 빠져요? 여기서 얼마를 결제했는데?

직원: 네. 환자분 보철물이 빠지셨다고요? 어느 쪽일까요?

환자: 왼쪽 위에 어금니요!

직원: 차트 보고 확인을 해 보도록 하겠습니다. 음~ ○○○님 확인해봤는데, 저희 병원 2020년 3월에 처음 내원하셨었죠? 기록을 보니 좌측 상단 보철물은 내원 전에 이미 들어가 있었습니다. 저희 병원에서는 아래 치아에 보철하셨어요. 자 거울을 잡아 보시고 보여 드릴게요~

환자: 지금 뭐라고 했어요? 내가 그런 것도 기억을 못 할 것 같아요? 여기서 한 거 맞다 구요! 누굴 바보 취급을 해? 아, 됐고 원장님 불러주세요!

이쯤 되면 일반적인 설명으로는 해결이 쉽지 않습니다. 이런 경우는 적당하게 해결하려고 할 필요 없이 명확하게 사실관계를 설명하고 절대로 병원에서 책임질 문제가 아님을 명확하게 해야 합니다.

그렇다고 싸울 필요는 없고 최대한 환자의 자존심을 손상시키지 않는 범위에서 해야 하겠습니다.

문제점이 무엇인지 파악하는 것은 중요합니다. 환자의 불만이 어떤 것인지 경청할 필요가 있습니다. 그리고 사과가 필요한 일이라면 정중하게 사과합니다. 그리고 불만을 해결할 방안을 찾아 최대한 신속하게 해결할 수 있도록 합니다. 여기서 중요한 것은 환자와의 싸움은 절대적으로 피해야 한다는 것입니다.

환자와의 싸움은 해당 환자의 불만을 더욱 키우게 된다는 점도 치과에 불리하지만, 환자와 싸우는 장면을 본 다른 환자들의 우리 치과에 대한 신뢰를 떨어뜨릴 수 있기 때문입니다.

제가 이런 문제에 관심을 가지고 공부를 시작하고 이렇게 책을 쓰기까지 한 것도 사실은 제가 환자분들과 실제로 멱살 잡고 싸우기까지 한 적도 있고 경찰을 부른 적도 있고 민사소송은 물론 있거니와 형사소송까지 진행된 바가 있어 이를 극복하기 위해 공부를 하다 보니 여기까지 온 것입니다.

이 글을 읽고 계신 독자분들은 아무쪼록 저처럼 개고생하지 마시고 이성적으로 판단하고 극복할 수 있도록 하시기 바랍니다.

23. 불만 환자 대응법(1)

24. 불만 환자 대응법-(2)

그럼 이러한 불만 환자를 어떻게 응대/대응해야 할까요? 이전 시간에 불만 환자의 종류와 그 가치 등에 대하여 알아보았는데 이번에는 불만 환자의 응대 기술인 HAAC Model을 중심으로 알아보겠습니다.

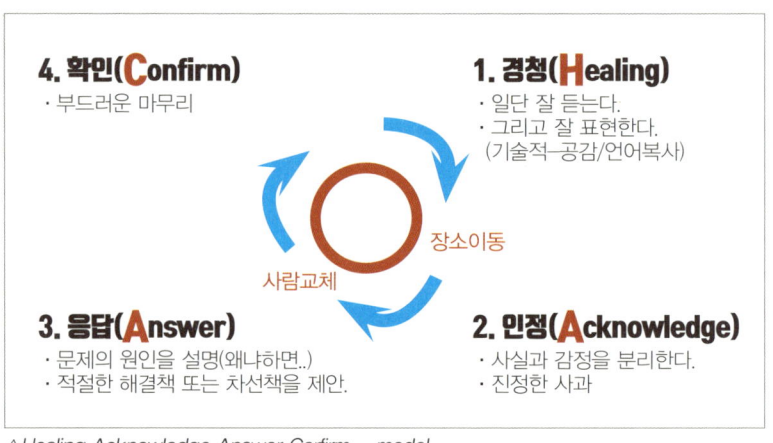

△Healing Acknowledge Answer Corfirm – model

● HAAC 모델 4단계

1. 경청(Healing)
2. 인정(Acknoledge)
3. 응답(Answer)
4. 확인(Confirm)

1. 경청(Healing)

경청은 환자의 말을 '잘 듣는 것'에서부터 시작합니다. 경청은 컴플레인 응대의 기본입니다. 그리고 잘 듣고 있음을 기술적인 공감을 활용하여 표현해야 합니다. 또한, 환자의 긴말을 언어 복사를 통해 압축하여 전달할 수 있도록 합니다.

■ 기술적 경청

기술적 경청은 즉 추임새를 이야기합니다. 추임새는 환자의 이야기에 집중하고 있음을 전달할 수 있습니다.

> "네."
> "그렇죠."
> "아!"
> "맞습니다."

■ 감정 공감

감정적인 공감이 중요합니다. 이때는 억양과 말의 길이에 주의합니다.

> "고생하셨겠어요~"
> "아이고 힘드셨겠어요~"
> "어머 어머 어떻게~얼마나 힘드셨을까?~!"

■ 언어 복사

언어 복사란 환자의 말을 압축 즉, 요약하여 재전달하는 것을 의미합니다.

> "그러니까 보철물이 높은 것 같다는 말씀이시죠?"
> "네~ 약을 먹지 않으면 계속 아프시다는 거죠?"
> "음~ 색상이 맘에 들지 않으신가 봐요~"

○ **경청 시 3원칙**
1. 일단 무엇 때문인지 충분히 이야기를 들어줍니다.
2. 말이 길어질 것 같으면 장소를 조용한 곳으로 옮기는 것이 좋습니다.
3. 사람 또는 시간을 바꾸어 냉각 시간을 갖습니다.

화가 난 사람은 같은 말을 계속 반복해서 이야기하는 경우가 많습니다. 자신이 화가 난 이유를 최소 3~4번씩은 반복하곤 합니다. 특히 한국인의 특성상 삼세번은 해야 분이 풀리는 듯합니다. 그러하니 세 번 정도 같은 말을 하더라도 그 정도는 기본적으로 들어주어야 하는 경우가 많습니다.

이는 환자가 화가 났기 때문입니다. 즉! 분이 풀리지 않기 때문에 계속해서 말하는 겁니다. 일단 3회 정도는 들어주시고 "아, 상담 절차가 불편하셨군요", "발치 주의사항을 전달받지 못해서 화가 나셨군요" 등으로 우리가 당신이 하는 말을 잘 들었다고 표현하는 것이 다음입니다. 당신이 화난 이유를 내가 충분히 알아들었다! 아니 알아 처먹었다! 이제 말 좀 그만하셔라! 뭐 이런 의미입니다.

그렇다고 실제로 이렇게 말하지는 마시고 표현은 부드럽게 환자의 말을 요약해서 내가 잘 이해했다는 것을 전달하시라는 뜻입니다. 그리고 이후에 사과해야 합니다. 사과할 때는 무조건 죄송하다고 하는 것이 아니라 "환자분께서 왜 이러시는 잘 알겠습니다. 저라면 더 화났을 것 같아요" 등으로 상황에 대한 공감의 표현과 같이 전하는 것이 좋습니다.

만약 충분한 사과를 했음에도 불구하고 말이 계속 길어질 것 같으면 장소를 조용한 곳으로 옮기는 것이 좋습니다. 이때 필요하다면 응대를 하던 직원을 바꾸거나 차를 대접하면서 냉각 시간을 갖는 것이 좋습니다.

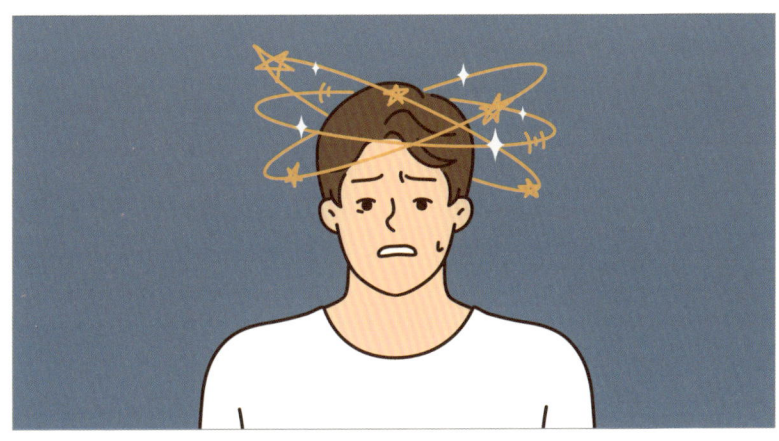

상대방의 고통에 공감하라!!

2. 인정(Acknowledge)

환자가 불만을 가진 부분에 대해서 인정할 것은 빠르게 인정하는 것이 좋습니다. 그리고 진정한 사과를 통해 고객의 불만을 할 수 있는 한 수긍하겠다는 자세를 보여주어야 합니다. 이때 사실과 감정을 분리하여 진정한 사과를 전할 수 있도록 합니다.

하지만 환자의 항의를 듣다 보니 객관적으로 치과의 실수나 잘못에 의한 것이 아니라는 판단이 들 수 있습니다. 이때는 대응 단계로 나아가야 합니다.

○ **환자가 화났을 때 주의해야 하는 표현**

잘못에 대해 인정을 할 때 환자의 화를 더 돋울 수 있는 표현을 조심해야 합니다. 예를 들면 "아, 알겠어요. 아무튼, 사과드릴게요", "기분이 나쁘셨다니 제가 죄송하네요", "환자분! 이게 원칙이에요. 규정이 그렇다고요", "어머! 환자분 여기서 이러시면 안 돼요!" 이런 표현들은 환자의 화를 더 부추길 수 있습니다. 그럼 정확히 어떤 표현을 주의해야 하는지 살펴볼까요?

■ 다짜고짜 무작정 사과하는 경우

"아무튼, 사과드릴게요."
"네, 네. 알겠다고요. 사과드릴게요."

이와 같은 표현은 환자가 하고 싶은 말을 단칼에 잘라버린다고 느낄 수 있습니다. 환자가 어떤 부분에서 화가 났는지 파악이 되지 않았다면 일단 이야기를 들어보는 것이 우선입니다.

■ 조건부 사과

"뭐, 기분 나쁘시다고 하니까 일단 사과는 드릴게요."
"제가 잘못한 것 같지는 않은데… 뭐 그렇게 느끼셨다니까 사과할게요."

이유를 달고 사과하는 것도 좋지 않습니다. 이는 너무 매정하게 느낄 수 있으니 주의하도록 합니다.

■ 무성의한 사과

"죄송합니다. 죄송해요. 아, 좀 그만하실 때 되지 않았나요? 죄송하다고 했잖아요?"

이는 대안 없이 상황을 무마시키기 위한 무성의한 사과로 느껴질 수 있습니다. 사과할 때는 앞으로 어떻게 개선을 하겠다는 대안을 제시해야 합니다.

■ 원칙과 시기에 의한 핑계

"요즘 휴가철이라 바빠서요."

"원칙이 그래서요. 규정이 그래요!"

환자에게 사과할 때는 시기나 원칙을 강조하지 않아야 합니다. 이는 핑계처럼 들릴 수 있습니다. 그럼에도 불구하고 세심하지 못한 점에 대하여 양해를 구했어야 하는데 못한 점을 사과해야 합니다.

○ 부정적 단어 사용
"환자분! 여기서 이러시면 안 돼요!"
"소리 지르지 마세요!"

환자의 행동을 저지하는 등의 부정적인 단어를 사용하게 되면 불만에 대한 원인은 사라지게 되고, 이러한 부정적인 언어에 대한 불만이 새롭게 점화될 수 있습니다. 이로 인해 다시 싸우게 될 수 있으니 주의합니다.

○ 흥분 금지
"제가 그런 뜻으로 말씀드린 건 아니잖아요!"

환자의 언성이나 감정에 휩쓸려서 똑같이 흥분해서는 안 됩니다. 환자가 감정은 누그러뜨릴 수 있도록 최대한 정중한 태도를 유지할 수 있도록 노력합니다. 환자가 자신의 말을 오해하고 곡해하여 받아들였다면 "그렇게 들으셨다면 죄송합니다. 제가 표현력이 부족해서…그런 의미로 말씀드린 것은 아니었습니다." 등으로 오해가 있었음을 시정하는 것이 바람직합니다.

■ 의심 금지
"환자분 말씀이 맞는지 저희가 먼저 확인해 보겠습니다."

"저희도 확인 절차가 필요하니까요. 확인 후에 연락드리도록 하겠습니다."
환자의 말을 의심하고 조건을 다는 말도 좋지 않습니다.

■ 남 탓 금지

"누가 했는지 모르겠지만, 일단 찾아보도록 하겠습니다."
"환자분 잘못이잖아요?"

책임을 다른 사람에게 전가하는 것도 좋지 않습니다. 담당자가 누구였든 해당 병원 직원이 했다면 마땅히 병원에 책임이 있음을 잊지 말아야 합니다.

■ 팩트 공격 금지

"확인 결과 입금이 되어있지 않습니다."
"실례지만 저희가 확인한 결과로는 입금이 되어있지 않은데요. 어떤 계좌로 입금하셨는지 기억하시나요?"

환자의 불만에 대해 너무 사실관계를 증명하려고 해서는 안 됩니다. 치과의 책임이 아닐 때는 사실을 분명히 해야 할 필요성이 있지만, 필요에 의한 사실 전달도 최대한 부드럽게 전달해야 할 필요성이 있습니다. 이때는 쿠션어를 활용하여 "실례지만, 저희가 확인을 해 본 결과로는 입금 확인이 되지 않습니다. 혹시 어떤 계좌로 입금하셨는지 확인해 주실 수 있나요?" 등으로 부드럽게 표현할 수 있도록 합니다.

■ 비교금지

"이상하네요. 다른 환자 중에 이런 말씀을 하시는 환자분은 없었는데요."

다른 환자와 비교하여 환자의 불만을 평가하는 표현도 좋지 않습니다. 이런 경우 환자가 '지금 내가 문제 있다고 하는 건가?'와 같이 생각할 수도 있으므로 다른 환자와 비교하는 표현은 삼가도록 합니다.

3. 응답(Answer)

응답의 경우 간단한 이유라면 즉시 설명하는 것이 바람직합니다. 그렇지만 이유가 복잡하고 금방 해결될 문제가 아니라면 환자에게 잠시 대기해 줄 것을 요청한 후 정황을 알아보아야 합니다.

전화응대의 경우 "저희가 알아보고 5분 뒤에 전화를 드려도 될까요?" 등으로 안내하고, 데스크에서 대면할 경우 환자에게 "확인이 필요하니 잠시 장소를 옮겨서 기다리셔도 될까요?" 등으로 안내하여 사실확인을 할 필요가 있습니다.

이러한 과정에서 시간을 벌 수 있을 뿐더러, 필요한 경우에는 응대하는 사람을 교체하는 타이밍을 만들 수도 있습니다. 만약 불만 환자의 불만 내용이 데스크 직원으로는 해결할 수 없는 경우 상담 실장이나 원장 등이 나와 해결해야 할 수도 있습니다. 응답 타이밍의 핵심은 적절한 해결책 또는 차선책을 제시해야 한다는 것입니다. 그리고 이때 문제의 원인을 설명해야 합니다.

문제의 원인을 설명할 때는 '왜냐하면'이라는 접속사를 사용할 수 있는데요. 엘렌 랭거의 실험을 통해 '왜냐하면'이라는 접속사가 응대 시 어떤 역할을 하게 되는지 알아보겠습니다.

'왜냐하면'

○ 응대의 스킬 ("왜냐하면 법칙")

하버드대학 심리학과 교수인 엘렌 랭거는 상대를 설득하기 위해서는 이유를 제시하는 게 효과적임을 밝혔습니다. '왜냐하면'이라는 접속사를 사용하면 대부분은 상대방의 요구에 대해 승낙을 한다고 합니다.

엘렌 랭거 교수의 연구팀은 도서관에서 복사하기 위해 줄을 선 사람을 대상으로 다음과 같은 실험을 진행하였습니다. 먼저 줄을 선 사람들에게 낯선 사람을 접근시켜서 각기 다른 말을 하도록 했습니다.

첫 번째는 "실례합니다. 제가 다섯 장만 복사하려고 하는데, 먼저 복사해도 될까요?" 이렇게 부탁하자, 줄 선 사람들의 60%가 이에 응했습니다. 두 번째는 '왜냐하면'을 붙여서 부탁하도록 했습니다. "복사기를 먼저 써도 될까요? 왜냐하면, 지금 급하게 복사해야 할 일이 생겨서요" 이렇게 부탁하자 94%가 이에 응하였습니다.

■ '왜냐하면'의 효과

놀라운 것은 '왜냐하면'이라는 단어만 사용할 뿐 납득할 만한 구체적인 이유를 밝히지 않아도 대상은 더 쉽게 요구에 응했다는 것입니다. "복사기 좀 먼저 사용할게요. 왜냐하면, 제가 복사를 해야 해서요"라고 해도 93%가 동의했다는 말입니다. 이유를 밝히지 않아도 단지 '왜냐하면'이라는 접속사만 사용했는데 거의 동일한 동의율이 발생한 것입니다.

사람들은 왜 '왜냐하면'이라는 접속사에 쉽게 마음을 여는 것일까요? 왜냐하면, 사람들은 '왜냐하면' 다음에는 합당한 이유가 언급된다는 걸 알고 있기 때문입니다. 어린아이부터 청소년, 어른 할 것 없이 '왜냐하면'이라는 말이 나오면 자동으로 그 뒤에 이유가 따라온다는 걸 경험해 왔습니다. 따라서 사람들은 '왜냐하면'이라는 말만 들어도 자동적으로 '예스'라고 대답해 버리게 되는 것입니다.

※ '왜냐하면'을 사용한 경우

환자: 제가 지난주에 진단서를 신청했거든요? 그때 작성되면 전화 준다고 했는데 왜 전화가 없어요? 도대체 얼마나 기다려야 하는 거예요?

직원: 아 그러세요? 연락이 없어 아주 답답하셨겠어요~ 진단서 신청을 했는데 연락을 못 받으셨군요~ 먼저 전화까지 주시고 정말 죄송합니다. 성함을 알

려주시면 한번 확인해 보겠습니다. (확인 후) 음, 진단서는 작성이 되어있는데 연락을 못 드렸네요. 왜냐하면, 지난주에 저희 내부 시스템에 오류가 생겨서 점검을 받았는데 그 과정에서 실수가 있었던 것 같습니다. 정말 죄송합니다. 언제든지 오시면 수령이 가능하십니다.

이처럼 '왜냐하면'이라는 접속사를 잘 사용하면 환자의 불만을 컴플레인으로 발전시키지 않고도 해결할 수 있게 됩니다. 환자가 그 이유가 합당한지에 대한 여부보다는 '왜냐하면'이라는 접속사를 통해서 이런 일이 일어나게 된 원인을 수긍해 버렸기 때문이죠.

4. 확인(Confirm)

불만 환자 응대의 마무리에서 확인하는 절차를 의미합니다. 마지막에 '궁금한 게 남았는지', '더 필요한 게 있는지', '도움이 필요한지'에 대한 여부를 확인합니다. 이때 각성형 어미와 종결형 어미를 사용할 수 있습니다.

○ 각성형 어미와 종결형 어미

각성형 어미는 환자의 말을 더 들어야 할 때나 추가 구매를 유도할 때 사용합니다. 예를 들어 "네. 환자분. 더 궁금하신 부분 있으신가요?"라는 표현은 환자에게 하여금 미처 질문하지 못했던 내용이나, 자신이 놓친 부분에 대해 한 번 더 생각해 볼 수 있도록 합니다.

종결형 어미는 환자와의 대화를 종결하고 싶을 때 사용합니다. 예를 들어 "네. 환자분. 더 궁금한 사항은 없으시죠."의 형태가 이에 해당하는데요. '없으시죠.'라는 어미를 통해 추가적인 질문 사항에 대한 가능성을 차단하고 환자로 하여금 대화가 종결할 타이밍이 됐다는 암시를 전할 수 있습니다.

※ HAAC 모델을 활용한 응대

환자: 저기요! 저 한 달 전부터 신경치료 시작했거든요? 시작할 때부터 아팠는데 좋아지겠거니 싶어서 참았어요. 저번 주에는 50만 원이나 주고 금니도 했는데 뭐가 잘못됐는지 계속 불편해요. 며칠 참아보자 했는데 잘 씹히지도 않고, 찬 거 마시면 시린 느낌도 있어요. 잘 안 씹힌다는 건 높이가 안 맞는다는 거 아닌가요? 뭐가 크게 잘못된 거 같아요!

직원: 아~ 그러시군요. 치료 후 고생하셨겠습니다. 저라면 더 힘들었을 것 같아요. 고객분 성함이 어떻게 되실까요?

환자: ○○○인데요. 그런데 언제까지 불편해야 하는 거예요?

직원: 차트를 확인 중입니다. 잠시만 기다려 주시면 감사하겠습니다. 지난 금요일에 왼쪽 위에 신경치료 후 금니 보철을 하셨는데 사용에 불편이 있으시다는 거죠?

환자: 네. 너무 불편해요. 오늘 갈 테니까 해결해 주세요!

직원: 정말 불편하셨겠어요. 제가 먼저 사과드리고 싶습니다. ○○○님 오늘 오시면 언제쯤 오실 수 있을지요? 최대한 빨리 봐 드릴 수 있도록 도와드리겠습니다.

환자: 한 2시간쯤 뒤에요.

직원: 네~ 그때는 원장님이 수술 중이시라 차라리 지금 오시거나 3시간쯤 뒤에 오시면 어떨지요?

환자: 네. 일단 갈게요.

직원: 네 그럼 잠시 후 뵙겠습니다. 다른 불편 사항은 없으신 거죠~? 저는 데스크 코디네이터 ○○○이었습니다.

25. 불만 환자 대응법-(3)

이어서 불만 노트 작성 및 악성 불만 환자 대응법을 중심으로 살펴보겠습니다. 치과에서 발생한 컴플레인은 응대를 통해 잘 해결하는 것으로 끝낼 수 있을까요?

그저 해결에만 중점을 두면 만족스럽지가 않습니다. 컴플레인은 발생하지 않는 것이 좋지만, 그럼에도 불구하고 발생하였다면 그 원인을 잘 파악하여 더 좋은 결과로 만들 수가 있습니다. 먼저, 불만 노트의 필요성을 알아보겠습니다.

● Complain-marketing/Anti-marketing

치과를 칭찬하는 환자의 경우는 이 숫자가 한 사람에서 두 사람이 되기 힘들고, 두 사람에서 네 사람이 되기는 거의 불가능? 할 정도로 힘듭니다. 즉, 기하급수적으로는 고사하고 두세 배로 늘기도 힘들다는 말입니다.

하지만 욕을 먹는 것은 정말 기하급수적으로 증가합니다 치과를 욕하는 사람이 1명이 10명이 되고, 10명이 100명으로 늘어납니다. 그렇기 때문에 불만 사항을 개선하는 것은 칭찬을 받는 것보다 더 중요한 역할을 하게 됩니다.

동네에 우리 치과에 대한 나쁜 소문이 들지 않도록 노력하는 것과 더불어 불만을 개선하면 불만 환자를 단골 환자 즉, 충성 환자로 개선할 수 있습니다. 이 과정에서 사용될 수 있는 것이 바로 불만 노트입니다.

○ 불만 노트(Complain Note)

불만 컴플레인 및 클레임의 기록이 목적이 아닙니다. 같은 실수나 과정이 반복되지 않도록 하기 위함이 목적입니다. 그러므로 불만 노트를 통해 해결책을 반드시 제시하고 실천할 수 있도록 해야 합니다.

이어서 컴플레인 및 클레임을 기록한 불만노트의 내용을 살펴보겠습니다.

○ **디지털 센서를 이용해서 엑스레이를 찍을 때 발생된 컴플레인**

주된 내용은 '사진을 찍을 때 플라스틱 센서를 너무 아프게 넣었다', '이전 내원 시에도 마취가 아팠다는 이야기를 했는데 반영되지 않았다', '마취, 사진 찍을 때 어느 정도 아플 수 있지만, 너무 아프다' 입니다.

- 기술적 문제의 해결 방법

이 문제를 해결하기 위해서 어떤 방법을 사용했을까요?

먼저, 디지털 센서로 촬영하는 것을 낯설어하는 직원들을 모아 디지털 센서로 촬영하는 연습을 했습니다. 이 과정에서 선이 연결된 유선 디지털 센서가 너무 단단해서 환자의 컴플레인이 발생하였음을 알 수 있었습니다. 이후 이 상황을 개선하기 위해 좀 더 소프트한 디지털 센서를 추가 구매하였습니다.

와이어리스 센서는 유선 센서보다 소프트한 재질이 많습니다. 다만 비용이 추가로 발생하죠. 하지만 이는 같은 컴플레인이 발생하지 않도록 하는 데 필요하다면 투자도 아끼지 말아야 합니다. 원인이 확인되었다면 투자도 필요합니다.

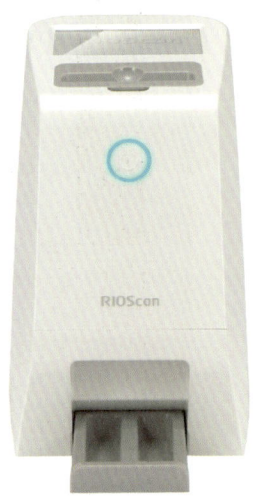

○ 위생 관련 불만

환자 치과에 방문 후 불만 사항을 이야기하려는데 직원에게는 말하기가 싫다고 합니다. 원장과의 통화 후 내용을 확인할 수 있었습니다 '유니트체어 위쪽 휴지를 넣는 통에 휴지가 넘치게 차 있어 위생 및 청소 관리가 잘되지 않는 것 같다고 느꼈다', '좀 더 세심하게 위생관리를 해주었으면 좋겠다'라는 내용이었습니다.

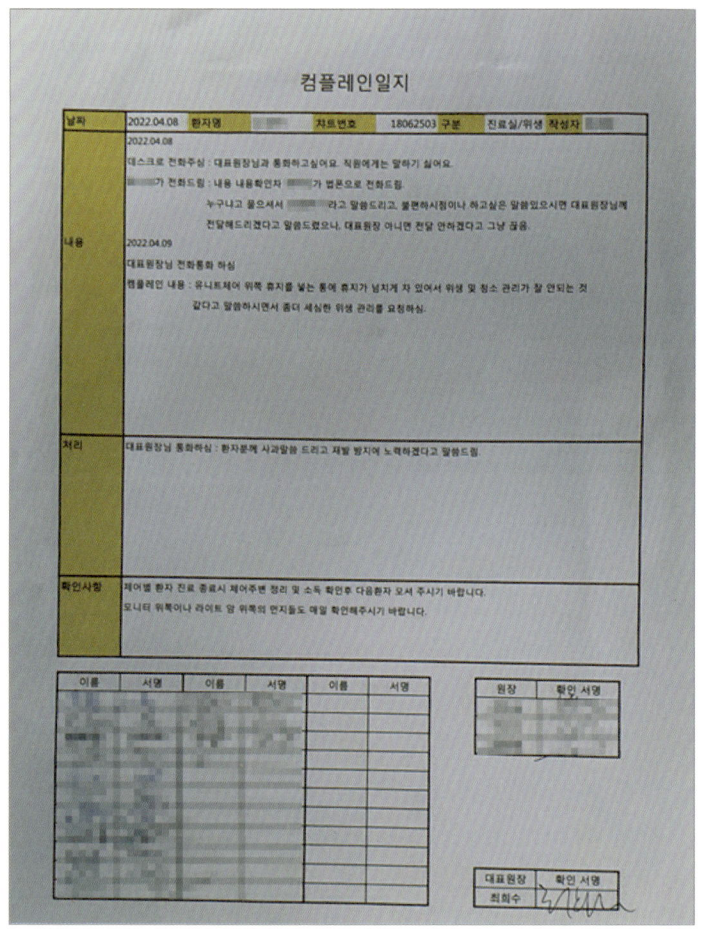

25. 불만 환자 대응법(3)

- 위생 문제의 해결 방법

이 내용이 치과로 전달된 이후 미처 신경 쓰지 못했던 부분에 대해 사과를 하고 직원들과 함께 논의해서 개선 방향을 결정합니다. 그리고 논의를 통해 진료 끝나고 기본 기구 치울 때 함께 치우는 쪽으로 결론을 냈습니다.

○ 불만 노트의 역할

우리는 불만 환자가 1명 발생한다면 실제로 불만을 느낀 환자는 16명에 달할 거라는 것을 알고 있습니다. 그리고 다시 16명 정도가 병원의 험담을 듣게 되죠.

불만을 말하는 한 명의 환자를 '단 한 건의 컴플레인'으로 생각하면 안 된다는 것인데요. 반대로 생각하면 한 건의 컴플레인 요소를 잘 해결하면 나머지 16명의 불만 사항도 해결한다는 의미가 됩니다.

그러므로 불만 노트를 통해 똑같은 컴플레인 또는 클레임이 발생하지 않도록 노력해야 합니다. 불만 노트를 작성하는 것은 굉장히 중요한 프로세스임을 잊지 않도록 합니다.

○ 보험수가 고시

보험수가를 잘 외우지 못해서 생기는 문제는 수가를 잘 보이는 곳에 붙여두는 것으로 해결할 수 있습니다.

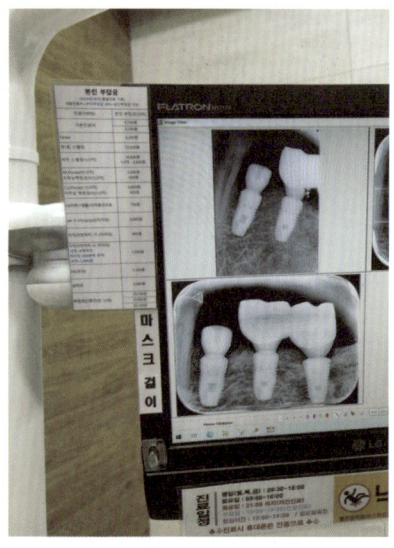
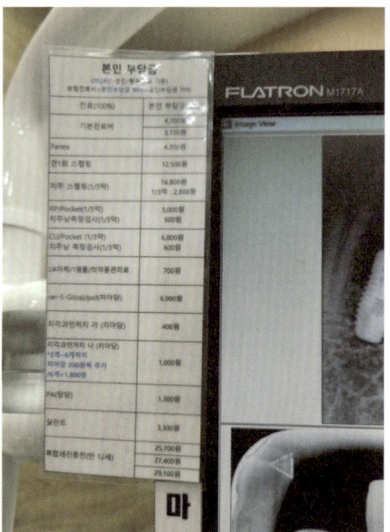

불만 환자를 응대하는 네 가지 방법은 우선 파악하고, 사과하고, 신속히 해결하며, 논쟁하지 않는 것이었습니다. 여기서 환자의 불만이 치과가 사과를 해야 할 만한 일이 아니라면 응대가 아닌 대응을 해야 하는데요. 악성 불만 환자 즉, 블랙컨슈머를 대응하는 방법에 대해 알아보도록 하겠습니다.

● Black Consumer (진상환자) 대응

일단 회피하지 말고 들어보고 최대한 공감할 필요성이 있습니다. 섣불리 변명하려고 하지 말고 대응합니다. 대응 과정에서는 처음 환자를 대면했던 데스크 직원, 상담 실장 등이 고객과 대면하게 되겠지만 결과적으로 이를 해결할 수 있는 사람은 원장이 됩니다. 만약, 환자의 불만 내용이 대응이 필요한 것으로 판단이 되면 좀 더 적극적으로 이 문제를 해결할 수 있는 사람들이 나서서 상황을 진행할 수 있어야 합니다. 이때 환자와 이야기하는 담당자가 바뀌는 경우 들은 내용을 최대한 자세히 전달할 수 있도록 합니다.

○ 녹취의 필요성

녹음에서는 합당한 이유가 있다면 당사자 간에 동의하지 않는 녹음도 합법합니다. 하지만 환자와 담당자가 이야기하는데 두 사람도 모르게 제3자가 녹음하는 것은 허용되지 않으니 주의해야 합니다. 그러므로 가능하면 녹취할 수 있도록 합니다. 블랙컨슈머의 경우 금전적 해결이나 고소를 진행할 목적으로 오는 경우가 많으니 더욱 조심하셔야 합니다.

■ 녹음 및 녹화 관련 법령
- 개인정보 보호법(제15조 제1항 제6호): 개인정보처리자의 정당한 이익을 위해 필요한 경우 명백하게 정보 주체의 권리보다 우선하는 경우 개인정보 수집 가능
- 통신비밀 보호법 제3조: 공개되지 아니한 타인 간의 대화 녹음 청취 불가하지만, 자신이 포함된 민원인과의 대화, 전화 녹음 가능.

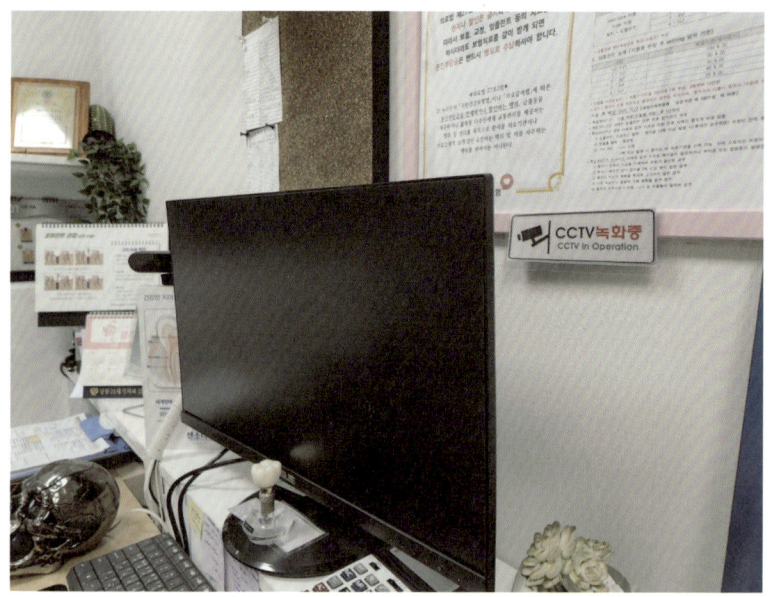

25. 불만 환자 대응법(3)

● **고객은 정말 왕인가?**

불만 환자의 불만 내용을 해결하다 보면 떠오르는 말이 있는데요. 바로 '손님은 왕이다'라는 말입니다. 이 말은 과연 맞는 말일까요? 이 말이 어떻게 처음 사용되기 시작하였는지 아시나요?

'손님은 왕이다'라는 말은 프랑스의 리츠칼튼호텔 창업자에 의해서 처음 만들어졌습니다. 그의 호텔의 주 고객은 프랑스의 왕이나 귀족이었습니다. 진짜 손님이 왕이라서 그런 말이 생기게 된 것입니다.

○ **서비스 형태의 시대 반영**

그러므로 손님이 왕이라는 말은 시대와 상황에 맞지 않습니다. 치과의 중요 직원들은 90년대생들이 많으며 이들은 인권을 중요시하는 경향이 있습니다. 그리고 환자, 직원, 원장의 위치를 떠나 '나를 힘들게 하는 사람은 진상'으로 보는 경향이 있습니다.

주장이 옳고 그름을 떠나 자신을 힘들게 하는 사람과 상황이 싫다는 것이죠. 이제는 극도의 친절과 서비스를 제공하며 고객에게 하인처럼 보여야 하는 시대는 아닙니다. 여기서 중요한 것은 최소한 환자보다는 더 친절해야 한다는 것입니다.

○ **근로자의 마인드 케어**

컴플레인 환자가 발생하는 것을 조절하기 위해서는 직원의 마인드 컨트롤도 중요합니다. 환자를 응대하는 직원도 챙겨주어야 한다는 것이죠. 환자들만 챙기다가 정작 직원을 챙기지 못하면 치과의 경영에 문제가 생길 수 있습니다. 이제는 환자보다 직원을 더 소중히 여겨야 하는 시대가 된 것이죠.

즉, 매출도 중요하지만, 원장 본인과 직원들의 정신 및 육체의 건강을 중요시해야 함을 잊지 말아야 합니다.

치과 경영의 매출증대에 환자 관리는 중요한 영향을 미칩니다. 그렇기 때문에 치과는 환자 관리를 함에 있어 최선을 다해야 하는 것이 맞습니다. 하지만 아니다 싶으면 빠르게 정리를 하는 것이 좋습니다.

불만이 잘 해결되면 불만 환자가 충성 환자로 전환될 수 있습니다. 하지만 충성 환자로 전환을 하여도 치과에 도움이 되지 않는 환자일 경우는 어떻게 해야 할까요? 이는 응대에 쓰는 시간, 결과적으로 사용될 비용, 그리고 직원과 의료진의 정신 건강을 위해서라도 과감한 선택이 필요합니다.

이어서 시뮬레이션을 통해 어떤 경우에 블랙컨슈머가 발생하는지를 알아보겠습니다.

※ 제거된 금니 반환 요구

환자: 지난번에 제거한 금니 주세요.
직원: 잠시만요? 성함이 어떻게 되실까요?
환자: ○○○이요.
직원: 차트를 확인 중입니다. 잠시만요~ 아~ 한 달 전 ○○일에 발치하셨네요. 발치한 금니를 찾으시는 거죠? 음~ 잠시 시간을 주시겠어요? 폐기물 확인이 필요해서요. 잠시 자리에 앉아서 기다려 주시면 감사하겠습니다
환자: (자리에 앉아서 계속 궁시렁) 다른 데는 금니 챙겨준다고 하는데 여기는 아주 말도 안 하고 입을 싹 닦아버리네. 도둑이야 뭐야?
직원: (고객분 근처까지 이동하여) ○○○님 저희가 발치한 치아를 찾아보았는데요. 의료폐기물이라 지난주에 폐기처리 되어 찾을 수가 없습니다.
환자: (언성이 높아짐) 뭐라고! 그런 게 어딨어? 무조건 찾아주세요!
직원: 환자분 일단 상황 파악을 위해서 자리를 옮겨서 이야기 계속할까요? (상담실로 이동, 시원한 음료수도 하나 드리면서 실장이 내용을 파악한 후 다시 들어온다.)
실장: (녹음 시설을 켠다) 안녕하세요. ○○○님 총괄실장 ○○○입니다. 한 달

전에 제거한 금니를 찾으러 오셨다고요. 그런데 치아가 붙어 있는 금니는 의료폐기물이라 관련 법령에 따라 의료폐기물로 수거 업체가 수거해 갔거든요. 이미 기한도 많이 지난 상황이라 그때 발치하셨던 금니는 드리기 어려울 것 같은데 어떡하죠?

환자: 하, 참나. 댁들 사정이야 난 모르겠고, 무조건 내놔요. 내 거를 왜 당신들 마음대로 버려요? 진짜 이상한 사람들이네!

실장: 환자분. 이거 발치 당일에 쓰셨던 동의서거든요. 여기 보시면 금니 가져가지 않으시겠다고 서명을 하셨어요.

환자: 뭐요? 나 그런 설명 들은 적도 없고, 사인은 더더군다나 한 기억이 없어요. (당황하며) 이건 내 사인도 아닌데! (갑자기 목소리가 커지며) 이 병원 못 쓰겠구먼? 환자 사인까지 자기들 멋대로 해버리고 말이야! 이거 문서위조 아니야?

실장: (높아진 언성에 휘둘리지 않으며 차분하게) 환자분, 생각과 상황이 달라서 속상하신 건 이해합니다. 하지만 문서위조라고 하시면 저희도 많이 당황스럽습니다. 그때 환자분께 서명받았던 직원도 보철물 관련 내용 설명해 드렸다고 하거든요. 왜냐하면, 저희는 환자분 동의 없이 처리할 수가 없으니까요.

환자: 아니, 서명이 가짜라니까?! 암튼 금니나 주라고요!

실장: 환자분 그러시다면 비슷한 다른 보철물로 가져가시는 건 어떠신가요? 엑스레이 참조해서 비슷한 것을 찾아보도록 할게요. 그러면 괜찮으실까요?

환자: 뭐야, 되는데 안 해주려고 했던 거였어? 참나!

실장: 그러면 다른 보철물로 가져가기로 동의하시는 거죠? 이쪽에 서명 부탁드리겠습니다. 다른 금니를 대체로 받아간다는 내용입니다.

실제로 저는 임플란트 식립 후 인접 치아가 이동하여 아프다고 하여 여러 가지

검사 후 EPT 결과 음성으로 나와서 시행된 근관치료에 대하여 근관치료 동의서 서명을 본인이 한 적이 없다고 저를 사문서 위조로 형사고발하여 조사를 받은 적도 있답니다. 정말 무서운 세상이니 조심해야 하겠습니다.

  결과적으로는 무혐의로 끝났는데 그 환자분은 다시 저를 찾아와서 다시 재근관치료를 받고 보철치료까지 받았답니다. 그리고 다른 치료를 받다가 다시 또 난리를 피우고는 진료비를 환급받고 병원을 옮겨 주셨습니다. 이런 환자는 다시는 내 병원에 오지 않았으면 생각하게 되죠.

25. 불만 환자 대응법(3)

26. 충성고객(환자)

CS의 궁극적인 목표는 매출증대입니다. 이 매출증대를 이루기 위해서는 결국 고객 만족! 환자 만족을 실현해야 합니다. 이는 곧 CS에서 비롯된 고객 만족이 충성고객을 창출해서 매출증대로 이어지는 선순환 구조를 의미하는 건데요.

그렇다면 충성고객(환자)이란 어떤 고객(환자)을 의미하는 걸까요? 치과에서 충성고객이란 어떤 환자를 의미하는지 알아보도록 하겠습니다.

○ **고가의 진료를 시행한 환자는 고마웠던 환자!**

충성 환자란 고가의 진료를 많이 한 환자일까요? 아닙니다. 이는 고마웠던 환자일뿐 충성 환자가 될 수는 없습니다. 일반적으로 CS에서 충성고객은 비용을 많이 지불한 사람을 의미하는 거라고 알고 있습니다.

이 경우는 공업품이나 산업품을 사거나 의료가 아닌 어떤 서비스를 구매하는 경우가 해당됩니다. 하지만 치과의 경우는 조금 다릅니다.

왜냐하면, 치과 즉, 의료서비스는 한 번 치료하고 나면 다음 소비가 이루어질 때까지 많은 시간이 필요합니다. 이미 치료를 완료한 환자에게 추가적인 치료가 들어갈 필요가 없기 때문이죠.

그래서 고가의 진료를 했던 환자는 과거형으로 '고마웠던 환자'가 되는 것입니다. 이를 충성고객(환자)이라고 정의하기는 어렵습니다.

○ **명약이지만 나중에는 독약인 지인 고객**

개원 초기에 환자가 없을 때 원장 및 직원의 지인들이 방문해 주면 치과는 상당히 고마움을 느낍니다. 하지만 나중에는 관리하기가 좀 까다로워집니다. 뭇 병원들이 환자 관리를 할 때 느끼는 부분이겠지만 잘 아는 사람이 환자로 오게 되면 더 신경이 쓰이곤 하죠.

작은 실수로 인해 사적인 공간에서까지 컴플레인을 받아야 하는 상황이 발생되어 버리니까요. 카톡으로 시도 때도 없이 질문한다거나 쉬는 휴일에 진료를 부탁한다거나 아무튼 많이 괴롭힘을 당하게 됩니다.

일반 환자와 지인 환자의 차이점은 바로 이런 데에서 나타납니다. 일반 환자의 불만 사항은 공적인 영역에서 해결할 수 있지만, 지인 환자는 사적인 영역에서까지 문제가 발생할 수 있다는 점이죠. 그렇기 때문에 지인 환자가 많다는 것은 그다지 좋은 상황은 아닙니다.

○ **치과(원장)에 대해 믿음(신뢰)이 확고한 고객**

환자 중에는 특정 원장에게만 진료를 받겠다는 환자가 있습니다. 해당 의사에게 믿음이 확고하기 때문인데요. 이만큼 믿음이 큰 환자도 충성 환자라고 할 수는 없습니다. 진료의 효율을 위해 페이닥터와 원장의 진료 영역이 구분되어야 할 필요가 있죠.

또 상황에 따라서 정기 검진 및 스케일링 등은 치과의 당시 상황에 맞추어 운영해 나갈 필요가 있습니다. 하지만 반드시 특정 의료진을 지목하여 모든 것을 다해

달라고 한다면 충성 환자가 아니라 진상이 될 뿐입니다.

○ 충성 환자 = 소개를 많이 해주는 환자

치과에게 충성 환자는 치과에 신환을 많이 소개해 주는 환자입니다. 이러한 환자야말로 마케팅의 핵심이 되는 충성 환자이죠. 왜냐하면, 정작 본인은 사랑니만 뽑았지만, 자신의 추천으로 내원한 신환은 교정, 보철, 임플란트 등 고가의 진료를 진행할 수 있으니까요. 그러니 치과에 신환을 소개해 주는 환자만큼 중요한 환자는 없는 것입니다"

● **충성고객을 확보하기 위한 전통적인 전략**

상품을 판매하는 일반적인 영업 형태에서는 충성고객을 확보하기 위해서 어떤 시스템을 구축하고 있을까요? 또 어떤 보상을 통해 충성고객을 유지하고 있을까요?

- **보상과 특권제공:** 일반적으로는 충성 환자를 확보하기 위해서 특전 상황의 보상을 통해 특권을 부여합니다.
- **친구 추천 이벤트:** 친구 추천 이벤트와 같이 신규 고객을 유치할 수 있는 전략을 수행합니다.
- **고객 맞춤화/개인화 전략:** 특정 환자가 어떤 분야에 관심이 있는지 맞춰가는 전략을 실행합니다.

이런 충성 환자를 확보하기 위한 전략이 파레토의 2080 법칙입니다.

○ **2080 법칙**

2080 법칙은 수익의 80%는 상위 20%의 사람들이 차지한다는 것에서 비롯된 법칙입니다. 이 법칙에 따르면 일의 생산성에서도 총 근무자 중 20%만이 일을 수행하고 80%는 게을리한다고 합니다. 이런 내용의 사회 법칙을 백화점 운영에 반영한 것이 VIP 마케팅입니다.

■ 백화점 3사 2025년 VIP 선정 연간 구매금액 추이

S 백화점

등급	선정기준
트리니티	최상위 999명
등급명 미정(*)	1억2000만원 이상
플래티넘	7000만원 이상
플래티넘	5000만원 이상
골드	3000만원 이상
블랙	1000만원 이상
레드	500만원 이상

※(*)2024년 신설

H 백화점

등급	선정기준
쟈스민 블랙	1억5000만원 이상
쟈스민 블루	1억원 이상
쟈스민	6500만원 이상
세이지	3000만원 이상
클럽YP(**)	3000만원 이상
그린	500만원·1000만원 이상

※(**)연나이 39세 이하(1985년생)

L 백화점

등급	선정기준
에비뉴엘 블랙	자체기준 선정
에비뉴엘 에메랄드	1억원 이상
에비뉴엘 퍼플	5000만원·7000만원 이상 (혜택 상이)
에비뉴엘 오렌지	2000만원·2500만원(***) 이상
에비뉴엘 그린	1000만원 이상

※(***)본점, 잠실점, 부산본점, 인천점

○ **백화점의 VIP 마케팅**

국내 3대 백화점의 우수고객 선정 기준을 볼까요? S/L의 경우는 해당 백화점에서 사용한 금액을 실적 기준으로 합니다. 그리고 H실적은 결제 금액 0.1%를 마일리지로 적립해 산정합니다. 백화점에서 멤버십 제도에 이와 같은 선정 기준을 사용하는 것은 올해 1억을 사용한 고객이 내년에도 1억을 사용할 가능성이 크기 때문입니다.

하지만 의료 분야에서는 지금 고가의 치료를 받는 환자가 다음에 또 비슷한 금액의 치료를 받기는 정말 어려운 일입니다. 일반적으로 피부과 및 성형외과와 같은 특정 진료 분야를 제외하고는 질병 치료가 끝났으면 그 이후로는 추가 비용이 들지

않습니다. 그리고 이러한 통념은 의료계 마케팅이 실적 기준에 따른 VIP 제도를 운영하여 비용을 많이 지불한 환자층을 타겟으로 잡을 수 없는 이유이기도 합니다.

○ 2080 법칙의 진실

치과 수익구조에서 파레토의 2080 법칙은 100% 적용될 수 있습니다. 치과의 하루 매출 중에 10만 원 이상 지불을 하는 환자는 몇 명이나 될까요? 하루에 약 60명의 환자를 보면 1시간에 열 명 이상의 환자를 만난다는 이야기가 되겠죠. 자료를 통해 보면 이 60명 중에 단 5명 만이 10만 원 이상의 결제를 했다는 것을 알 수 있습니다.

그러니까 치과는 수익구조로 따지자면 2080이 아니리 1090의 구조도 될 수 있습니다. 하지만 구조와는 다르게 이 특정 10%의 환자에게 마케팅을 집중하면 안 된다는 것이죠. 왜냐하면, 여기 10%는 더 이상 돈을 낼 가능성이 없기 때문입니다. 수익구조 자체는 상위 20%가 매출 대부분을 차지하고 있는 것이 맞지만, 이들을 충성 환자로 규정하여 마케팅할 수 없다는 이야기입니다.

● 롱테일 법칙

롱테일의 법칙은 주력상품보다 스테디셀러가 더 많이 매출에 기여하는 부분이 있다는 데서 나온 법칙입니다. 아마존은 원래 인터넷 서점에서 출발했다가 지금의 인터넷 판매처로 발달하였습니다. 아마존이 자사의 수익구조를 분석한 내용을 보면 베스트셀러의 수익은 20%이고 나머지의 80%는 스테디셀러에서 발생이 된다고 합니다.

(출처: 더숲 출판사)

○ 2080 법칙과 롱테일의 법칙의 차이

즉, 파레토 법칙은 상위 20%에 집중, 롱테일은 나머지 80%에 집중한 마케팅 전략을 실행한다는 이야기가 됩니다.

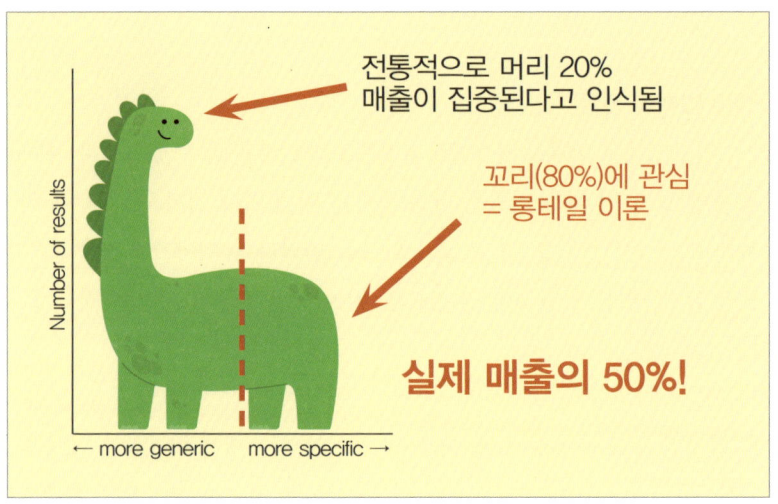

의료계는

이제 더 이상

2080에 기대 할 수 없습니다.

이제

머리가 아닌

몸통과 꼬리에 집중할 시기입니다!

○ 2017년~2019년 보건업 국세청 신고액 (단위: 백만원)

	2017년			2018년			2019년		
	신고건수	신고수입금액	1사업장당	신고건수	신고수입금액	1사업장당	신고건수	신고수입금액	1사업장당
보건업(의료업)	72,058	53,147,945	738	73,148	58,161,103	795	73,885	64,585,217	874
종합병원 등	2,061	12,963,710	6,290	2,079	14,269,209	6,863	2,106	15,673,568	7,442
치과병원	1,589	1,489,445	937	1,581	1,544,468	977	1,579	1,712,971	1,085
한방병원	372	559,987	1,505	376	679,514	1,087	393	886,185	2,255
일반과/내과/소아과	11,196	7,174,469	641	11,268	7,910,301	702	11,442	8,572,772	749
일반외과/정형외과	4,620	5,577,951	1,207	4,771	6,304,916	1,322	4,856	7,112,979	1,465
신경정신과	1,496	1,069,043	715	1,622	1,244,857	767	1,735	1,440,211	830
피부비뇨기과	3,642	1,446,335	397	3,718	1,616,841	435	3,793	1,844,217	486
안과	1,645	2,037,659	1,239	1,666	2,385,795	1,432	1,696	2,932,551	1,729
이비인후과	2,527	1,427,717	565	2,596	1,608,798	620	2,649	1,757,518	663
산부인과	1,661	1,851,411	1,115	1,660	1,908,968	1,150	1,657	2,059,807	1,243
방사선과	185	308,818	1,669	186	329,800	1,773	187	378,642	2,025
성형외과	970	211,589	218	974	252,169	259	986	284,107	288
치과의원	16,582	9,842,953	594	16,839	10,313,679	612	17,047	11,354,345	666
한의원	14,621	4,611,086	315	14,795	4,925,680	333	14,886	5,333,910	358
기타의원	3,033	1,783,176	588	3,064	2,005,846	655	3,151	2,319,422	736
수의업	3,308	395,634	120	3,425	431,053	126	3,501	490,811	140
의료업 기타	2,550	396,962	156	2,528	429,209	170	2,221	431,201	194

※출처: 국세청

○ 2017년~2019년 보건업 국세청 신고액

치과의 경우 2019년도에 6억 6600만 원을 국세청에 신고했습니다. 표를 살펴보면 정형외과 14억, 안과 17억, 산부인과 12억, 방사선과 20억 신고를 했다고 나와 있습니다.

이 신고된 금액이 모두 비보험 진료의 금액들일까요? 그렇지 않습니다. 참고로 위의 금액은 1인 의원 기준이 아닙니다. 그냥 의원 기준입니다. 치과의 경우 1.18명 정도가 의원 1개소에 근무한다고 하니 계산해보면 대충 월 1,700만 원의 세전 소득이 산출됩니다.

건보공단에서 보고한 자료에도 같은 결과를 보고하고 있습니다. (2019년 기준)

○ 연도별/직업별/직종별/가입자 수 및 보수월액   매년 12월 기준, '19년은 8월 기준 (기준: 명, 천원)

구분 업종	2015년 가입자수	2015년 평균보수	2016년 가입자수	2016년 평균보수	2017년 가입자수	2017년 평균보수	2018년 가입자수	2018년 평균보수	2019년 가입자수	2019년 평균보수
세무사	10,622	6,213	11,156	6,321	11,640	6,505	11,976	6,629	12,153	6,487
약사	11,806	8,180	11,168	8,774	10,593	9,119	10,038	9,540	9,686	9,599
변리사	470	11,863	451	12,073	453	9,686	440	9,966	447	9,704
변무사	4,728	4,677	4,513	4,261	4,312	4,192	4,154	4,254	4,067	4,232
변호사	3,330	13,875	3,155	13,102	3,041	13,412	2,960	17,651	2,968	17,052
회계사	1,183	8,633	1,271	8,144	1,383	8,445	1,453	8,542	1,465	8,030
건축사	7,304	4,902	6,985	5,299	6,774	5,555	6,539	5,767	6,390	5,695
수의사	1,157	5,094	1,095	5,628	1,042	5,933	994	6,220	979	6,231
감정평가사	1,585	3,995	1,459	4,167	1,369	4,186	1,290	4,486	1,250	4,412
안과의사	1,469	29,049	1,432	31,119	1,412	35,415	1,383	39,571	1,372	41,705
성형외과	2,668	17,237	2,537	18,390	2,431	20,000	2,314	20,703	2,255	20,832
일반과의사	18,576	20,094	17,997	22,133	17,488	22,746	17,035	24,645	16,747	24,771
피부과의사	2,246	16,754	2,181	17,823	2,148	18,925	2,103	20,105	2,068	20,205
한의사	9,924	9,583	9,521	9,670	9,136	9,633	8,799	10,015	8,588	10,070
치과의사	13,877	15,787	13,472	16,712	13,110	16,979	12,815	16,952	12,613	17,000
노무사	887	2,781	976	2,941	1,047	3,184	1,124	3,619	1,172	3,493
공증인	122	4,140	114	4,675	102	4,664	106	4,816	105	4,527
산부인과의사	1,875	21,252	1,781	22,829	1,702	25,267	1,623	26,587	1,577	26,721
관세사	719	6,197	663	6,151	634	6,356	603	6,547	585	6,420

※ 자료제출: 국민건강보험

○ 의원(진료과) 건강보험 연간평균 외래진료비

2019년 기준으로 치과의 경우 6억 6600만 원의 매출을 신고했는데 보험 진료는 본인 부담금을 포함해서 2019년도와 2020년도 상반기 기준으로 2천만 원 선입니다. 정형외과의 경우 6천만 원, 산부인과도 6천만 원, 안과는 거의 1억 원입니다. 치과가 비보험 진료를 많이 한다고 하지만 연 매출 6억 6천만 원에서 보험매출 약 2억 5천만 원을 제외하면 4억 원 정도가 일반매출입니다.

다른 치과들에 비교해 비보험의 비율이 상대적으로 높은 비율임에는 틀림이 없습니다. 그러나 앞의 두 자료를 잘 살펴보시면 아시겠지만, 일반 메디컬의 경우 비보험의 부분이 많지 않고 상당 부분이 보험인데도 치과보다 매출이 많은 것을 확인할 수 있습니다(안과 연 매출 17억 원, 보험매출 12억 원).

치과는 아기공룡 둘리와 같습니다. 몸집이 작은 데 비해 엄청나게 커다란 머리를 가지고 있죠. 이에 비교해 다른 메디컬은 머리가 작고 몸집이 커다란 공룡으로 비유할 수 있겠습니다. 그렇다면 성공적인 개원을 한 치과란 어떤 치과일까요? 성공적인 개원 치과란 수입이 좋은 치과를 의미하는 걸까요?

○ 의료(진료과) 건강보험연간평균 외래진료비 (심평원 '진료비통계자료')

구분	월진료비: 본인부담금 + 청구금액(단위: 만원)					
	2015년	2016년	2017년	2018년	2019년	2020년 상반기
내과	4229	4353	4511	4837	5276	5229
신경과	3373	3454	4001	4281	4830	4762
정신의학과	3196	3278	3335	3562	4041	4295
외과	3956	3984	4143	4459	4846	4980
정형외과	5925	5946	6596	6759	7031	6638
신경외과	4995	5052	5288	5374	5820	5755
흉부외과	1703	1708	2387	2532	3086	3201
마취통증의학과	4084	4165	4747	4964	5276	5030
산부인과	3436	3705	4736	5034	5527	6217
소아청소년과	2813	3019	2899	2867	3021	2155
안과	5891	6137	7004	7611	8679	9171
이비인후과	4025	4305	4040	4286	4682	4110
피부과	2301	2570	2656	2859	3098	3006
비뇨기과	2301	2570	3054	3400	4012	4287
영상의학과	4049	4218	4510	4760	6793	6618
재활의학과	4739	4641	5071	5246	5452	5267
가정의학과	2274	2340	2324	2464	2534	2407
치과	1350	1600	1791	1841	2141	2083

※ 통계지표 분석은 비급여를 제외한 공단청구액과 본인부담금을 합산한 결과 – 1개소 기준

● **성공적인 개원 치과**

성공적인 개원을 한 치과가 되기 위해선 수익이 좋아야 합니다. 쉽게 말해서 비보험 진료를 많이 하면 됩니다. 원하는 대로 되는 것은 아닙니다만 확실한 것은 치과의 수익구조에서는 2080을 따르고 있습니다.

○ **치과계의 특성**
1. 수익구조/업무구조는 2080 법칙을 따르고 있습니다.
2. 치과 진료 행위의 20%인 임플란트/교정/보철이 수입의 80%를 차지하고 있습니다. 치과는 제조업이 아니라 서비스 업종으로 노동집약적인 특성이 있습니다. 특히나 원장의 노동이 집약적인 산업이죠. 즉, 원장이 직접 움직이지 않으면 수입이 발생하지 않는 특성이 있다는 것입니다.
3. 환자의 의료 소비 패턴을 보면 소비에서 다음 소비로 이어지는 기간(Term)이 굉장히 깁니다.

그러므로 일반적인 산업 구조의 체계를 따라가서는 안 됩니다. 앞서 이야기한 대로 수익을 많이 내기 위해서는 비급여 진료가 많아야 하는데 한번 진료를 받고 소비가 종료된 이후 다음 소비가 발생하기까지 기간이 너무 오래 걸립니다. 이러한 이유로 치과 비급여 진료의 매출 한계가 발생하는 겁니다.

즉, 비싼 비급여 진료를 통한 수입이 좋은 치과는 우리가 모두 바라는 바이지만 소비 간격이 너~무 길어서 환자를 많이 봐야지 그나마 매출을 늘릴 수 있는데 그러기엔 치과도 많아서 경쟁이 치열하고 힘들다는 것입니다.

그래서 우리에겐 오랫동안 우리 치과를 찾아주시고 마땅히 입을 벌려 치료를 받고 돈을 지불해 주실 뿐만 아니라 주변에 환자도 많이 소개해 주시는 충성 환자가 많아야 한다는 것입니다.

충성 환자가 많은 병원일수록 동의율이 높아져서 수익이 개선될 수 있기 때문입니다. 그리고 충성 환자는 주로 보험 진료를 통해 만들어지는 구조임을 알아야 합니다.

○ **보험 진료**

보험 진료는 충성 환자를 만드는 인프라를 구축합니다. 그리고 치과의사들은 80%의 시간을 투자하는 보험 진료(수입은 10~20% 정도 차지)를 통하여 진료수입의 80% 이상을 차지하는 고가진료를 위한 인프라(infrastructure, 환자층) 확보를 만들어야 합니다.

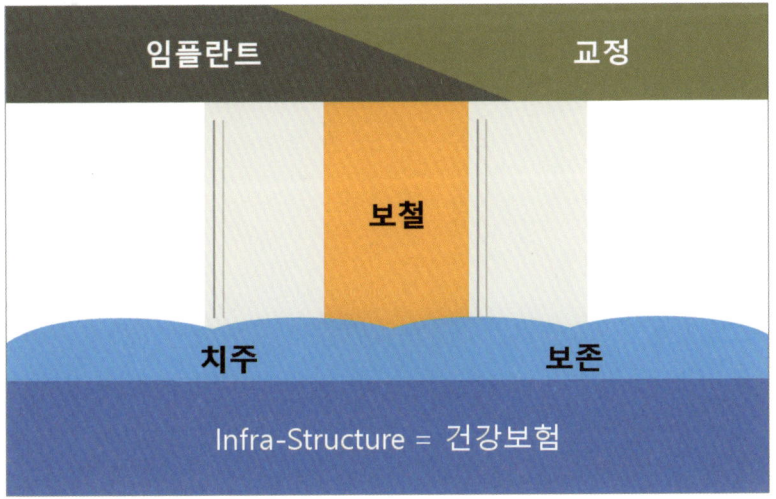

예를 들어 치주가 안 좋은 환자의 경우 아무리 검진과 예방을 철저히 하더라도 언젠가는 임플란트나 보철이 필요한 시기가 온다는 것입니다. 그렇다면 꾸준한 보험 진료를 통해 비보험 진료를 이루어내는 성과를 올릴 수 있게 되는 거죠.

○ **건강보험진료의 장점**

건강보험진료는 저렴하고 환자의 치료 동의율이 높습니다. 더불어 환자의 재 내원율도 높습니다. 치과는 이러한 건강보험진료의 장점을 이용하여 해당 환자의 충성도를 높일 수 있습니다.

충성 환자는 신환(소개고객)의 확보에 기여하여 매출 상승으로 이어질 수 있습니다. 이는 곧 충성 환자로 인한 또 다른 충성 환자를 증대할 수 있는 선순환을 갖고 있습니다.

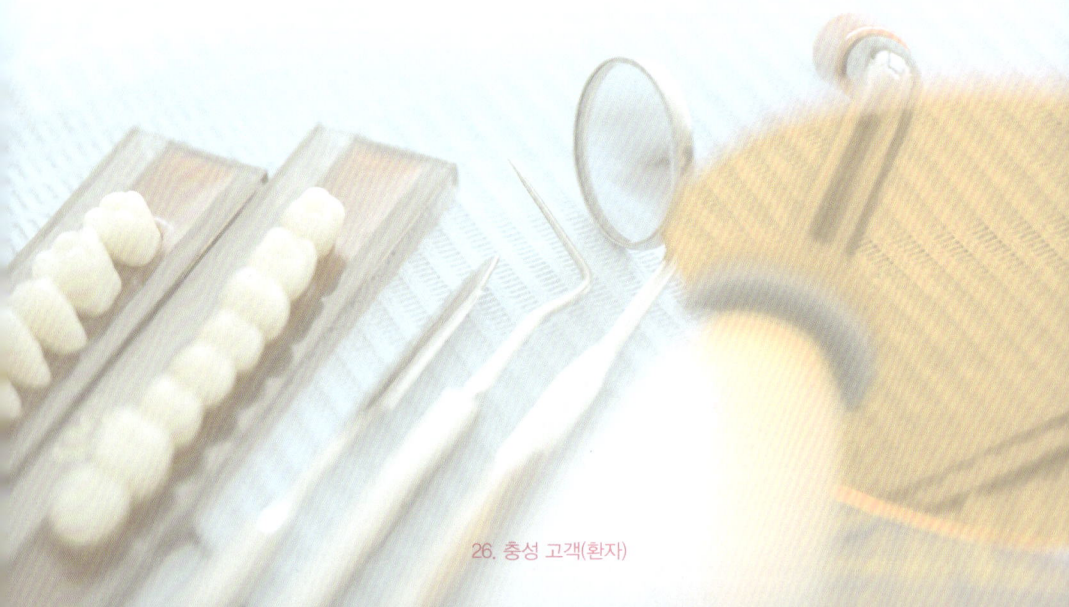

27. 환자 관리(CRM)-(1)

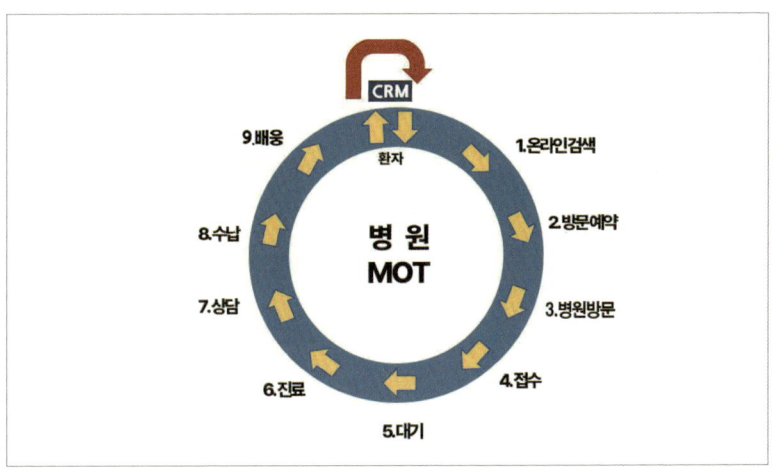

그러고 보니 우리는 MOT 이야기를 계속하고 있었네요. 치과는 왜 CRM이 필요한 걸까요? 치과는 상품을 파는 곳이 아니라 진료 행위를 제공하고 그 대가를 받는 곳입니다. 진료 행위를 제공한다는 것 자체가 서비스입니다. 그렇기 때문에 치과는 의료서비스업입니다. 이에 따라 CRM은 필수 요소가 됩니다. 그렇다면 CRM은 무엇일까요?

● CRM이란

CRM이란 「Customer Relationship Management」의 약자로 한국어로는 「고객 관계 관리」를 의미합니다. 일반 매장 및 기업이 비유하자면 자사의 제품 또는 고객을 어떻게 관리할 거냐에 관련된 파트라고 볼 수 있습니다.

CRM은 획득, 유지, 상승의 3요소가 있습니다.

○ **CRM의 3요소**
- 획득: 고객의 DB(자료)를 어디서 어떻게 얻을 것인가?
- 유지: 고객의 자료를 어떻게 활용할 것인가?
- 상승: 크로스셀링, 업셀링

크로스셀링은 과거에 A를 구매한 사람이 다시 A를 구매하거나, 또는 A와 비슷한 걸 재구매할 수 있도록 하는 전략입니다. 업셀링은 A를 구매했지만, 이후에는 B 또는 C 등의 더 고가의 제품 및 서비스를 구매하도록 유인하는 전략입니다. 그렇기 때문에 결국 CRM의 중요한 목표는 고객의 재구매와 상향 구매에 있다고 볼 수 있습니다.

○ **치과 CRM**

CRM은 Customer Relationship Management라고 했습니다. 이를 치과에서는 어떻게 받아드릴 수 있을까요? 치과에서는 '고객'보다는 '환자'의 개념이 좀 더 친숙하죠. 그러므로 PRM 즉, Patient Relationship Management로 이해할 수 있겠습니다. 이는 「환자 관계 관리」를 의미합니다.

- 획득: 초진 시 환자들의 DB(자료)를 어디서 어떻게 얻을 것인가?
- 유지: 확보된 환자의 자료를 어떻게 활용(마케팅)할 것인가?
- 상승: 크로스셀링, 업셀링

PRM에서 크로스셀링은 지난번에 내원했던 환자를 또 진료받을 수 있도록 만드는 것이 아닙니다. 환자가 다시 아프기를 바라는 것은 비윤리적이기 때문입니다. 따라서 PRM에서의 크로스셀링은 유지 및 관리입니다. 꾸준히 정기 검진을 받을 수 있도록 유지하는 것이 PRM에서의 크로스셀링이라고 볼 수 있습니다.

업셀링은 지난번에 진료를 추천하였으나 환자가 수용하거나 진행되지 못했던 진료(미진행 진료)를 진료할 수 있도록 하는 과정이며, 더 나아가 구환으로부터 소개받은 신환을 소개받는 행위입니다.

○ 환자관계관리(PRM)의 목표
- 치과를 내원한 환자가 타원으로 빠져나가는 이탈을 방지합니다.
- 여러 번의 내원을 통해 충성 환자로 전환합니다.
- 치과에 다른 환자를 소개해 신환을 창출합니다.

PRM은 앞선 과정을 거쳐 매출을 증대하기 위한 목표를 가지고 있습니다.

CS와 CRM의 궁극적인 목적은 매출증대입니다.

○ **치과 측면에서의 환자관계관리(PRM)의 필요성**

신규 환자를 개발하는 비용이 기존 환자를 관리하는 비용의 5배 정도가 소요된다고 합니다. 그러니까 신규 환자를 모집하기 위한 광고 및 이벤트를 기획하는 것보다 기존에 데이터가 있는 환자를 관리하는 게 훨씬 우리한테 유리합니다.

이렇듯 수익 창출의 기회를 만들기 위해서는 환자의 정보나 진료 기록을 분석하여 활용해야 합니다. 치과의 경우 진료가 끝나고 환자의 파노라마와 차트만 자세히 리뷰하여도 진료 중에 놓친 것들을 발견할 수 있습니다.

매일 정기검진환자와 당일(연락 없이 오신) 환자 및 신환을 정리하여 리뷰하는 기회를 만드는 것은 매우 중요합니다. 특히 봉직의와 함께 진료하는 곳에서는 대표원장이 반드시 해야 하는 과정이라고 봐야 합니다.

계속 반복해서 설명되고 있지만, 치과는 파레토의 2080 법칙이 수익구조에 적용되기에 매출의 80%는 상위 20%의 환자에게서 발생하기 때문에 하위 80%의 환자에서 상위 20%의 환자로 변환할 수 있도록 꾸준히 기존의 환자(구환의 정기 검진)층을 유지하고 관리하여 다시금 고가의 진료(업셀링)를 이룰 수 있도록 노력해야 합니다.

**진료가 끝난
정기 검진 환자 관리의 중요성!**

=

남은 진료 진행하기

+

신환 창출

○ 환자 측면에서의 환자 관계관리(PRM)의 필요성

환자의 측면에서 본다면 어떠한 변화가 두드러지는 요인일까요? 생활 수준의 향상과 이에 따른 기대치의 증가가 있을 것입니다. 그리고 과잉 공급되는 병원의 형태와 이에 따라 넓어지는 환자의 선택권이 영향을 미칩니다.

더불어 인터넷의 발달로 병원 정보를 각기 다른 공간에서 얻고 공유하는 것이 가능해지고 있는 시대이죠.

따라서 환자는 다니던 치과를 다시 가기보다 더 좋다고 입소문이 나거나 혹은 광고를 많이 하는 곳으로 쉽게 이동합니다. 때문에 치과는 환자의 이탈을 방지하기 위해 PRM을 활용해야 합니다.

과거에는 전화, 동네의 커뮤니티 등에서만 입소문이 발달했다면 최근에는 소셜미디어를 통한 디지털 기술을 활용하는 측면이 강해졌습니다. 이에 따라 치과에서는 양방향 커뮤니케이션 활용이 가능해졌다는 점도 PRM이 필요한 이유가 됩니다.

이제 PRM은 Patient Relationship Management에서 Patient Relationship

Marketing으로 전환되고 있습니다. 매니지먼트를 넘어서 하나의 마케팅 도구로 자리를 잡아가고 있는데요. 이러한 현상이 가능한 이유는 환자의 정보를 분석하거나 환자의 진료 내역을 관리하게 되면서 환자 한 명의 가치가 점점 더 커지고 있기 때문입니다.

● 환자 가치상승의 이해

예를 들어서 A라는 치과가 분석을 통해 어떤 진료가 가장 많은지, 어떤 시간에 환자가 많이 방문하는지 분석하게 되었다고 가정해보겠습니다. 그렇다면 여기에 맞는 마케팅을 계획할 수 있게 됩니다.

만약 특정한 아파트 단지에서 고령의 환자 수가 많았고 그 진료의 대부분이 임플란트였다면 치과에서는 이러한 정보를 통해 어떤 방법으로 마케팅 방향을 잡아가야 하는지 알 수가 있게 되죠. 이를 통해 기존 환자의 가치는 더욱 상승한다는 것입니다.

우리 치과에서 진료를 받고 간 환자의 가치가 단순히 진료 금액으로 끝나는 것이 아니라는 이야기인데요. 해당 환자의 데이터베이스는 치과의 운영 및 마케팅 방향에 영향 미치며 여러 가지 가치를 갖게 됩니다.

또 이러한 분석을 통해 환자의 만족도를 상승시키면 환자가 장기적으로 내원할 가능성이 커져 매출 상승으로 이어질 수 있습니다. 그리고 매출 상승의 선순환이야말로 PRM의 궁극적인 목표입니다.

그렇다면 환자관계관리(PRM)는 어떻게 구축할 수 있을까요? PRM은 환자의 데이터 수집 단계, PRM 구축 단계, PRM 마케팅 전략 실행 단계로 나누어집니다. PRM 구축을 위한 절차를 알아보겠습니다.

○ 환자관계관리(PRM)의 수집단계

수집단계에서는 근면 성실하게 환자에 대한 자료를 수집해야 합니다. 환자의 기본정보를 포함하여 첫 내원부터 현재까지의 진료내역을 관리해야 합니다. 여기에서 데이터 종류는 내부자료와 외부자료를 포함합니다.
- 기본정보: 이름, 주소, 전화번호 등
- 진료 관련 자료: 종류, 비용, 빈도, 기간, 횟수 등
- 추가 정보 : 환자의 가족, 자녀 수, 직장 등
- 기타 정보: 종교, 취미, 관심사, 각종 의견 등

○ PRM 구축 단계

PRM 구축단계에서는 RFM을 분석해야 합니다. RFM은 Recency, Frequency, Monetary를 의미합니다. RFM 분석은 공산품을 판매하는 곳에서 고객의 자사 제품 구매상황을 분석하는 방법을 의미합니다. 그럼 치과에서는 어떻게 적용할 수 있을까요?

■ Recency

최근성, 내원 시점을 의미합니다. 환자가 언제 내원하였는가를 찾아내는 작입입니다. 여기서 중요한 점은 최근 내원, 1년 전, 10년 전 내원 등 시점에 따라 데이터의 가치 다르다는 것입니다.

■ Frequency

구매 빈도를 의미합니다. 환자가 얼마나 자주 내원하였는지를 분석하는 작업입니다. 정기 내원, 자주 내원, 비정기 내원, 가끔 내원에 따른 가치는 다릅니다.

■ Monetary

진료 금액을 의미합니다. 소액진료와 고액진료는 분명 데이터 가치의 차이가 있습니다. 하지만 여기에서 가치 차이는 고액진료가 더 중요하다는 의미는 아닙니다.

환자가 적은 금액의 진료를 받았을지라도 이 환자를 통해 고액진료를 받는 환자가 소개를 통해 신환으로 내원할 수 있으니까요.

  진료 금액별로 가치를 다르게 평가할 필요가 존재하지만, 단순히 본인의 진료 금액뿐만 아니라 소개자들의 진료비 합도 중요한 의의가 있는 것입니다.

○ RFM 분석

  환자는 자신이 금액을 지불한 만큼의 기대를 하게 됩니다. 치과는 거기에 부응하는 마케팅과 서비스를 계획할 필요가 있습니다. RFM 분석을 통해 치과는 환자의 가치를 계산하고 마케팅 상에서 환자를 어떻게 등급화해야 하는지 알 수 있게 됩니다.

■ PRM 마케팅 전략

- 기존 환자(구환)는 교차 진료 또는 정기 검진을 통한 환자 관리 방법, 상향진료를 유도하는 방법, 노쇼 방지를 위한 진료 예약 방법 등에 대해 계획을 수립할 수 있게 됩니다. 추가로 동의 되지 않은 추천된 진료가 있다면 그 부분에서 동의가 이루어질·수 있도록 전략을 수립할 수가 있습니다.
- 신규 환자는 이탈을 방지해야 합니다. CC 해소만 하고 종료되지 않도록 포기하지 말고 내원을 독려해야 합니다. 이를 통해 동의율을 상승시킬 수 있습니다.
- 휴면 환자는 재내원을 독려할 만한 근거를 찾아야 합니다. 이를 위해서는 휴면 환자에 대한 리스트 작성이 필요합니다. 리스트가 구축되어 있어야 치과가 운영 면에서 필요할 때 휴면환자를 이용한 마케팅 방법을 수립할 수가 있게 됩니다.
- 치과(병) 의원 매출은 무엇과 비례할까요? 치과의 매출은 내원 환자 수와 비례합니다. 이것은 불변의 진리입니다. 이를 위해 많은 치과가 마케팅 및 광고를 진행하고 이에 관한 시간을 늘릴 수 있도록 노력하고 있습니다. 그리고 내원 환자의 수만큼 중요한 것은 동의율입니다.

예를 들어 하루에 치과에서 진료를 받은 고객의 수가 한 명이라고 할지라도 치과에서 추천하는 진료를 다 하는 것과 10명이 오고 그중에 한두 명만 진료를 받게 되는 것은 분명한 차이가 있습니다. 이러한 이유로 단순히 환자의 CC만을 해결하는 동의율은 큰 의미가 없습니다.

● **치과에서 필요한 동의율**

환자가 자신의 아픈 것만 해결하고 그 뒤에 치과를 더 이상 찾지 않는다면 이는 의미 있는 동의율이 아닙니다. 핵심은 환자가 치료를 받기 전 동의율이 아닌 실제로 치료를 받고 난 이후의 동의율이라는 것입니다.

진정으로 치과에 필요한 환자는 발치하러 오는 분들이 아니라 발치 된 곳을 회복하러 오는 분들입니다. 이 구조가 유지되어야 병원의 매출이 상승할 수 있음을 잊지 말아야 합니다.

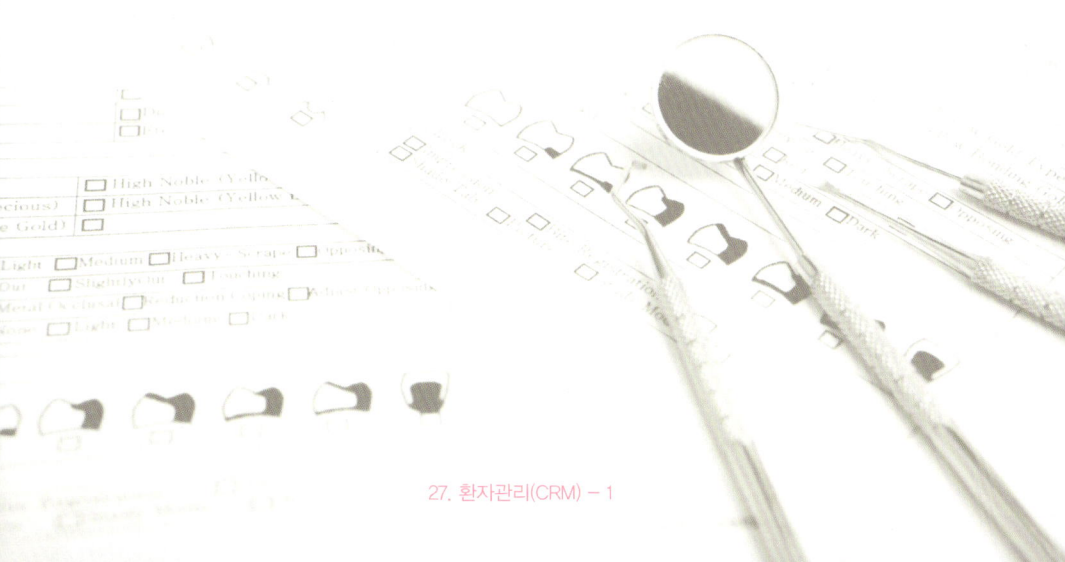

28. 환자 관리(CRM)-(2)

병원의 CRM인 PRM에서 신환 관리에 대해 학습해 보겠습니다. 신환의 경우 진료를 시작하기 전 여러 번 상담(상담 스킬에 관련해서는 상담기법 파트를 참조하시기 바랍니다.)을 진행하게 됩니다.

이때는 너무 조급하게 한 번의 상담으로 모든 것을 해결하려고 하지 말아야 합니다. 신환 관리에서 필요한 내용(연락 방법과 시기에 집중)을 알아보도록 하겠습니다.

● **신환 관리**

신환의 상담에서 가장 중요한 것은 환자의 불편함에 동조하는 것입니다. 그리고 신환의 CC를 정확하게 판단하여 일단 치료를 시작할 수 있게 유도해야 합니다. 만약, 신환에게 비용 문제가 있을 경우 보험 진료부터 진행할 수 있도록 합니다.

문간에 발을 살짝 들이미는 foot in the door 기억나시죠? 이때 민감한 부분 너무 서두르지 마시고 천천히 시간을 가지고 상담을 할 필요가 있습니다. (진료상담 파트를 다시 참조하시기 바랍니다.)

○ **기약 없는 환자의 관리**

상담 이후에 내원하지 않거나 예약을 잡지 않는 환자를 어떻게 관리해야 할까요? 이때에는 병원에서 적절한 타이밍을 계산하여 먼저 연락을 해보는 것이 좋습니다.

다음을 기약하지 않은 환자에게 1일 후, 1주일 후, 1개월 후에 전화 또는 문자를 활용하여 최소한 3번은 연락을 해볼 수 있도록 합니다.

1일 후 → 1주일 후 → 1개월 후

유선 연락으로 환자를 관리할 때 팁을 드리자면, 발신 번호를 보고 전화를 받지 않는 환자와의 연락 성공률을 높이기 위해 병원 휴대폰을 개설하는 것이 좋습니다.

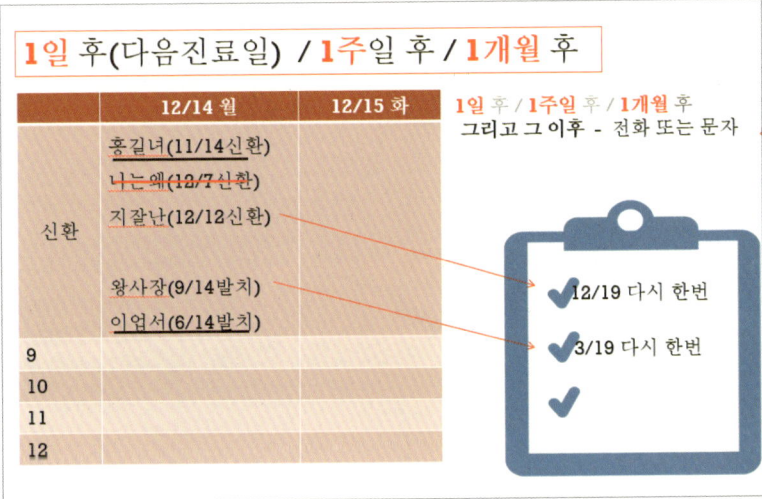

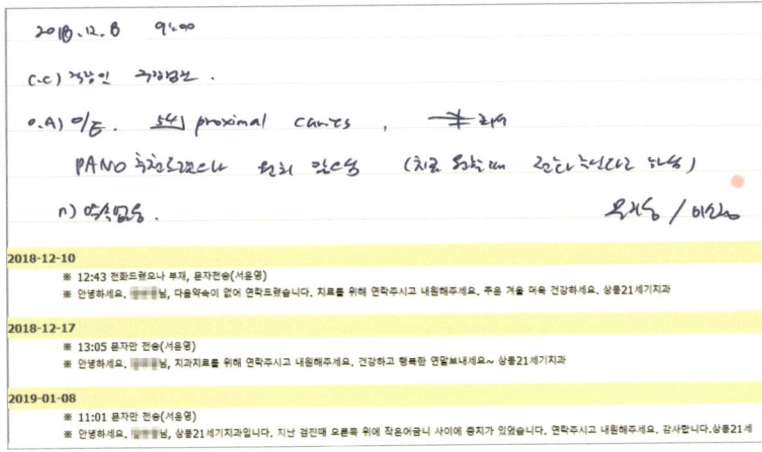

- 병원 휴대폰의 활용
 - SNS 활용
 - 진료시간 종료 후 응급 응대 전화
 - 전화 담당 필요

○ 다음 진료일 공지

　모든 신환에게는 당일 진료가 끝난 뒤에 예약 상황과 예약 변경 시 연락에 관한 내용을 포함한 예약 문자를 전송합니다. 만약 예약하지 않은 신환이라면 내원 권유 문자를 보낼 필요성이 있습니다. 내원 권유 문자에는 다음 예약이 없는 사실을 고지하여 연락처를 함께 안내할 수 있도록 합니다.

- 다음 진료일 공지 문자 예시
　- ○○○님 저희 상동 21세기 치과를 방문해 주셔서 감사드리며 최선의 진료를 하도록 노력하겠습니다. 다음 진료일은 7월 20일(월요일) 09:30입니다. 진료를 위하여 시간을 비워두었으니 꼭 내원 부탁드리며 변경 희망 시 미리 연락 부탁드리겠습니다. 010-XXXX-2875

- **다음 내원 권유 문자 예시**

– ○○○님 저희 상동 21세기 치과를 방문해 주셔서 감사드립니다. 다음 예약이 없으십니다. 연락해주시면 최선의 진료를 하도록 노력하겠습니다. 010-XXXX-2875

- **관리 연락 타이밍**

내원하지 않거나 예약을 잡지 않은 환자들 관리에서는 연락 타이밍이 중요하다고 했습니다. 보편적으로 사람들은 발신지가 불분명한 전화를 잘 받지 않습니다. 그리고 연락이 되더라도 환자의 입장에서는 불편한 병원의 전화라면 일부로 회피하는 경향도 나타납니다. 이러한 상황에 대비하기 위해 환자에게 먼저 전화를 받기 편한 시간대를 미리 물어보는 것이 좋습니다. 그리고 가능하다면 휴대전화 이외의 유선 또는 보호자의 연락처를 확보해야 합니다. 여기에 병원 전화번호를 미리 알려 저장해 두도록 유도한다면 차후 연락에 요긴하게 사용될 수 있습니다.

물론, 현장에서는 직원들이 업무를 처리하기 위해 환자 관리를 위한 세부 사항을 다 지키기가 어렵습니다. 더불어 직원이 안내한다고 하여 그 내용을 환자들이 전부 협조적으로 따라주지도 않습니다. 하지만 환자에게 안내하는 방법을 알고 있다면 때때로 환자 관리에 도움이 될 수 있을 것입니다. 이어서 추가적인 관리가 필요한 환자들을 어떻게 관리해야 하는지 알아보겠습니다.

신환 예약 후 내원하지 않은 환자의 관리는 첫째 일요일에 리스트 업하여 이후에 방문을 권유하는 문자나 전화 또는 SNS를 보낼 수 있습니다.

● 구환 관리

내원하지 않거나 예약을 잡지 않은 환자들에게는 성의를 보여야 합니다. 앞서 1일, 1주일, 1개월의 간격으로 연락을 해 보는 것이 좋다고 하였습니다. 적어도 3번의 연락을 통해서 내원해 준 환자에게 성의를 표하는 건데요.

이때 중요환자 즉, 임플란트나 보철환자, 교정환자 등은 해당 환자가 연락을 받지 않았다고 해서 바로 연락을 종료하지 말고 다시 3개월, 6개월, 1년의 주기를 설정하여 장기간으로 다시 3번의 연락을 더 취해보는 것이 좋습니다.

3개월 → 6개월 → 1년

예를 들어, 유치나 사랑니를 제외한 발치를 시행 받은 환자는 잠재적 임플란트 또는 보철환자가 될 수 있으므로 좀 더 장기적인 관리가 필요합니다.

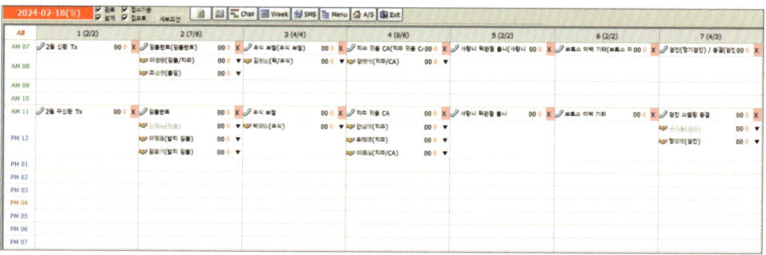

신환이나 당일 환자 또는 정기 검진을 오신 분들을 내원목적(CC)별로 분류하여 관리가 편하도록 관리하면 좋습니다.

● 약속 장부를 이용한 환자 관리

- 약속 장부에 오늘 연락해야 하는 환자의 리스트를 구성합니다.
- 직원은 약속 장부를 통해 관리 환자의 내용을 공유받을 수 있습니다.
- 원장은 약속 장부의 작성을 통해 치과 내부에서 환자를 어떻게 관리하고 있는지

확인할 수 있습니다.

  앞에서도 설명되었듯이 약속 장부는 환자 관리에 아주 유용한 장점이 있습니다. 전자차트를 사용하지 않는 치과에서도 약속 장부는 모두 전산화되어 있을 것입니다. 누구나 쉽게 접근할 수 있겠죠? 따라서 이 약속 장부를 환자 관리를 위한 장부로 활용하는 것입니다.

  이를 활용하면 효율적인 환자 연락 관리가 가능해집니다. 약속 장부의 남는 칸인 오전 8시나 7시 칸에 오늘 연락해야 하는 환자의 리스트를 구성합니다. 이렇게 하지 않는다면 별도의 노트에 기록하여 관리되어야 하는데 그렇게 하면 관리가 되는지 확인이 힘들어 관리 대상 환자가 누락되거나 중복으로 들어가는 등 제대로 관리가 되지 않을 확률이 높습니다.

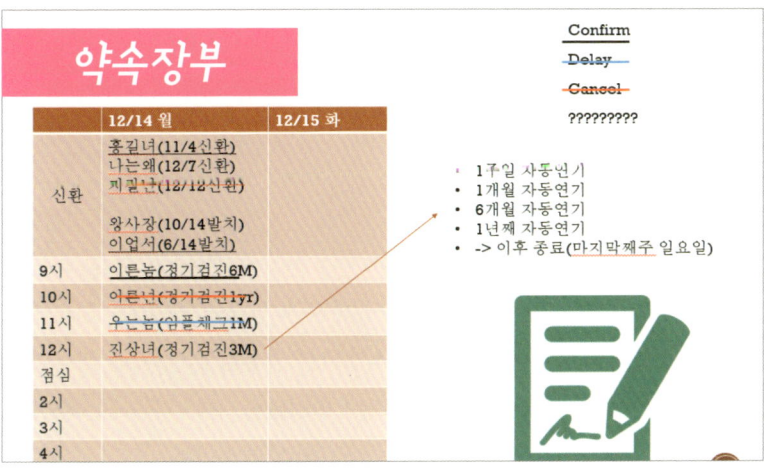

  약속 장부에 연락할 환자 리스트를 작성하면 전 직원에게 오늘 연락해야 하는 환자 리스트를 쉽게 공유될 수 있습니다. 관리 대상 환자에 대한 연락은 약속 장부를 통해 업무에 여유가 있는 직원이 돌아가며 연락을 취할 수도 있고 담당자를 정해서 관리할 수도 있습니다.

그리고 그 결과는 기록하여 전 직원과 원장님이 함께 공유할 수 있도록 합니다.

더 이상의 연락이 필요 없겠다고 판단된 환자는 진료가 없는 일요일에 연락 종료 리스트를 만들어 따로 관리할 수 있도록 합니다. 연락 종료 리스트의 환자들은 치과에서 이벤트를 진행할 때 활용할 수 있습니다. 이를 위해 리스트는 보철, 임플란트, 미백, 사랑니 등 진료 기록에 따라 카테고리를 분류해 둘 필요성이 있습니다. 이어서 약속 장부 관리 예시를 보겠습니다.

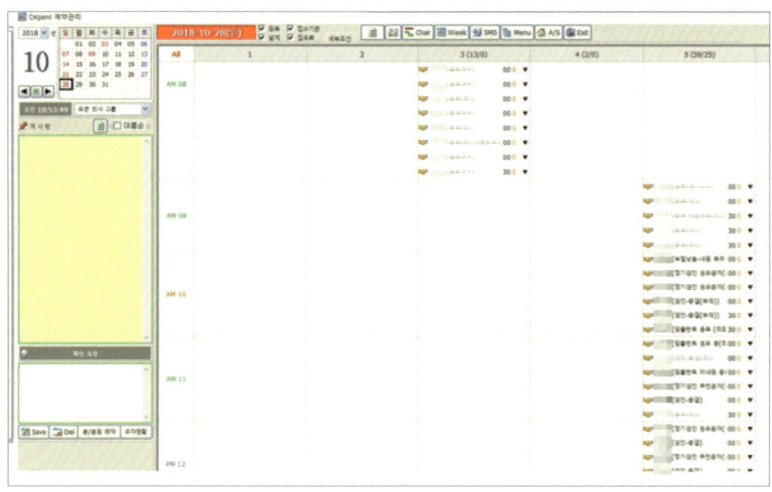

환자 관리에서 중요한 것은 어떻게 하면 환자가 연락을 받을 수 있을까에 대한 고민입니다. 초창기 환자 관리에서는 유선 전화를 활용하였고, 이에 대한 반응도가 떨어지자 문자로, 메신저 앱으로 점차 수단이 변경됐습니다. 최근에는 환자에게 이미지를 활용한 연락을 시행하고 있습니다. 예시를 보겠습니다.

※ 환자 본인의 임상 이미지를 활용하는 경우

환자의 치아 사진을 통해 어떤 문제점이 있는지, 어떤 치료가 필요한 것인지 안내하여 치료의 필요성을 독려할 수 있습니다.

- ○○○님, 지난번 촬영 때 발견했던 충치와 치석입니다. 치료를 미루게 되신다면 차후에 치아를 못 쓰게 될 가능성이 커 보입니다. 저희가 도와드릴 테니 꼭 연락 주세요. 상동 21세기 치과

 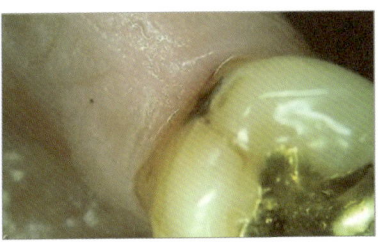

※ **다른 환자의 임상 이미지를 활용하는 경우**

동일한 질환을 겪고 있는 환자의 임상 이미지를 활용하여 치료의 필요성을 독려할 수 있습니다.

- ○○○님, 첫 번째 사진은 ○○○님 것이고, 두 번째 사진은 동일한 질환으로 치료 받고 있는 다른 환자분의 사진입니다. 발치 후에 오랫동안 방치하면 다른 환자분의 사진처럼 맞물리는 치아가 내려와서 같이 망가지게 됩니다. 늦기 전에 꼭 연락해주세요. ○○○님의 치아를 소중히 여기는 상동 21세기 치과 대표원장 최희수

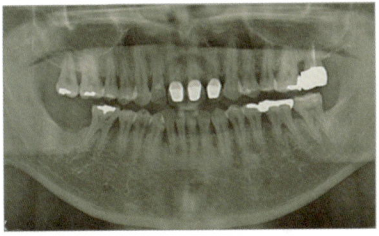 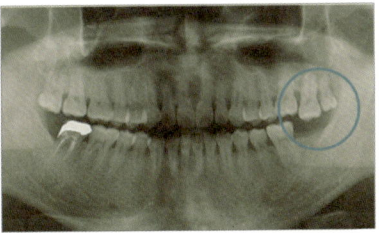

29. 환자 관리(CRM)-(3)

치과에서 예약 환자를 관리하면서 가장 듣기 싫은 소식은 환자가 취소됐다는 소식일 것입니다. 노쇼(NoShow)는 예약 환자가 나타나지 않았다는 의미로 사용되는데요. 그렇다면 노쇼는 어떻게 관리할 수 있을까요? 그 내용을 알아보겠습니다.

● **예약 환자 취소(No Show)**

공장에 밀링 머신이 있다고 하면 치과에는 유닛 체어가 있습니다. 이 유닛체어는 치과 원장이 사용합니다. 예약 환자가 취소됐다는 것은 유닛체어가 빈다는 뜻이고, 이를 공장에 비유하면 밀링 머신이 돌아갈 자재가 없다는 뜻이 됩니다.

이렇게 가동률이 떨어지면 당연히 매출의 손해로 이어집니다. 재료의 부재, 전기 공급 불량, 파업 등으로 공장이 멈춘다면 매출이 떨어지는 것은 당연한 순리니까요. 치과의 유닛체어는 공장의 밀링 머신이기 때문에 유닛체어가 빈다는 의미는 곧 매출이 떨어진다는 의미가 됩니다.

○ **노쇼 심리**

환자가 연락 없이 내원하지 않는 것에서부터 시작해서 연락은 하였지만, 예약시간이 임박하여서 내원이 불가하다는 것을 알리는 행위까지 넓은 의미로 모두 노쇼입니다. 노쇼가 발생하는 이유는 약속을 파기하더라도 환자 자신에게는 아무런 피해가 없기 때문입니다.

즉, '이기심'이죠. 상대방은 어떻게 되든 자신이 불편한 상황에 부닥치는 것만 피하면 된다는 '개인 중심적'이고 '회피적인 심리'가 작용하는 것입니다.

특히 포털 사이트 및 앱을 활용한 예약은 취소율이 더 높습니다. 얼굴을 보지 않고 예약이 이루어지는 경우 책임감이 더 떨어지기 때문입니다.

○ 콜 포비아

콜 포비아는 전화 통화에 대한 어려움, 부담, 두려움 등을 느끼는 것으로 어려서부터 문자나 SNS에 익숙한 젊은 층일수록 이런 문제를 겪기 쉽습니다. 이런 사람들은 전화로 약속을 깨는 일을 불가능한 미션으로 여깁니다.

전화 통화도 힘든데 전화로 어려운 이야기를 해야 한다고 생각하기 때문입니다. 그래서 이들은 이러한 상황을 회피하기 위하여 '노쇼'를 선택합니다.

'콜 포비아'란?

전화와 공포증의 합성어로 전화통화를 기피하는 현상 통화보다는 문자나 모바일 메신저, 이메일로 소통하는 것을 선호하는 특성을 갖고 있다.

콜 포비아는 문자나 메신저 앱을 통해 내원이 불가하다고 연락을 하거나, 아무 연락 없이 내원하지 않는 경우가 쉽게 발생합니다.

구환의 관리는 곧 예약관리라고 할 수 있습니다. 예약관리를 위해서 치과에서는 환자에게 정확한 예약시간을 알려주어야 하며, 또 이렇게 약속된 예약시간은 진료 시작 시각임을 알려주어야 합니다. 더불어 계획해 두었던 진료시간에 맞춰 진료가 행해질 수 있도록 노력해야 합니다. 자세한 내용을 살펴보겠습니다.

○ 내원 달성

일단 내원을 하도록 하는 것이 목표입니다. 환자가 내원하게 만들기 위해서 예약 확인을 해야 하는데요. 예약 확인을 할 때는 전화 또는 문자, 메신저 앱을 활용할 수 있습니다. 이를 통해 환자의 정확한 예약시간을 알려주는 것이죠.

■ 예약시간은 진료 시작 시간

그리고 예약시간에 오더라도 제시간에 올 수 있게끔 안내해야 합니다. 보편적으로 지각을 하는 사람은 계속해서 지각합니다. 예약시간은 5분만 딜레이가 되더라도 전체적인 예약 일정이 밀려버리기 때문에 예약시간에 진료가 시작될 수 있도록 내원하는 것이 바람직합니다. 이를 위해서 환자에게 예약한 시각은 진료의 시작 시간임을 알려야 합니다.

> 예약시간은 병원 도착 시간이 아닙니다.

■ 계획적인 진료 수행

더불어 정해진 시간 안에 진료를 마칠 수 있도록 노력해야 합니다. 만약 특정 환자에게 30분의 진료시간을 예상한다면 30분 안에 진료를 마칠 수 있도록 해야 한다는 것입니다.

환자가 제시간에 왔음에도 불구하고 진료시간이 늘어지면 다음 예약 환자부터는 계획에 차질이 생기게 됩니다. 이때 원장과 직원의 진료시간을 구분할 필요가 있습니다. 예를 들어 임플란트 수술은 원장님이 주로 진료하게 되지만 스케일링은 직원이 주로 하는 것이라 같은 시간에 다른 환자를 중복해서 예약을 잡을 수 있기 때문입니다.

■ 예약 파기 시 연락 요청

환자가 못 오게 되면 미리 연락을 달라고 요청해 줄 필요성이 있습니다. 구환관리의 핵심은 내원의 여부이기 때문에 이는 굉장히 중요한 사항입니다. 이러한 말 한마디가 예약시간에 대한 경각심을 일깨워 줄 수 있기 때문입니다.

이때, 당일 예약 취소의 경우는 사실 연락을 미리 한 것이 아니라고 봐야 합니다.

미리 연락을 달라고 하는 이유는 진료의 효율을 위해 취소된 예약시간에 다른 일정을 채워 넣을 여유시간이 필요하기 때문입니다.

따라서 예약일 당일에 못 오게 되었다고 연락 주는 것은 사실 노쇼랑 다를 바가 거의 없다고 봐야 합니다. 적어도 병원 입장에서는 말이죠. 그 때문에 예약 취소에 적당한 연락 일은 최소한 진료일 전 2~3일입니다.

그리고 전날이나 당일 전화로 예약을 파기하는 경우에는 전화 응대법에서 알아보았던 것처럼 취소 사유를 확인하고 내원할 수 있다고 판단되면 최대한 내원할 수 있도록 유도해야 합니다.

※ 내원 하루 전 무조건 문자 전송 (100%)

- ○○○님 ○일(내일/○요일) ○시 ○분에 치과 예약이 있습니다. 취소 또는 변경 희망 시엔 미리 연락해주시기 바랍니다. 상동 21세기 치과. 010-XXXX-2875

내원 하루 전날에는 예약 내용에 대한 문자를 전송하여 예약을 상기할 필요가 있습니다. 요즘에는 시스템을 통해 자동으로 문자 전송이 되고 있는데요.

지각이 잦거나 예약을 자주 연기하는 환자를 대상으로는 내용을 바꿔줄 필요성이 있습니다. 이때 자칫 환자의 심기나 체면을 건드리지 않도록 주의합니다.

또, 무단으로 내원하지 않는 경우 가령 세 번째 연기부터는 예약 없이 당일 진료를 받을 수 있도록 안내할 수도 있습니다. 이때 당일 예약 시 대기할 수 있음을 안내할 수 있도록 합니다.

※ 진료 후 당일 문자 전송 (100%)

- ○○○님 다음 내원 일은 ○월 ○일(○요일) ○시 ○분입니다. 취소 및 변경 시 미리 연락 주시면 감사하겠습니다. 상동21세기치과. 010-XXXX-2875

진료 이후에는 모든 환자에게 다음 예약 관련 문자를 전송해야 합니다. 이는 신환인 경우도 마찬가지입니다. 다음 예약일을 알려주고 다음 예약일이 있다면 전화

번호를 알려주며 '다음 정기 검진 일에 연락 드리겠다' 정도의 취지로 내용을 구성합니다.

- ○○○님 다음 내원일 예약이 없습니다. 연락 주시면 도와드리도록 하겠습니다. 상동21세기치과 010-XXXX-2875

예약이 없는 경우에는 '해당 번호로 연락을 주시면 예약을 도와드리겠습니다.'의 내용으로 구성하여 병원의 연락처를 안내할 수 있도록 합니다.

병원에서 문자로 안내를 하는 경우 디지털 기기에 익숙하지 않은 계층에서 휴대폰이 아닌 유선전화번호에 문자로 답변을 하는 경우가 있습니다. 하지만 일반 전화기의 경우 문자 수신이 되지 않아 환자가 발송한 문자를 받을 수가 없게 됩니다.

그래서 문자 수신이 가능한 일반 전화기를 구매하면 좀 더 폭넓게 고객과 소통할 수 있게 됩니다. 문자 수신이 가능한 일반 전화기는 약 20통 정도의 문자를 확인할 수 있습니다.

또는 요즘엔 일반 전화기로 문자를 수신하는 서비스가 제공되고 있으니 이를 적극 활용하는 것도 고려해 봐야겠습니다. 이처럼 다양한 방법으로 환자와 소통할 수 있다는 점을 잊지 말고 환자를 관리할 수 있도록 해야 하겠습니다. 이어서 정기 검진 관리를 살펴보겠습니다.

● **정기검진환자**

정기검진은 보통 3개월, 6개월, 1년 정도의 텀을 가지고 가는 것이 일반적입니다. 정기검진 대상자에게는 2주 전 쯤 전화를 통해 정기검진 날짜가 되었다는 것을 알려주어야 합니다.

일주일 전 연락도 나쁘지는 않습니다만, 만약 치과 정기 검진 리스트가 가득 채워진 경우라면 일반 예약을 더 이상 잡을 수 없게 될 수도 있습니다. 그러므로 2주

전에는 전화를 해서 올 수 있는 환자와 오지 않을 환자를 구분 지어 놓아야 합니다. 왜냐하면, 정기 검진 환자로 예약 창을 꽉 채우고 있으면 적정 치료 시기에 치료를 받지 못하는 현재 진료 중인 환자들이 발생할 수 있기 때문입니다.

그래서 최소 2주 전에 전화해서 내원 여부를 확인하고 빈 시간대가 있다면 2주 이내라도 예약 날짜를 잡고, 빠듯하다면 그 이후로 날짜를 잡아 융통성 있게 예약을 구성해야 합니다.

만약 정기 검진 대상 환자와 연락이 되지 않는다면 일주일 뒤에 그리고 한 달 뒤쯤 연락 일을 새로 만들어 연락을 취할 수 있도록 합니다. 1개월 이후에도 받지 않는다면 3개월, 6개월 텀으로 점차 시기를 늘리다가 1년이 지나도 연락이 되지 않는다면 종료 리스트로 환자를 빼두도록 합니다.

정기 검진 예약을 잡은 환자에 한해서는 일주일 전, 하루 전 문자를 통해 예약일을 안내합니다.

1개월 → 3개월 → 6개월 → 1년 → 종료

※ 정기 검진 대상자가 연락이 닿지 않는 경우

정기 검진 대상자가 연락이 닿지 않는 경우 문자로 예약이 지연되고 있는 상황을 전달할 필요가 있습니다. 임의로 정기 검진의 검진일을 잡고 계속해서 연락되지 않으면 연락을 종료하겠다는 내용으로 마무리할 수 있습니다.

※ 최초 예약 연기 문자 예시

- ○○○님 ○월 ○일 ○시가 정기검진일입니다. 연락이 닿지 않아 1주일 연기시키도록 하겠습니다. 변경 희망 시 연락 부탁드립니다. 상동21세기치과.

※ 2차 예약 연기(1개월 뒤) 문자 예시

- ○○○님 지난주 정기 검진에 내원하지 않으셔서 1개월 이후인 ○월 ○일 ○시로 정기검진일을 미루도록 하겠습니다. 다음엔 꼭 내원 부탁드릴게요. 상동21세기치과.

※ 3차 예약 연기(3개월 뒤) 문자 예시

- ○○○님 정기검진일인데 연락이 닿지 않아 문자 드립니다. 마지막 임의 검진일은 6개월 이후인 ○월 ○일 ○시 입니다. 불편 시 언제라도 연락주세요~ 상동21세기치과

※ 문자 안내 종료 예시

내원 하신 지 1년이 지났습니다. 불편하신 것이 없으시다면 다행이지만 바빠서 못 오신 거라면 잠시 시간을 내어 치과 정기 검진으로 오복 중 하나인 치아 건강을 유지하시기 바랍니다. ○○○님의 치아 건강을 응원하는 상동21세기치과

○ **실무 적용**

정기 검진의 경우 일반적인 방법으로 예약 창에 기입하게 되면 다른 진료를 못 넣는 경우가 생길 수 있습니다. 그러니 정기 검진만 체크할 수 있도록 다른 칸에 넣어서 내원 여부를 확인할 수 있도록 합니다.

앞서 말씀드린 것처럼 일주일 전의 계획은 필요 없는 가수요로 인해 정작 필요한 예약을 못 넣는 문제가 있으므로 실무에 적용할 때 참고할 수 있도록 합니다. 정기 검진을 별도로 모아두면 예약 잡기가 훨씬 편해집니다.

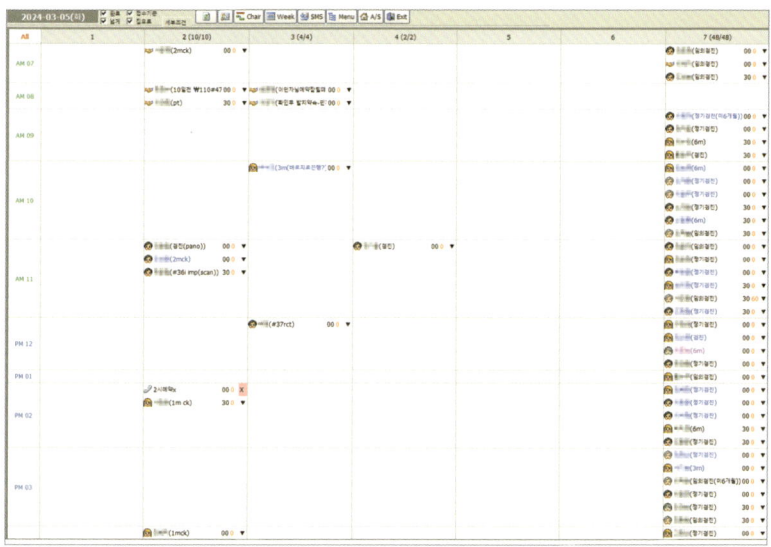

○ 정기 검진 독려 그림문자

　계속해서 예약관리의 중요성을 알아보고 있는데요. 예약관리의 중요성은 아무리 강조해도 지나치지 않습니다. 예약환자를 잘 관리할 수 있는 장부를 이용한 관리 방법에 대해 알아보도록 하겠습니다.

29. 환자관리(CRM) - 3

30. 환자 관리(CRM)-(4)

● **예약관리의 핵심**

구환관리란 즉, 예약관리입니다. 이때 예약관리의 주안점도 역시나 환자가 일단 내원하게 하는 것입니다. 특히 정기 검진은 2주 정도의 간격을 두고 내원 여부를 확인하고 예약을 잡는 것이 좋음을 앞 장에서 언급 드렸습니다.

그러면 예약이 되어 있는 다른 환자들은 어떻게 관리를 해야 할까요? 일단 중요한 환자 중 예약시간이 길게 잡힌 환자(중요환자 = 수납이 있는 환자)를 대상으로 일주일 전쯤 예약 확인 전화를 합니다.

이때 중요환자란 보철, 임플란트, 다이렉트본딩시스템(DBS) 등 치료에 긴 시간이 걸리는 수술이나 수납이 예정된 환자를 의미합니다. 즉, 파레토 2080 법칙에 따라 일단 매출을 결정짓는 환자를 위주로 전화를 먼저 돌려야 한다는 점입니다.

즉, 수술, 보철환자를 위주로 선 연락을 드린 뒤 시간이 여유가 있을 때 엔도, 치주, 발치 치료 고객을 관리할 수 있도록 합니다. 이후 간단한 치료인 드레싱이나 stitch out 등의 경우 문제 메시지로 예약 내용을 안내해 드릴 수 있도록 합니다.

○ **일주일 전 연락**

수술 예약을 한 달 전에 잡았는데, 하루 전에 확인 연락을 하기에는 불안한 부분이 있습니다. 그러니 일주일 전 확인 연락을 한 후, 이틀 전에 한 번 더 컨펌 전화로 수술 여부를 확인하는 것이 좋습니다.

유선상 해당 환자의 진료 내용과 예약 날짜를 확인하고 잊지 않고 있음을 확인하는 절차를 이행하면 됩니다. 하지만 일주일 전 수술 확인 여부 연락을 해놓고 이틀 전 똑같은 연락을 해서 또다시 내원 여부를 확인하면 환자 입장에서도 다소 짜증 날 수 있습니다.

○ **하루 ~ 이틀 전 연락**

그래서 수술 이틀 전 연락의 목적은 수술하기 전에 주의 사항이나 준비 사항을 안내하기 위함으로 하는 것이 좋습니다. 수술 전 주의 사항에는 아스피린 등 복용 금지 약물, 보호자 동반 여부, 자가운전 금지 안내, 수술 전 식사 안내 등의 내용이 있습니다.

중요환자의 내원 직전 연락은
내원 확인 겸 + 주의 사항 고지

○ **기타 환자의 연락 관리**

이 외에 일주일에서 얼흘 진 예약이 잡힌 경우에 대해선 하루나 이틀 전 연락을 취하는 것으로 내원 여부를 확인할 수 있습니다. 물론 이렇게 치과에서 직접 유선상 연락을 취하여 확인을 하지 않더라도 대부분은 자동 문자를 받아 환자들이 예약 날짜를 확인할 수 있게 되어 있기도 합니다만 요즘 이걸로 모든 환자가 내원할 거라 기대하기는 힘듭니다.

예를 들어 발치나 엔도, 치주와 같은 것은 일주일 이내에 적당한 타이밍을 찾아 유선 연락을 취합니다. 보통 이런 진료의 경우 일주일 또는 2~3일 간격으로 잡히기 때문에 일주일 이내에 연락하는 것이 적당합니다.

가끔 환자의 사정상 텀이 길어졌다면 일주일 이내에 내원 확인을 하면 되겠죠. 유선상 내원 여부가 확인되었다면 예약 장부에 밑줄을 긋고 해당 내용을 다른 직원들과도 공유할 수 있게끔 체크해야 합니다.

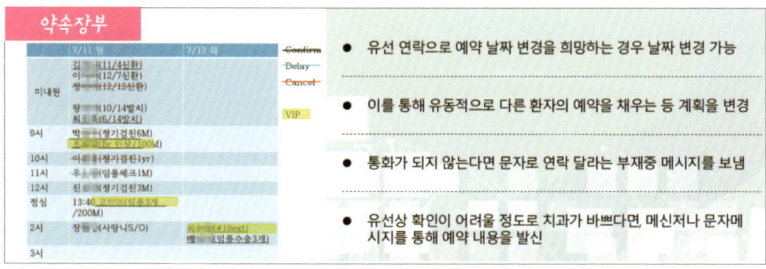

● **정확한 시간에 내원을 유도**

정확한 시간을 내원하게 하는 것은 굉장히 중요한 일입니다. 환자가 정확한 시간에 내원하지 않는다면 전체적인 계획이 틀어질 수 있기 때문입니다.

진료시간은 비행기 탑승 시간과 비슷합니다. 항공권을 예매할 때 12시 비행기라고 해서 12시에 비행기를 타지 않는 것과 마찬가지입니다.

국내에서는 1시간 국제에서는 2시간 전에는 공항에서 수속을 하고 기다렸다가 해당 시간에 맞추어 비행기가 출발할 수 있도록 고객들이 먼저 비행기 안에 탑승해 있죠. 이와 마찬가지로 치과 진료 예약시간은 진료의 시작 시간입니다.

그러므로 예약시간을 잡을 때 예약시간이 진료 시작 시간임을 안내하여 환자가 예약시간보다 10분 정도는 여유 있게 미리 와 대기할 수 있도록 해야 합니다.

○ **지속적인 지각의 경우**

하지만 이런 안내를 했다고 해서 환자가 제시간에 맞춰 오는 것은 아닙니다. 만약 안내했음에도 불구하고 계속해서 예약시간에 맞춰 오거나 예약시간 이후로 도착하는 환자는 체크를 해 두었다가 진료 시작 시간보다 10~20분 정도 일찍 예약시간을 잡아주는 것도 방법입니다. 이러한 방법을 통해 이전보다는 좀 더 환자의 지각률을 낮출 수 있습니다.

○ **오버부킹**

가령 2시부터 시작인 수술이 있습니다. 이 시간이 1시간이 걸리면 치과에서는 수술이 끝나는 시간인 3시까지 예약을 비워두겠죠. 수술에 따라 다르지만, 특정 수술의 경우 원장이 예약상 수술 시작 시간부터 수술장에 상주할 필요가 없을 때가 있습니다. 그러다 보면 10~20분 정도를 일없이 쉬어야 하는 경우가 발생합니다.

오버부킹은 이런 자투리 시간을 활용하여 발치, 치주 치료 등 간단한 진료를 이행하는 것을 의미합니다.

■ **오버부킹의 활용**

예약을 잡아 놓고도 예약시간을 잘 맞추지 않는 경우, 오긴 오는데 언제는 제시간에 왔다가 또 이따금 지각하는 경우에는 그냥 당일 진료를 보라고 유도하기가 모호하고 또 예약을 잡기도 애매한 경우가 될 수 있습니다. 이럴 때도 오버부킹을 사용할 수 있는데요.

"환자분 내원 하실지 여부를 알 수 없어 일단 예약은 잡아드리는데, 이미 예약이 되어 있는 시간에 잡아드리는 거라 오셨을 때 대기 시간이 발생할 수 있습니다" 등으로 안내할 수가 있겠습니다. 이때는 대기 시간을 특정하여 어느 정도 기다릴 가능성이 있는지 안내할 수 있도록 합니다.

● **월별 환자 관리**

주기적인 환자 관리 내용에는 어떤 것들이 있을까요? 주로 보험 적용이 끝나는 나이나 특정 진료가 필요한 나이를 기점으로 생일 등의 날짜를 정해 안내 문자를 보낼 수 있습니다.

이뿐만 아니라 정기 검진에 대해 여러 번 연락드렸는데도 오지 않는 환자들에게는 치료 안내에 관련된 이미지를 준비해 전송하는 것도 좋습니다. 이러한 관리를 통해 환자와의 관계를 매니지먼트를 할 수 있으니 실무에 꼭 적용해 보시기를 바랍니다.

※ 레진 보험 적용 안내
- 레진 보험 적용이 종료되는 12세 이하 환자의 보호자들에게 당신의 자녀가 이제 곧 이번 달 생일이 지나면 레진이 보험이 적용이 안 된다는 내용을 안내할 수 있습니다.

※ 임플란트 무상 AS 기간 종료 안내
- 내원 연락이 닿지 않는 환자에게 임플란트 무상 AS 기간이 종료되었음을 안내할 수 있습니다.

※ 치아 미백 추천 안내
- 특정한 나이대에는 미백을 추천하는 문자도 보낼 수도 있습니다.

※ 65세 이상 보험 임플란트 안내
- 65세 생일이 되신 분들에게 임플란트 보험 적용을 안내하는 문자도 보낼 수도 있습니다.

※ 사랑니 발치 안내
- 사랑니 발치가 필요로 할 것 같은 20대 초반의 생일인 환자에게 사랑니 발치 관련 안내 문자를 전송합니다.

※ 스케일링 건강보험 적용 안내
- 19세 경우에는 스케일링이 도움이 되니까 19세 생일이 되시는 분들한테 그 전 달에 일괄 문자를 보낼 수 있도록 합니다.

사랑니 발치 !
더 이상의 설명은 필요없다!
구강악안면외과 전문의
(연세치대 구강외과 외래교수)
연세대학교 치과대학 구강외과 동문병원
상동 21세기치과 Dental Hospital
1588 - 2871
010 -5626 - 2875
카톡 : 21dent

19 세 이상
연1회 건강보험
스켈링 적용
1만원 대의 말도 안되는 가격으로
생애 첫 건강보험 스켈링을
상동 21세기치과에서 받아 보세요.
차별화된 잇솔질 교육과 섬세하고 시리지
않은 스켈링을 경험하시기 바랍니다.
아 시원해! 이제야 숨통이 트이네!
숨을 못 쉬겠어. 살려줘~
상동 21세기치과 Dental Hospital
1588 - 2871
010 -5626 - 2875
카톡 : 21dent

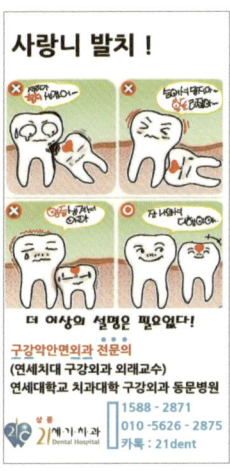

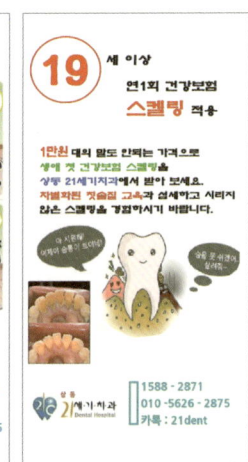

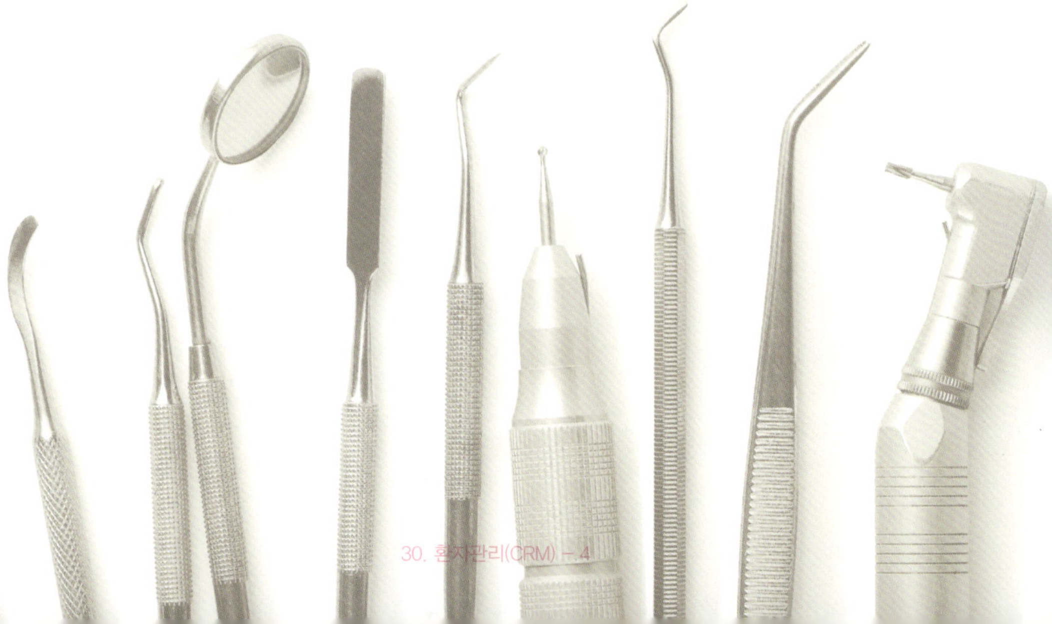